SCHÄFFER
POESCHEL

Oliver Letzgus

Financial Planning 2

Ökonomisches Basiswissen

Wirtschaftszyklen
Geldpolitik
Konjunkturindikatoren
Zahlungsbilanz

2008
Schäffer-Poeschel Verlag Stuttgart

Bibliografische Information der Deutschen Nationalbibliothek
Die Deutsche Nationalbibliothek verzeichnet diese Publikation
in der Deutschen Nationalbibliografie; detaillierte bibliografische
Daten sind im Internet über < http://dnb.d-nb.de > abrufbar.

Gedruckt auf chlorfrei gebleichtem, säurefreiem und alterungs-
beständigem Papier.

ISBN: 978-3-7910-2782-1

© 2008 Schäffer-Poeschel Verlag für Wirtschaft · Steuern · Recht GmbH
www.schaeffer-poeschel.de
info@schaeffer-poeschel.de
Einbandgestaltung: Melanie Weiß
Umschlagfoto: Shutterstock, Inc.™
Redaktion: Bernd Marquard, Stuttgart
Satz und Herstellung: Marianne Wagner
Druck und Bindung: C.H. Beck, Nördlingen
Printed in Germany
April 2008

Schäffer-Poeschel Verlag Stuttgart
Ein Tochterunternehmen der Verlagsgruppe Handelsblatt

Vorwort

Financial Planning findet nicht im luftleeren Raum statt. Gesamtwirtschaftliche Vorgänge haben einen wesentlichen Einfluss auf finanzielle Entscheidungen des Einzelnen, auch wenn dies nicht immer auf den ersten Blick erkennbar ist. Kenntnisse über die grundlegenden Zusammenhänge von Konjunktur, Zinsen, Inflation und Wechselkurse sind daher unerlässlich für den langfristigen Erfolg von Anlageentscheidungen. Dieser Band 2 in der Reihe »Financial Planning« verfolgt das Ziel, volkswirtschaftliches Basiswissen kompakt und ohne übermäßigen theoretischen Ballast zu vermitteln. Dabei wurde auf eine leicht verständliche Sprache Wert gelegt. Sollte dennoch einmal ein Fachbegriff zuviel oder ein in der Vermögensverwaltung fast unvermeidlicher Anglizismus ohne Not verwendet worden sein, bitte ich dies zu entschuldigen.

In Kapitel 1 werden die ökonomischen Rahmenbedingungen des Vermögensmanagements erklärt. Den Ausgangspunkt bilden volkswirtschaftliche Megatrends wie Globalisierung oder demografischer Wandel, die gewissermaßen den Überbau für die tagtäglichen volkswirtschaftlichen Ereignisse bilden. Daran schließt sich – der überragenden Bedeutung für die Finanzmärkte entsprechend – eine ausführliche Darstellung der Beziehungen innerhalb des monetären Sektors an, wobei die Bedeutung der Notenbanken, das Thema Inflation und die Wechselkursentwicklung eingehender betrachtet werden. Abgerundet wird dieses Kapitel durch Betrachtungen zur Rolle des Staates in der Wirtschaft.

Konjunktur und Wachstum sind die zentralen Begriffe des zweiten Kapitels. Es geht hier im Kern um die Frage, wie Konjunkturschwankungen entstehen, wie sie gemessen und prognostiziert werden können sowie welchen Einfluss sie auf die Vermögenspreisentwicklung haben. Ergänzt wird dieser Abschnitt um ressourcenökonomische Fragestellungen. Welche Rolle spielt das Umweltthema für die Anlagepolitik? Welche Merkmale weisen die Rohstoffmärkte auf und warum sollten Investments in Rohstoffe (Commodities) ein unverzichtbarer Bestandteil eines ausgewogenen Portfolios sein?

Im Abschlusskapitel widme ich mich drei volkswirtschaftlichen Themen aus der Praxis. Zum einen geht es im Rahmen des Phillips-Kurven-Konzepts darum, ob Notenbanken überhaupt in Kategorien der Konjunktursteuerung denken und agieren sollen. Worüber hiesige Wirtschaftspolitiker in der Regel die Nase rümpfen, wird in den USA ganz ungeniert praktiziert, wenn man sich die Geldpolitik der Federal Reserve Bank in den letzten Jahren genau anschaut. Ein zweites Thema ist die immer wieder aufflammende Diskussion über die Einführung einer Steuer auf Devisentransaktionen, einer so genannten Tobin-Steuer. Sie ist ein Sinnbild dafür, wie im Zeitalter der Globalisierung versucht wird, staatlichen Handlungsspielraum zurückzugewinnen. Schließlich richtet sich der Blick auf die zunächst profane Frage, inwieweit in föderalistischen Systemen wie der Bundesrepublik Deutschland oder in Staatengemeinschaften wie der Europäischen Union die einzelnen Glieder finanziell füreinander geradestehen müssen. Daraus resultiert für den Anleiheinvestor aber die ganz wichtige Frage nach der Solidität der jeweiligen Schuldner. Diese Analyse soll unterstreichen, welche Faktoren, die aus heutiger Sicht vielleicht noch kaum erkennbar sind, die langfristige Vermögensentwicklung unter Umständen nachhaltig beeinflussen können.

Viele Ideen, die in dieses Buch Eingang gefunden haben, entsprangen den regen, manchmal kontroversen, aber immer fruchtbaren Diskussionen innerhalb des Portfoliomanagements von Union Investment. Dabei waren es nicht nur die offiziellen »Meetings«, die zum Erkenntnisfortschritt beigetragen haben, sondern gerade auch die spontanen Gespräche zwischen Tür und Angel oder über den Schreibtisch hinweg. Dafür möchte ich mich bei allen Beteiligten ganz herzlich bedanken. Mein besonderer Dank gilt aber auch meinen beiden Kolleginnen Sabine Röhrl und Susanne Funk. Ohne ihre Mitwirkung wäre das Buch abbildungsfrei geblieben. Und bekanntlich sagt ein gutes Bild manchmal mehr aus als tausend Worte.

Bedanken möchte ich mich auch bei den Mitarbeitern des Schäffer-Poeschel-Verlags, Frank Katzenmayer und Adelheid Fleischer, ohne deren mannigfaltige Unterstützung – und manchmal sanften, aber notwendigen Druck – das Werk in der vorliegenden Form nicht entstanden wäre.

Schließlich gebührt auch Irina große Anerkennung, die viel Verständnis für die Ökonomie-Begeisterung ihres Partners aufbringen muss.

Frankfurt am Main, im März 2008
Dr. *Oliver Letzgus*

Inhaltsverzeichnis

Der Autor

Dr. Oliver Letzgus studierte Wirtschaftswissenschaften mit Vertiefungsrichtung Volkswirtschaft an der Universität Stuttgart-Hohenheim. Im Rahmen seiner Tätigkeit als wissenschaftlicher Mitarbeiter am Lehrstuhl für Finanzwissenschaft der Universität Stuttgart-Hohenheim (Prof. Caesar) schloss er 1998 seine Promotion ab. Im Anschluss daran wechselte er als PR-Berater mit Aufgabenschwerpunkt Banken- und Finanzmarktkommunikation zu Dirk Bläse Public Relations in Stuttgart. Seit 2001 arbeitet Dr. Oliver Letzgus als Kapitalmarktspezialist auf der Fixed-Income-Seite im Portfoliomanagement von Union Investment in Frankfurt am Main. Darüber hinaus sammelte er vielfältige Lehrerfahrungen als VWL-Dozent, unter anderem an den Hochschulen in Reutlingen und Heilbronn, an der Berufsakademie in Stuttgart, an der AKAD sowie an der Frankfurt School of Finance & Management (Bankakademie HfB).

Oliver Letzgus ist zusammen mit seinem Kollegen Jörg Warncke Verfasser des 2006 erschienenen Buches »Realzinsanleihen – Inflationsschutz für Rentenmarktinvestoren«.

Abkürzungsverzeichnis

BIZ	Bank für Internationalen Zahlungsausgleich
BIP	Bruttoinlandsprodukt
BMF	Bundesministerium der Finanzen
DEHSt	Deutsche Emissionshandelsstelle
EA	Internationale Energieagentur
EEX	European Energy Exchange
EHS	Europäisches Emissionshandelssystem
EIA	Energy Information Administration
EONIA	Euro Overnight Index Average
EUA	EU-Allowance
EURIBOR	Euro Interbank Offered Rate
EUROSTAT	Statistisches Amt der Europäischen Gemeinschaften
EWS	Europäisches Währungssystem
EZB	Europäische Zentralbank
Fed	Federal Reserve System
HVPI	Harmonisierter Verbraucherpreisindex
Ifo	Institut für Wirtschaftsforschung
IPCC	Intergovernmental Panel on Climate Change
IWF	Internationaler Währungsfonds
KSt	Körperschaftsteuer
NAIRU	Non Accelerating Inflation Rate of Unemployment
S & P	Standard & Poor's
SVR	Sachverständigenrat zur Begutachtung der gesamtwirtschaftlichen Entwicklung
UNCTAD	United Nations Conference on Trade and Development
VPI-E	Verbraucherpreisindex der Europäischen Währungsunion

1 Volkswirtschaftliche Rahmenbedingungen des Vermögensmanagements

1.1 Volkswirtschaftliche Megatrends

1982 veröffentlichte der Amerikaner John Naisbitt sein stark beachtetes Buch »Megatrends«. Darin beschrieb er zehn große Entwicklungslinien, die bis zur Jahrestausendwende das politische, gesellschaftliche und wirtschaftliche Leben bestimmen würden. Und in vielem sollte er dabei Recht behalten. Unter anderem identifizierte er die »Globalisierung« als einen der Megatrends. Er gilt damit als der Erfinder dieses Begriffs. Dem Urvater der Trendforschung folgten in den letzten Jahren viele Autoren, die neue Megatrends ausriefen. Aus der großen Anzahl angebotener Trends erscheinen aus volkswirtschaftlicher Sicht Globalisierung, Demografie, Klimawandel und Energieversorgung die beherrschenden Themen zu sein. Sie dürften einen erheblichen Einfluss auf die Entwicklung der Finanzmärkte und damit auch auf das Vermögensmanagement ausüben. Eine genauere Analyse ist daher angebracht.

Globalisierung, Demografie, Klimawandel, Energieversorgung

1.1.1 Globalisierung

Die Verwendung des Begriffs »Globalisierung« hat mittlerweile fast inflatorische Ausmaße angenommen. Praktisch kein Tag vergeht, an dem dieser nicht in der Zeitung steht. In kaum einer politischen Talkshow wird auf seinen Gebrauch verzichtet. Politiker verweisen gerne auf die Globalisierung und die dadurch erzeugten Handlungszwänge. Unternehmen begründen damit die Verlagerung von Produktionsstätten ins Ausland. Damit drängt sich zunächst die Frage auf, wofür Globalisierung genau steht. Es schließt sich un-

Inflatorischer Gebrauch

mittelbar die Frage nach der Bedeutung für die Entwicklung an den Finanzmärkten an. An dieser Stelle sei auch vermerkt, dass Globalisierung kein Phänomen der Gegenwart ist, sondern die Anfänge weit zurückreichen. Speziell die zweite Hälfte des 19. Jahrhunderts war durch einen intensiven grenzüberschreitenden Güteraustausch gekennzeichnet.

So richtig in Mode gekommen ist der Begriff jedoch in der Endphase des 20. Jahrhunderts. Nach dem Zweiten Weltkrieg beschränkte sich die weltwirtschaftliche Zusammenarbeit lange Zeit im Wesentlichen auf die westlichen Industrieländer. Mit den Wirtschaftsreformen in China und dem Fall des Eisernen Vorhangs betraten jedoch eine ganze Reihe neuer Mitspieler die internationale Arena, die für erhebliche Veränderungen sorgten: 1990 entfielen 30 Prozent der weltweiten Warenexporte auf die Entwicklungs- und Schwellenländer, im Jahr 2005 lag ihr Anteil bereits bei 44 Prozent, Tendenz weiter steigend. Neben der Integration vormals nicht marktwirtschaftlich ausgerichteter Länder spielen die technischen Fortschritte insbesondere in der Informations- und Kommunikationstechnologie eine wichtige Rolle im modernen Globalisierungsprozess. Gepaart mit Innovationen in den Bereichen Transport und Logistik erlauben sie eine stärkere internationale Aufgabenteilung selbst in eng miteinander verzahnten Produktionsprozessen innerhalb eines Unternehmens.

Die Globalisierung lässt sich vor allem anhand folgender Indikatoren beschreiben:

- **Zunahme des grenzüberschreitenden Austauschs von Gütern und Dienstleistungen:** Dadurch ist der reale Offenheitsgrad vieler Volkswirtschaften – ermittelt als Quotient aus der Summe von Exporten und Importen von Waren und Dienstleistungen zum Bruttoinlandsprodukt (BIP) – in den letzten Jahren deutlich gestiegen. Für Deutschland erhöhte sich diese Kennziffer von 60 Prozent im Jahr 1990 auf 75 Prozent im Jahr 2005.
- **Steigende Direktinvestitionen im Ausland:** Ein wesentliches Merkmal des gegenwärtigen Zusammenwachsens der Weltwirtschaft ist die Globalisierung der Unternehmen. Die sogenannten Global Players errichten oder erwerben Produktions- und Vertriebsniederlassungen auf der ganzen Welt. Laut UNCTAD lag der weltweite Bestand an Direktinvestitionen 2005 bei 10

Wirtschaftsreformen in China

Technische Fortschritte

Globalisierung: Indikatoren

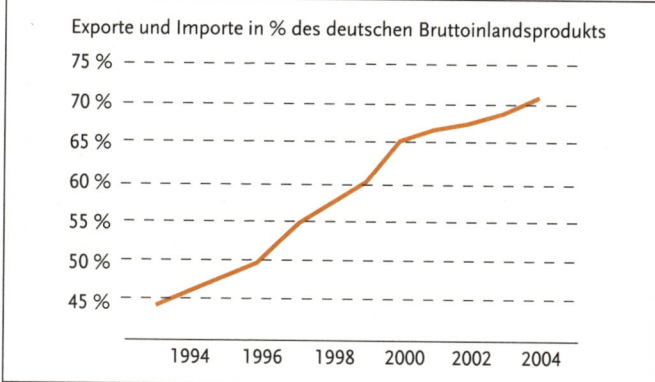

Exporte und Importe in % des deutschen Bruttoinlandsprodukts

Abbildung:
Offenheitsgrad der deutschen Volkswirtschaft (Quelle: Statistisches Bundesamt)

Billionen US-Dollar, wobei die ehemaligen Entwicklungsländer als Investitionsstandort immer beliebter werden.

- **Ausweitung des internationalen Kapitalverkehrs:** Wohl nirgends ist der Globalisierungsprozess so offensichtlich wie an den Finanzmärkten. Eine wachsende Zahl von Ländern hat Zugang zu den internationalen Kapitalmärkten. Zudem nimmt das Volumen des internationalen Wertpapierhandels immer mehr zu. Der finanzielle Offenheitsgrad – ermittelt als Quotient aus der Summe von Auslandsaktiva und -passiva zum BIP – ist in diesem Zusammenhang eine beliebte Kennziffer. Sie lag in Deutschland 2005 mit 340 Prozent rund dreimal so hoch wie 1990.

Globalisierungsprozess an den Finanzmärkten

Mit der Globalisierung sind vielfältige Auswirkungen auf Gesellschaft, Politik, Wirtschaft und Finanzmärkte verbunden. Positiv zu Buche schlagen insbesondere Wohlstandsgewinne infolge

Wohlstandsgewinne

- einer *verbesserten internationalen Arbeitsteilung*, wobei Güter und Dienstleistungen (bzw. ihre Komponenten) jeweils dort erzeugt werden, wo es im Sinne der klassischen Außenhandelstheorie komparative Kostenvorteile gibt,
- von *Massenproduktionsvorteilen* und Verbundeffekten (»Economies of Scale« und »Economies of Scope«) und
- einer höheren Wettbewerbsintensität auf Unternehmensebene.
- Darüber hinaus hat der erhöhte Wettbewerbsdruck auf den Güter- und Faktormärkten zu *sinkenden Inflationsraten* geführt,

worauf die Notenbanken mit sinkenden Leitzinsen reagieren konnten, die das wirtschaftliche Geschehen zusätzlich stimulierten.

Sowohl auf globaler Ebene als auch innerhalb der einzelnen Volkswirtschaften überwiegen zwar insgesamt die positiven Effekte. Einzelne gesellschaftliche Gruppen können aber sehr wohl Verluste erleiden, woraus Widerstand gegen die Globalisierung erwachsen kann. Insbesondere in den Industrieländern wird die internationale Verflechtung deshalb vielfach als schwierige Herausforderung angesehen, wobei folgende Punkte besonders ins Gewicht fallen:

Herausforderungen

- **Beschleunigung des gesamtwirtschaftlichen Strukturwandels:** So sind z. B. in arbeitsintensiven Branchen wie der Textilindustrie die Importe aus China zulasten der heimischen Produzenten massiv gestiegen.

- **Einfluss auf den Arbeitsmarkt:** Speziell gering qualifizierte und niedrig entlohnte Arbeitskräfte in den Industrieländern sind einem zunehmenden Wettbewerbsdruck der aufstrebenden Länder (Emerging Markets) ausgesetzt. Daraus könnte zukünftig eine verstärkte Neigung zu Abschottungsmaßnahmen (Protektionismus) resultieren.

- **Verringerter Handlungsspielraum der nationalen Wirtschaftspolitik:** Einer eigenständigen nationalen Wirtschaftspolitik sind in einer globalisierten Welt Fesseln angelegt. Im Wettbewerb um die günstigsten Standort- und Anlagebedingungen spielen etwa Höhe und Struktur der Steuern sowie Sozialabgaben eine wichtige Rolle. Ihre Festlegung kann nicht unabhängig vom internationalen Umfeld erfolgen.

- **Verschiebungen bei der funktionalen Einkommensverteilung:** Das globale Überangebot des Produktionsfaktors Arbeit übt Druck auf die Löhne aus. Die relative Knappheit an Kapital erhöht tendenziell die Renditen. Beide Effekte führten zusammen genommen in einer Einkommensumverteilung zugunsten der Kapitalbesitzer und zulasten der Arbeitnehmer. Die steigenden Unternehmensgewinne sowie sinkende volkswirtschaftliche Lohnquoten (Löhne/BIP) in den letzten Jahren sind ein beredtes Zeugnis hiervon.

An den Kapitalmärkten erwies sich die Kombination aus starkem Weltwirtschaftswachstum, geringer Inflation, lockerer Geldpolitik und der Einkommensumverteilung zugunsten der Kapitaleinkünfte in den Jahren nach 2001 als äußerst günstig für die Aktien- und Anleihemärkte. Es stellt sich indes die Frage nach der Nachhaltigkeit dieser Entwicklung. Oder anders formuliert: Handelt es sich bei Globalisierungsgewinnen im Wesentlichen um Einmaleffekte, die sich so nicht beliebig wiederholen lassen, oder um ein langfristiges Phänomen?

Nachhaltigkeit der Globalisierungsgewinne

1.1.2 Demografische Veränderungen

Demografie ist die Lehre von der Bevölkerung (Bevölkerungswissenschaft). Sie erforscht Regel- und Gesetzmäßigkeiten in Zustand und Entwicklung der Bevölkerung auf der Grundlage statistischer Verfahren. Demografische und wirtschaftliche Trends beeinflussen sich dabei häufig gegenseitig. Die Analyse längerfristiger ökonomischer Entwicklungen ist damit ohne Berücksichtigung demografischer Veränderungen nicht denkbar.

Definition: Demografie

Schon Thomas Malthus (1766-1834), *klassischer* Ökonom und Zeitgenosse von Adam Smith und David Ricardo, beschäftigte sich in seinem bekanntesten Werk *Essay on the Principle of Population* (1798) mit den volkswirtschaftlichen Folgen des demografischen Wandels. Er sah in der Überbevölkerung eines der Hauptprobleme einer sich entwickelnden Volkswirtschaft. Malthus ging davon aus, dass die (lineare Zunahme der) Nahrungsmittelproduktion nicht mit dem (exponentiellen) Bevölkerungswachstum Schritt halten könne. Erhebliche soziale Probleme seien die Folge. In der Tat war das rasche Bevölkerungswachstum (»Bevölkerungsexplosion«) und seine Folgen lange Zeit das beherrschende Thema in der Demografie. Dies ist wenig überraschend, wenn man sich folgende Zahlen vor Augen hält: Die Weltbevölkerung erreichte etwa um 1805 die erste Milliarde, 1926/27 die zweite, 1960 die dritte, 1974 die vierte, 1987 die fünfte und 1999 die sechste. Die Dynamik hat zwar inzwischen etwas nachgelassen, nach wie vor liegt aber die jährliche globale Bevölkerungszunahme bei rund 1,2 Prozent.

Thomas Malthus

2050 dürften dann 9,5 Milliarden Menschen auf der Erde leben. Etwa im Jahr 2070 sollte die Weltbevölkerungsentwicklung dann ihren Scheitelpunkt erreicht haben, wobei der Zuwachs gegenüber heute fast ausschließlich in den Schwellen- und Entwicklungsländer stattfindet. Auf die heutigen Industrieländer entfallen dann noch knapp zehn Prozent der Weltbevölkerung. Ab 2070 beginnt die Weltbevölkerung infolge sinkender Geburtenraten dann langsam zu schrumpfen.

Bevölkerungs-
rückgang in Europa

Während die Bevölkerung im globalen Maßstab also weiter explodiert, zeichnen sich in Europa bereits die Vorboten des Bevölkerungsrückgangs ab. In der EU dürfte schon ab 2015 die Einwohnerzahl sinken. Es ist davon auszugehen, dass die EU-Gesamtbevölkerung von heute 725 Millionen auf 600 Millionen im Jahr 2050 zurückgehen wird. Wir haben es mithin phasenweise mit ganz gegenläufigen Bevölkerungstrends zu tun: Mit einem anhaltend rapiden Wachstum vor allem in Asien und Afrika sowie gleichzeitig stagnierenden oder schrumpfenden Gesellschaften in Nordamerika und Europa.

Einflussfaktoren
der Bevölkerungs-
entwicklung

Die Größe und Struktur der Bevölkerung einer Region oder eines Landes hängen dabei in erster Linie von folgenden Faktoren ab:

- **Fertilität:** Wie hoch ist die Geburtenzahl? In Deutschland, also dem Land, in dem der Bevölkerungsrückgang infolge der geringen Geburtenzahl am frühesten begann, beträgt die Geburtenrate gegenwärtig 1,3 Kinder pro Frau. Zum Vergleich: Das bestandserhaltende Niveau liegt bei 2,1 Kindern je Frau. Im Zusammenhang mit der abnehmenden Reproduktionsrate spricht man vom »demografisch-ökonomischen Paradoxon«, wonach die Geburtenrate in einer Gesellschaft mit zunehmenden Pro-Kopf-Einkommen sinkt.

- **Mortalität:** Wie hoch ist die Zahl der Sterbefälle? Diese wird entscheidend bestimmt von der durchschnittlichen Lebenserwartung. Sie liegt in Deutschland gegenwärtig bei rund 78 Jahren, wird aber bis 2050 auf 83 Jahre steigen. Die Bevölkerungspyramide erhält damit immer mehr die Form einer Urne. Aus der Kombination von sinkender Geburtenrate und steigender Lebenserwartung resultiert zudem ein wachsender Altersdurchschnitt der Bevölkerung. Das Medianalter liegt in Deutschland derzeit bei rund 40 Jahren und wird bis 2050 auf rund 47 Jahre steigen.

- **Migration:** Wie entwickeln sich die Zu- und Abwanderung? Bei einem Zuwanderungsüberschuss von durchschnittlich 200.000 pro Jahr liegt die Einwohnerzahl Deutschlands im Jahr 2050 bei 70 Mio., bei einem jährlichen Zuwanderungsüberschuss von 100.000 bei 65 Mio., jeweils verglichen mit 82 Mio. im Jahr 2005. Zur Bestandserhaltung wäre eine jährliche Nettozuwanderung von 350.000 notwendig. Ein wichtiger Aspekt in diesem Zusammenhang ist auch das Phänomen der Binnenwanderung. Innerhalb Deutschlands erleben wir seit einigen Jahren eine erhebliche Migration von Ost nach West und von Nord nach Süd. Diese sorgt dafür, dass der demografische Wandel mit ganz unterschiedlicher Intensität in den einzelnen Regionen auftritt.

Migration

Binnenwanderung

Der demografische Wandel beeinflusst nahezu alle Lebensbereiche der Menschen. Betroffen sind u.a. die Politik (z.B. Wahlverhalten), das gesamte Kultur- und Wertesystem (siehe z.B. Frank Schirrmachers »Methusalem-Komplott«), die technische Entwicklung (Stichwort »Aging Support«) oder die öffentliche Infrastruktur. Im Kontext dieses Buches von besonderem Interesse sind jedoch einerseits die volkswirtschaftlichen Folgen – Auswirkungen auf Arbeitsmarkt, Produktivitätsentwicklung, Wirtschaftswachstum oder Branchenstruktur – und andererseits die daraus resultierenden Rückwirkungen auf die Finanzmärkte (u.a. Sparverhalten, Investitionstätigkeit, Rendite unterschiedlicher Kapitalanlagen, internationale Kapitalbewegungen etc.).

Volkswirtschaftliche Folgen

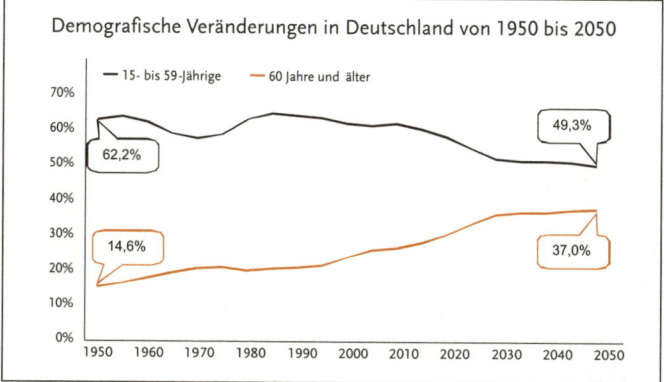

Demografische Veränderungen in Deutschland von 1950 bis 2050

— 15- bis 59-Jährige   — 60 Jahre und älter

62,2% · 49,3% · 14,6% · 37,0%

Abbildung:
Weniger Erwerbsfähige – mehr Ruheständler (Quelle: Population Division of the Department of Economic and Social Affairs of the United Nations, The 2006 Revision)

Demografischer
Wandel: ökono-
mische Dimension

In diesem Zusammenhang stellt sich eine ganze Reihe von Fragen, welche die generelle Bedeutung und speziell die ökonomische Dimension des demografischen Wandels für die Industrieländer erahnen lassen:

- Wie wirkt sich die schrumpfende und zugleich alternde Erwerbsbevölkerung langfristig auf den Arbeitsmarkt, die Produktivität, die internationale Wettbewerbsfähigkeit, das Wirtschaftswachstum und damit den Wohlstand aus?
- Welche dauerhaften Konsequenzen ergeben sich daraus für die Lebensarbeitszeit – Stichwort Altenquotient, der das Verhältnis potenzieller Ruheständler zur potenziell erwerbsfähigen Bevölkerung wiedergibt – und für die Zuwanderungspolitik?
- Wie wirkt sich der demografische Wandel auf die sozialen Sicherungssysteme und die Staatsfinanzen aus? Was bedeutet dies für die private Vorsorge?
- Geht von der veränderten Relation von Arbeitskräften zu Kapital ein Abwärtsdruck auf die Kapitalmarktrenditen aus?
- Droht in den Industrieländern nach 2030, wenn die geburtenstarke Jahrgänge (»Baby-Boomer«) in den Ruhestand gehen und ihre Ersparnisse auflösen, eine Kapitalschmelze, sprich massive Kursrückgänge an den Aktien- und Anleihemärkten (sog. »Asset-Meltdown-Hypothese«)?
- Bieten die Globalisierung und speziell die weltweite Diversifikation der Kapitalanlagen einen Ausweg?
- Welche Unternehmen, Branchen und Regionen profitieren von den demografischen Veränderungen?

1.1.3 Klimawandel

Naturwissenschaft-
licher Hintergrund

Der naturwissenschaftliche Hintergrund: Die Erde wird von einer Lufthülle umgeben, welche die Eigenschaft hat, einfallendes Sonnenlicht nahezu ungehindert passieren zu lassen, gleichzeitig jedoch einen Großteil der vom Erdboden reflektierten Wärmestrahlen zurückzuhalten. Dieser natürliche Treibhauseffekt sorgt dafür, dass auf der Erde eine Durchschnittstemperatur von etwa 15 Grad herrscht. Ansonsten läge die Temperatur bei minus 18

Grad. Durch den zunehmenden Ausstoß von Treibhausgasen (v. a.
Kohlendioxid, Methan, FCKW) wird dieser Wärmespeichereffekt
jedoch noch verstärkt. In der Folge kommt es auf der Erde zu
klimatischen Veränderungen. Der Begriff Treibhauseffekt steht inzwischen stellvertretend für diesen von Menschenhand erzeugten
»Zusatztreibhauseffekt«.

Anfang 2007 legte das internationale Expertengremium IPCC   Weltklimabericht
(Intergovernmental Panel on Climate Change) seinen vierten Weltklimabericht vor. Anhand verschiedener Szenarien beschrieben die
Forscher die nach heutigem Kenntnisstand möglichen Folgen des
Klimawandels. Im Extremfall käme es demnach zu einem Anstieg
der Durchschnittstemperatur bis zum Ende des Jahrhunderts um
mehr als sechs Grad. Durch Abschmelzen der Polkappen könnte
der Meeresspiegel um bis zu einen halben Meter steigen. Zudem
sollte die Häufigkeit extremer Wetterereignisse (Überschwemmun-
gen, Wirbelstürme etc.) weiter zunehmen. Mit den klimatischen
Folgen sind erhebliche ökonomische Risiken verbunden. In einer für die britische Regierung erstellten Studie hat der Ökonom
Nicholas Stern die Kosten eines klimapolitischen Business-as-usu-
al-Szenarios bis 2050 auf bis zu 20 Prozent des Weltsozialpro-
dukts beziffert. Einen ersten Eindruck von den wirtschaftlichen
Folgen lieferten etwa die Schadensbilanzen der großen Rückversi-
cherer nach der verheerenden Flutkatastrophe im Süden der USA
im Jahr 2005.

Aber unabhängig davon, ob alle Vorhersagen zu den physi-
schen Folgen im genannten Umfang auch eintreten, wird das Thema Klimawandel die wirtschaftliche Entwicklung rund um den   Klimawandel
Erdball in jedem Fall beeinflussen und sich damit auch an den   und Finanzmärkte
Finanzmärkten niederschlagen. Dafür genügt es bereits, dass die
Entscheidungsträger in Politik, Verwaltungen und Unternehmen
auf die vermutete Bedrohung reagieren, wie es bereits schon seit
längerem der Fall ist. Von veränderten Rahmenbedingungen sind
volkswirtschaftlich so bedeutende Sektoren wie die Energiewirt-
schaft, die Transportbranche oder der Agrarsektor unmittelbar
betroffen. Mittelbare Folgen sind vermutlich in nahezu allen Bereichen festzustellen.

Der Startschuss für eine globale Umweltpolitik liegt bereits einige Jahre zurück. 1992 fand in Rio de Janeiro die erste Weltumwelt-

konferenz statt. Zu diesem Zeitpunkt war die Datenlage jedoch noch weitaus dürftiger als heute. Dennoch wurde in Rio die Klimarahmenkonvention der Vereinten Nationen verabschiedet. Dabei verständigten sich die teilnehmenden Länder auf das Ziel, das Weltklima besser zu schützen. Zudem sollte ein Instrumentarium geschaffen werden, mit dessen Hilfe dieses Ziel realisiert werden sollte. In den Folgejahren wurden regelmäßig UN-Klimakonferenzen abgehalten, ohne dass es allerdings entscheidende Fortschritte im Kampf gegen die globale Erwärmung gegeben hat. Besondere Aufmerksamkeit wurde dem 1997 verabschiedeten Kyoto-Protokoll zuteil. Neben der ersten konkreten Übereinkunft über eine Reduktion des globalen Treibhausgasausstoßes vereinbarten die Unterzeichner die Einführung eines neuen Instrumentariums. Fortan sollten internationale Klimaschutzziele in erster Linie auf Grundlage sogenannter handelbarer CO_2-Zertifikate realisiert werden. Die Europäische Union nahm hierbei eine Vorreiterrolle ein.

Kyoto-Protokoll

Für das Vermögensmanagement dürften im Zusammenhang mit dem Klimawandel folgende Fragenkomplexe an Bedeutung gewinnen:

Klimawandel und Vermögensmanagement

- Wie kann ich mein Vermögen vor den Folgen des Treibhauseffekts schützen? Dabei handelt es sich zwar zunächst um ein klassisches Versicherungsthema (v. a. im Bereich des Immobilienvermögens). An den Finanzmärkten wurden in den letzten

Abbildung:
Erneuerbare Energieträger auf Wachstumskurs (Quelle: Arbeitsgruppe Erneuerbare Energie-Statistik (AGEE-Stat); Arbeitsgruppe Energiebilanzen (AGEB); Statistisches Bundesamt Deutschland 2007)

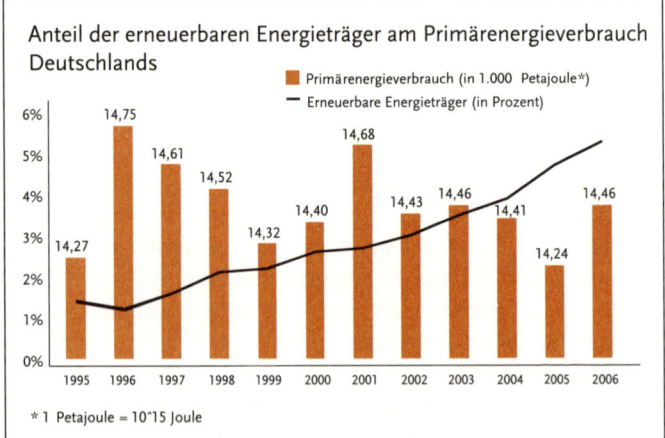

Anteil der erneuerbaren Energieträger am Primärenergieverbrauch Deutschlands

■ Primärenergieverbrauch (in 1.000 Petajoule*)
— Erneuerbare Energieträger (in Prozent)

14,27 · 14,75 · 14,61 · 14,52 · 14,32 · 14,40 · 14,68 · 14,43 · 14,46 · 14,41 · 14,24 · 14,46

1995 1996 1997 1998 1999 2000 2001 2002 2003 2004 2005 2006

* 1 Petajoule = 10^15 Joule

Jahren jedoch neuartige Instrumente wie Wetterderivate oder Katastrophenanleihen (Cat Bonds) entwickelt, mit deren Hilfe man sich vor den unliebsamen finanziellen Folgen von Naturereignissen schützen kann.

- Welche Regionen, Branchen und Unternehmen leiden direkt unter dem Klimawandel bzw. unter den veränderten regulatorischen Bedingungen, welche profitieren davon? Damit erreicht der Klimawandel die Aktienmärkte, aber auch den Markt für Unternehmensanleihen. Beispielsweise gelten die im Bereich alternativer Energien tätigen Unternehmen als potenzielle Nutznießer der Klimapolitik, die energieintensive Chemieindustrie als Verlierer. Selbst die Bonität der Staatsanleihen kann durch den Klimawandel betroffen sein, je nachdem ob ein Land vom Klimawandel profitiert oder stark darunter leidet.

Klimawandel und Aktienmärkte

- Mit der Einführung handelbarer Emissionszertifikate könnte sich – analog zu den Rohstoffen (»Commodities«) – mittelfristig eine neue Asset-Klasse herausbilden, die auch für den Privatanleger von Interesse sein könnte. Die technischen Voraussetzungen sind bereits teilweise gegeben, wozu in Deutschland z.B. die Aufnahme von CO_2-Zertifikaten in den Handel der Leipziger Energiebörse (EEX) zählt.

Handelbare Emissionszertifikate

1.1.4 Langfristige Energieversorgung

Energie ist das Lebenselixier moderner Gesellschaften. Zu den zentralen Aufgaben der Politik gehört es deshalb, die Voraussetzungen für eine sichere und wirtschaftliche Versorgung mit Primärenergieträgern wie Öl, Gas oder Kohle zu schaffen. Trotz aller Anstrengungen bei der Suche nach alternativen Energiequellen und Einsparmöglichkeiten dürften die fossilen Energieträger noch über Jahrzehnte hinweg eine herausragende Rolle im volkswirtschaftlichen Energiemix spielen, wobei die Importabhängigkeit der westlichen Industrieländer weiter zunehmen wird.

Versorgung mit Energie

Im Zuge der Diskussion um den Klimawandel sind die wichtigen energiepolitischen Ziele Versorgungssicherheit und Wirtschaftlichkeit jedoch zeitweise deutlich in den Hintergrund geraten, obwohl die Ölkrisen von 1973 und 1979 noch gar nicht so lange zurücklagen. So richtig ins öffentliche Bewusstsein gerückt sind diese Themen erst wieder nach der Jahrtausendwende, als die Zeit billigen Öls zu Ende ging, die politischen und militärischen Konflikte im ölreichen Nahen und Mittleren Osten zunahmen und die Lieferung von Energie wieder verstärkt als Instrument der Außenpolitik (»Erdöl-/Erdgaswaffe«) begriffen wurde. Vor diesem Hintergrund haben die Aspekte Versorgungssicherheit und Wirtschaftlichkeit im Sinne bezahlbarer Abnehmerpreise ihre frühere Bedeutung im »Zieldreieck« der Energiepolitik zurückerlangt.

Entwicklungen auf
den Öl- und Erdgas-
märkten

Auf den internationalen Öl- und Erdgasmärkten setzte in den zurückliegenden Jahren eine Reihe von Entwicklungen ein, in deren Verlauf sich diese immer stärker von Käufer- zu Verkäufermärkten – mit entsprechendem Machtzuwachs der Anbieterseite – wandelten. Dazu beigetragen haben

- *die zunehmende Konzentration der gesicherten Ölreserven am Persischen Golf.* Nach heutigem Kenntnisstand befinden sich zwei Drittel der globalen Reserven in dieser politisch sensiblen Weltgegend, da andernorts die Bestände deutlich rascher zur Neige gehen;
- *die wachsende Importabhängigkeit der Hauptverbraucherregionen (OECD-Länder, China, Indien) beim Öl,* da deren Eigenproduktion absolut rückläufig ist. Die Konkurrenz zwischen ihnen wird sich daher weiter verstärken, was sich schon heute z. B. beim Kampf um Ölquellen in Afrika beobachten lässt. Spiegel-

Abbildung:
Zieldreieck der
Energiepolitik

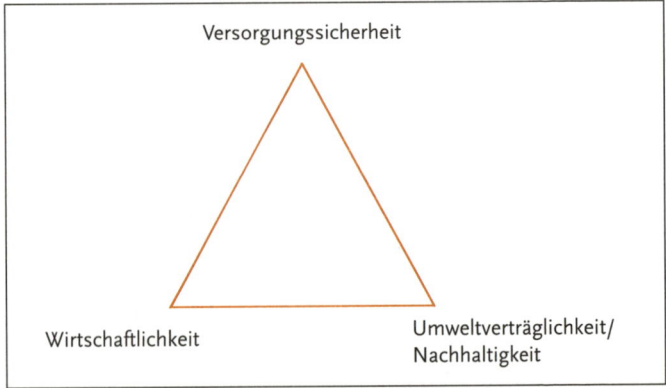

bildlich gewinnt die Marktmacht der Ölkartells OPEC wieder verstärkt an Bedeutung. Überlegungen, eine »Gas-OPEC« ins Leben zu rufen, zielen in dieselbe Richtung;

- *der starke Nachfragesog aus den schnell wachsenden Ländern Asiens*;
- *die – der aufwendigen Infrastruktur geschuldeten – langfristigen Lieferbeziehungen in der Erdgasversorgung*, die einem schnellen Anbieterwechsel im Wege stehen und somit für eine geringe Wettbewerbsintensität auf der Anbieterseite sorgen. Im Extremfall kann dies zu einer starken Abhängigkeit von einzelnen Lieferanten führen.

Diese Trends werden sich in Zukunft fortsetzen, zumal sich vor allem das Erdölzeitalter aufgrund endlicher Ressourcen in absehbarer Zeit ohnehin unwiederbringlich seinem Ende zuneigt. Hinzu kommt die erhöhte Unsicherheit durch den starken staatlichen Einfluss in den Produzentenländern, der für die Investitionstätigkeit nicht gerade förderlich ist. In den Golfstaaten wie in Russland oder Venezuela bestehen bereits heute nahezu staatsmonopolistische Strukturen bei der Erschließung von Öl- und Ergasressourcen. Die aus der Unterkapitalisierung resultierenden Kapazitätsengpässe werden für anhaltend hohe Preise und – wegen des Fehlens ausreichender Überkapazitäten – beim Auftreten politischer Turbulenzen in einzelnen Förderländern regelmäßig zu spekulativen Übertreibungen bzw. hoher Preisvolatilität führen. Über diese ökonomischen Aspekte hinaus werden Öl und Gas wohl wieder vermehrt zu politischen Zwecken eingesetzt. Versorgungssicherheit bleibt damit ganz oben auf der wirtschaftspolitischen Agenda der Industrieländer, wobei sich eine Abkehr von den fossilen Brennstoffen zusätzlich positiv auf den Klimaschutz auswirkt.

Unsicherheit

Versorgungssicherheit

Literatur

Birg, Herwig (2005): Auswirkungen der demographischen Alterung und der Bevölkerungsschrumpfung auf Wirtschaft, Staat und Gesellschaft.

Deutsche Bundesbank (2006): Deutschland im Globalisierungsprozess, Monatsbericht 12/2006 (www.bundesbank.de).

Deutsche Bank Research (2002): Die demografische Herausforderung (www.dbresearch.de).

Deutsche Bank Research (2007): Klimawandel und Branchen: Manche mögen's heiß (www.dbresearch.de).

IPCC-Reports (www.ipcc.ch).

Letzgus, Oliver (1999): Die Ökonomie internationalen Umweltschutzes.

Rettberg, Udo (2007): Alles, was Sie über Rohstoffe wissen müssen, Münster.

Rogers, Jim (2005): Rohstoffe – Der attraktivste Markt der Welt. Wie jeder von Öl, Kaffee und Co. profitieren kann, Münster.

Stern, Nicolas (2006): The Stern Review: The Economics of Climate Change, Cambridge.

Stiglitz, Joseph, E. (2002): Die Schatten der Globalisierung, München.

Stiglitz, Joseph, E. (2006): Die Chancen der Globalisierung, München.

Vereinte Nationen (2005): World Population Prospects: The 2006 Revision (www.un.org/esa/population).

von Aufschnaiter Michel u.a. (2006): Der große Rohstoff-Guide, Münster.

Wissenschaftlicher Beirat der Bundesregierung: Globale Umweltveränderungen (www.wbgu.de).

1.2 Geld und Währung: Grundlagen der monetären Ökonomie

1.2.1 Zum Wesen des Geldes

Wirtschaftliche Laien sind immer wieder überrascht darüber, dass selbst unter Fachleuten keine Einigkeit über den Begriff des Geldes herrscht. Es ist deswegen auch häufig die Rede vom »Rätsel Geld«. Wegen des Fehlens einer allgemein gültigen Definition behilft man sich des Umwegs, wonach all das als Geld anzusehen ist, was folgende drei Funktionen erfüllt:

- **Recheneinheit oder Wertmaßstab:** Durch die Existenz von Geld kann der Marktwert aller wirtschaftlichen Güter – zumindest innerhalb eines Währungsraums – unmittelbar miteinander verglichen werden. Geld dient als anerkannte Recheneinheit bei allen Tauschvorgängen. Es übernimmt in der Volkswirtschaft damit die Rolle, die etwa ein Längenmaß in der Entfernungsfeststellung innehat. Ein Euro besitzt damit grundsätzlich dieselbe Bedeutung wie der »Urmeter« in Paris: So, wie jede Strecke durch die genannte Längeneinheit quantifiziert werden kann, so kann auch der Wert eines Gutes durch die Recheneinheit Geld bestimmt werden. (Anmerkung: Stillschweigend soll an dieser Stelle davon ausgegangen werden, dass Geld wertstabil ist.)

  Geldfunktionen

  Recheneinheit bei Tauschvorgängen

- **Tausch- und Zahlungsmittel:** Das Vorhandensein von Geld erleichtert Tauschvorgänge. Es entbindet die Tauschpartner von dem in Vor-Geldwirtschaften üblichen Naturaltausch »Ware gegen Ware«. Stattdessen erfolgt ein Tausch »Ware gegen Geld«. Der Verkäufer einer Ware – sprich der Empfänger von Geld – ist in diesem Fall viel flexibler in der Verwendung der erhaltenen Gegenleistung, als wenn er eine andere Ware bezogen hätte, für die er mit viel Mühe wieder einen Tauschpartner hätte suchen müssen, um letztendlich in den Genuss genau der Ware zu gelangen, die er ursprünglich gewollt hatte. Hinzu kommt, dass Geld nahezu beliebig teilbar ist, was den Tausch ebenfalls

  Tausch »Ware gegen Geld«

erleichtert. Eine moderne arbeitsteilige und hoch spezialisierte Volkswirtschaft wäre ohne Geld jedenfalls nicht denkbar.

- **Wertaufbewahrungsmittel:** Neben den beiden genannten Funktionen dient Geld zudem als Wertspeicher. Wirtschaftssubjekte werden dadurch in die Lage versetzt, Einnahmen (Einkommen der Haushalte, Gewinne der Unternehmen, Steuereinnahmen des Staates) und Ausgaben (Konsum, Investitionen) zeitlich auseinanderfallen zu lassen – also zu sparen. Dies beruht unter anderem auf der Eigenschaft von Geld, im Gegensatz zu vielen herkömmlichen Waren nicht verderblich zu sein – wenn man unterstellt, dass Geld nicht von Inflation verdorben wird. In der Rolle als Wertspeicher konkurriert Geld jedoch mit anderen Vermögensgegenständen wie Aktien, Anleihen oder Immobilien. Der Mangel an Ertrag – Geld wirft in der Regel keine oder nur geringe Zinsen ab – wird jedoch durch seine hohe Liquidität wettgemacht. Oder anders formuliert: Geld kann sofort zum Güterkauf verwendet werden. Für eine Immobilie etwa muss zunächst aufwändig ein Käufer gefunden werden, damit der Verkäufer später ein flüssiges Tauschmittel in den Händen hält.

Wertspeicher

Bargeld und Giralgeld

Legt man diese drei Funktionen zugrunde, besitzen lediglich Bargeld (Geldscheine, Münzgeld) und Giralgeld – Buchgeld (»Sichteinlagen«), über welches jederzeit per Anweisung verfügt werden kann (z. B. per Scheck oder EC-Karte) – uneingeschränkt Geldcharakter. Das vor der Einführung von Münzen und Geldscheinen gebräuchliche Warengeld (etwa Rinder, Olivenöl oder Diamanten) spielt in modernen Gesellschaften keine Rolle mehr, da es im Vergleich zu Bargeld Probleme bei der Haltbarkeit, Teilbarkeit oder beim Transport bereitet. Selbst der unmittelbare Vorläufer unseres modernen Geldes, sprich Warengeld auf der Basis wertvoller Metalle wie Gold oder Silber, wurde inzwischen fast vollständig vom Papiergeld verdrängt.

Papiergeld und heutige Münzen besitzen keinen eigenen, stofflichen Wert. Sie stiften nur einen abgeleiteten Nutzen, der darauf beruht, dass man damit nützliche Dinge erwerben kann. Geld wird also nicht seiner selbst willen angestrebt, sondern als Voraussetzung für Konsumtätigkeiten oder für Sparzwecke (sprich aufgeschobenen Konsum).

Streng genommen ist Geld lediglich eine Forderung. Je nachdem, gegen wen sich diese Forderung richtet, spricht man von Zentralbankgeld oder Geschäftsbankengeld. Zentralbankgeld umfasst neben Bargeld noch Sichteinlagen der Geschäftsbanken bei der Notenbank (»Mindestreserve«). Ausschließlich Zentralbankgeld gilt als gesetzliches Zahlungsmittel. Geschäftsbankengeld (»Geld auf dem Girokonto«) repräsentiert Forderungen der Kunden gegenüber ihrem Kreditinstitut. Die Inhaber von Sichteinlagen können von ihrer Bank den jederzeitigen Umtausch in Bargeld verlangen. Bezogen auf das Gesamtvolumen stellt Bargeld nur einen kleinen Teil der gesamten Geldmenge dar. Der Löwenanteil entfällt auf Buch- oder Giralgeld.

Die Übergänge von Geld in seiner Funktion als Wertaufbewahrungsmittel zu anderen Anlageformen sind fließend. Zwar kann etwa über Spareinlagen nicht per EC-Karte verfügt werden, weshalb diese nicht als Geld im engeren Sinne gelten. Es stellt jedoch kein größeres Problem dar, Sparguthaben auf das Girokonto zu übertragen und so zu Geld zu machen. Für Spar- und Termineinlagen, aber auch Geldmarktfondsanteile, hat sich deshalb auch der Begriff des Quasigeldes (*Near Money*) eingebürgert.

Die Notenbanken, die für die Geldversorgung verantwortlich

Zentralbankgeld

Geschäftsbankengeld

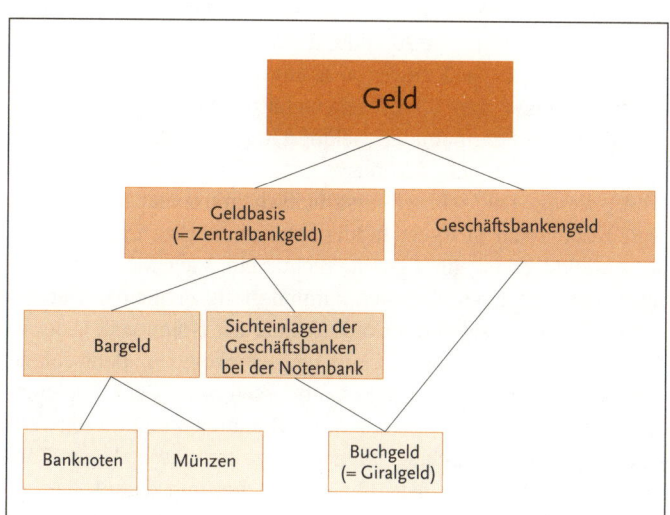

Abbildung:
Geldarten

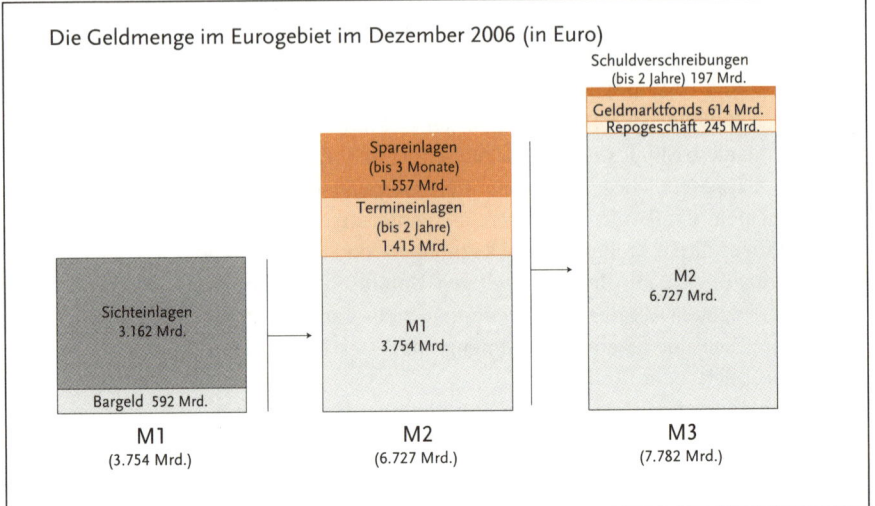

Die Geldmenge im Eurogebiet im Dezember 2006 (in Euro)

Abbildung:
Geldmengen-
konzepte der EZB
(Quelle: Deutsche
Bundesbank 2007)

sind, haben diesem Umstand Rechnung getragen, indem sie die Geldmenge in verschiedene Aggregate (M1, M2 und M3) unterteilten. M1 umfasst mit Bar- und Giralgeld dabei Geld im klassischen Sinne. Bei den Geldmengenaggregaten M2 und M3 kommen ergänzend verschiedene andere mehr oder minder geldnahe Finanzanlagen hinzu, siehe die Abbildung oben. Zu berücksichtigen ist, dass jeweils nur Geld erfasst wird, das sich in Händen von im Euroraum ansässigen »Nichtbanken«, also Staat, Privathaushalten und Unternehmen, befindet. Geldbestände bei Banken und Bausparkassen fallen nicht darunter.

Gold

An dieser Stelle will ich ausdrücklich mit einem immer noch weit verbreiteten Missverständnis aufräumen. Eine irgendwie geartete Golddeckung gibt es heute nicht mehr. Viele Menschen sind noch dem Gedanken verhaftet, zumindest ein nennenswerter Teil des Geldumlaufs sei durch Goldbestände der Notenbank gedeckt. Der Goldstandard ist aber schon lange beerdigt, in Deutschland seit Beginn des 1. Weltkriegs. Stattdessen wird Geld von einer staatlich beauftragten Notenbank im Umlauf gebracht. Stoffwertloses Papier wird durch staatlichen Erlass zum gesetzlichen Zahlungsmittel. Wer es in den Händen hält, vertraut darauf, dass es auch von den anderen Marktteilnehmern akzeptiert wird. Darin liegt sein eigentlicher Wert. Geht dieses Vertrauen verloren, etwa weil zu viel Geld gedruckt wird, ist eine Geldwirtschaft relativ rasch am Ende. Die wichtigste Aufgabe einer Notenbank ist deshalb, die Geldmenge knapp zu halten, denn nur ein knappes Gut besitzt auch einen ökonomischen Wert. Im Euroraum ist hierfür die Europäische Zentralbank (EZB) verantwortlich.

1.2.2 Inflation: Kaufkraftentzug durch Geldentwertung

Kaufkraft und Güterpreise

In modernen Volkswirtschaften wird der Tauschwert eines Gutes, sein Preis, üblicherweise in Geldeinheiten ausgedrückt (»Eine Tafel Schokolade kostet einen Euro...«). Der Wert des Geldes bestimmt sich daraus, welche Gütermenge mit einer bestimmten Geldsumme erworben werden kann. Die Kaufkraft des Geldes und die Güterpreise stehen demnach in einer gegenläufigen Beziehung: Mit einer gegebenen Geldsumme kann bei einem niedrigen Preis(niveau) für ein bestimmtes Güterbündel eine verhältnismäßig große Menge gekauft werden. Bei (durchschnittlich) steigenden Preisen wird diese Menge kleiner. Die Kaufkraft des Geldes nimmt ab, der Geldwert sinkt.

Kaufkraft des Geldes

Geld fungiert aber bekanntermaßen nicht nur als Recheneinheit zur erleichterten Abwicklung von Tauschvorgängen. Es dient auch als Wertaufbewahrungsmittel, also für Sparzwecke. Wie groß der Anteil der Einnahmen ist, der für spätere Ausgaben zurückgelegt wird, hängt unter anderem ab von der Einkommenshöhe (Haushalte mit hohem Einkommen haben gewöhnlich eine höhere Sparquote als Haushalte mit niedrigem Einkommen), der Zeitpräferenz (wie stark bevorzugen Haushalte Gegenwarts- gegenüber Zukunftskonsum) und der Prämie für die Geldhaltung – sprich der Zinshöhe. Eine zentrale Rolle für das Sparverhalten spielt zudem die Erwartung zur zukünftigen Kaufkraft des Geldes: Ist mit einer Geldentwertung, also mit allgemein steigenden Güterpreisen zu rechnen, dürfte die Sparneigung nachlassen, sofern keine

Zukünftige Kaufkraft des Geldes

ausreichende Kompensation durch die Zinserträge erfolgt. Alle Geldfunktionen hängen damit unmittelbar von der Preisniveauentwicklung ab.

Messung von Preisniveauänderungen

Das gebräuchlichste Maß für die Entwicklung der Kaufkraft des Geldes ist die Veränderung der Verbraucherpreise. Die hierfür

Verbraucherpreisindizes

verwendeten Preisindizes der privaten Lebenshaltung (»Verbraucherpreisindizes«) basieren auf Warenkörben, die das Verbrauchsverhalten repräsentativer Konsumenten widerspiegeln und in regelmäßigen Abständen in ihrer Zusammensetzung an die Entwicklungen des Verbraucherverhaltens angepasst werden. Geldentwertung wird gemessen, indem man den Preis eines Warenkorbes im Betrachtungszeitraum ins Verhältnis setzt zu dessen Preis in einem Vergleichszeitraum (Vormonat, Vorjahr). Es geht also im Kern um eine Antwort auf folgende Frage: »Wie viel mehr muss ich heute für denselben Korb an Waren und Dienstleistungen ausgeben, den ich zu einem bestimmten Zeitpunkt in der Vergangenheit erworben habe?«

Abbildung:
Warenkorb für
Deutschland
(Quelle: Statistisches Bundesamt
2008)

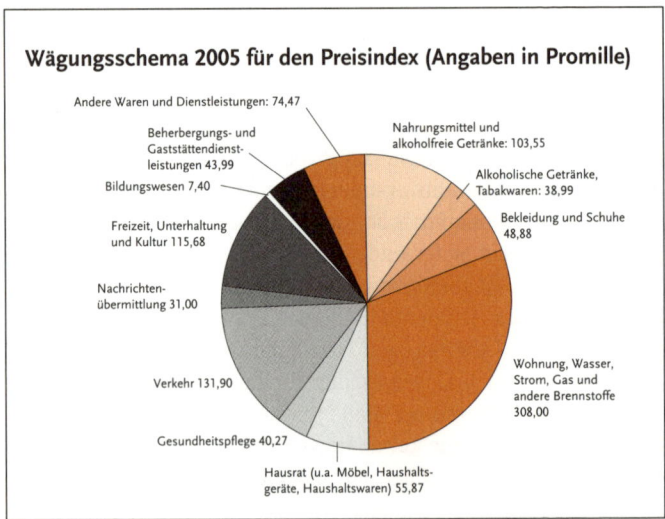

Wägungsschema 2005 für den Preisindex (Angaben in Promille)

Andere Waren und Dienstleistungen: 74,47

Beherbergungs- und Gaststättendienstleistungen 43,99

Bildungswesen 7,40

Freizeit, Unterhaltung und Kultur 115,68

Nachrichtenübermittlung 31,00

Verkehr 131,90

Gesundheitspflege 40,27

Hausrat (u.a. Möbel, Haushaltsgeräte, Haushaltswaren) 55,87

Nahrungsmittel und alkoholfreie Getränke: 103,55

Alkoholische Getränke, Tabakwaren: 38,99

Bekleidung und Schuhe 48,88

Wohnung, Wasser, Strom, Gas und andere Brennstoffe 308,00

Beim europäischen Harmonisierten Verbraucherpreisindex HVPI (siehe Kasten) erfolgt dies auf der Grundlage der bekannten Laspeyres-Methode, bei der der gewählte Warenkorb in seiner Mengenzusammensetzung über einen längeren Zeitraum konstant gehalten wird. Die Inflationsrate lässt sich dann ausgehend von einem Indexwert von 100 für das gewählte Güterbündel im betreffenden Basisjahr aus Veränderungen der nachfolgenden Indexwerte errechnen.

Warenkorb

Berechnung der Inflationsrate auf Basis der Laspeyres-Methode

$$\text{Inflationsrate}_{\text{Juni 2007}} \text{ (in \%)} = [(\text{Preisindex}_{\text{Juni 2007}}/\text{Preisindex}_{\text{Juni 2006}}) \cdot 100] - 100$$

Mit dieser Form der Berechnung von Preisindizes auf Basis eines Warenkorbes ist jedoch eine Reihe von Problemen verbunden, die nach weit verbreiteter Meinung tendenziell zu einer systematischen Überzeichnung der tatsächlichen Lebenshaltungskosten führen:

Systematische Überzeichnung der Lebenshaltungskosten

- **Änderung der Verbrauchsgewohnheiten:** Die Konsummuster der Haushalte sind laufend Veränderungen unterworfen. Insbesondere wird das Ausgabeverhalten der Endverbraucher durch relative Preisänderungen beeinflusst, sprich das Preisverhältnis verschiedener Güterkategorien zueinander ist nicht stabil. Es kommt zu Substitutionseffekten, wobei steigende Preise zu einem Nachfragerückgang bei den entsprechenden Gütern führen, fallende Güterpreise zu einem Nachfrageanstieg. In einem in seiner Struktur unveränderten Warenkorb behalten die im Preis gestiegenen Produktgruppen jedoch ihr ursprüngliches Gewicht, wodurch der Preisanstieg höher ausgewiesen wird als er tatsächlich ausfällt (*Substitution Bias*).
- **Verkaufsstellenwechsel:** Auch Veränderungen bei der Wahl der Verkaufsstelle können zu Verzerrungen bei der Erfassung des Preisindex führen. Durch Verkaufsstellenwechsel (z.B. vermehrter Einkauf im Internet statt im traditionellen Einzelhandel) können die Verbraucher unter Umständen zu deutlich geringeren Preisen einkaufen als zuvor. Wenn die Statistiker diesen Effekt jedoch erst mit erheblichen Verzögerungen im Warenkorb

erfassen, weist der offizielle Preisindex zwischenzeitlich einen zu starken Anstieg auf (*Outlet Substitution Bias*).

- **Auftreten neuer Güter oder Dienstleistungen:** Wenn neue Produkte auf den Markt kommen, sind diese zwangsläufig noch nicht im Warenkorb vertreten. Da aber gerade bei diesen Neuentwicklungen im Anschluss an die Markteinführung in der Regel rasche und kräftige Preisrückgänge zu beobachten sind, dürfte es auch dadurch zu einer Überzeichnung der tatsächlichen Teuerung kommen (*New Product Bias*).

- **Nichtberücksichtigung von Wohneigentum:** Verbraucherpreisindizes wie der HVPI berücksichtigen nicht den Erwerb oder die Errichtung selbst genutzten Wohneigentums. Damit bleibt ein nicht unerheblicher Teil des Aufwands privater Haushalte für die Lebensführung bei der Inflationsmessung außen vor. Wichtigste Ursache hierfür sind Probleme der Verfügbarkeit und Qualität der erforderlichen Daten. Unter der Rubrik »Wohnen« werden bislang lediglich die leichter ermittelbaren tatsächlichen Mietzahlungen, Haushaltsenergie, Nebenkosten und Renovierungsaufwendungen erfasst.

- **Qualitätsänderungen:** Ein *Quality Bias* entsteht dadurch, dass einerseits Qualitätssteigerungen bei bestimmten Güterkategorien in der offiziellen Statistik häufig unzureichend berücksichtigt werden, während andererseits die Bereitschaft der Konsumenten, hierfür einen höheren Preis zu bezahlen, sich vollständig im Preisindex niederschlägt.

Hedonische Preismessung

Gerade der zuletzt genannte Kritikpunkt hat in den vergangenen Jahren zu Veränderungen bei der Erfassung des Preisniveaus geführt. Im Rahmen der sogenannten hedonischen Preismessung werden Qualitätsverbesserungen (insbesondere bei technologischen Gütern wie Computern oder auch bei Automobilen) jetzt adäquater einbezogen. Vor allem in den USA hat diese Methode im Gefolge des sogenannten Boskin-Reports von 1996 zu einer spürbaren Verringerung der offiziellen Teuerungsrate geführt.

Gesamtinflationsrate

Die auf der Basis eines Warenkorbes ermittelten Preisniveauänderungen in einer Volkswirtschaft werden üblicherweise als Gesamtinflationsrate (*Headline Inflation* oder *Reported Inflation*) bezeichnet. Gewisse Verzerrungen können dadurch entstehen, dass bestimmte Güter mit einem großem Gewicht im Warenkorb – in erster Linie handelt es sich hierbei um Nahrungsmittel und Energie – kurzfristig besonders starken Preisschwankungen unterworfen sind. Temporäre Entwicklungen in diesen Bereichen (z. B. erhöhte Nahrungsmittelpreise infolge von Missernten oder politisch bedingte Ölpreisanstiege) verdecken unter Umständen den generellen Preistrend. Aus diesem Grund bedient man sich in der volkswirtschaftlichen Analyse häufig der Kerninflationsrate (*Core Inflation*), die um diese sehr volatilen Preise im Nahrungsmittel- und Energiesektor bereinigt ist. Über einen längeren Zeitraum betrachtet, sollten die Gesamt- und die Kerninflationsrate jedoch weitgehend identisch sein.

Kerninflationsrate

Inflation der Vermögenspreise

Bei der traditionellen Inflationsmessung richtet sich der Blick auf die Entwicklung der Konsumentenpreise. Nicht berücksichtigt werden in den Verbraucherpreisindizes Veränderungen der Vermögenswerte. Ein starker Preisanstieg bei Aktien, Anleihen oder Immobilien schlägt sich damit nicht unmittelbar in einer höheren Inflationsrate nieder. Das Thema Asset-Price-Inflation hat in jüngster Zeit in der Fachwelt dennoch stark an Bedeutung gewonnen. Hintergrund ist die von den wichtigen Notenbanken schon seit einigen Jahren erzeugte Überschussliquidität (Differenz zwischen Geldmengenwachstum und Anstieg der nominalen Wirtschaftsleistung). Diese hinterließ in den Verbraucherpreisen bislang zwar keine nennenswerten Spuren. Jedoch wird vermehrt die Vermutung geäußert, dass bei Wertpapieren und teilweise bei Immobilien schon Vermögenspreisblasen entstanden sind – gewissermaßen als Inflation in neuem Gewande. Damit verbindet sich die Befürchtung, dass es bei einem Platzen dieser Bubbles zu gravierenden Folgen für die Finanzmärkte und die Realwirtschaft kommen könnte. Es wird indes unter Notenbankern und Wissenschaftlern sehr kontrovers diskutiert, wie Vermögenspreisblasen zuverlässig identifiziert werden können, ob – und gegebenenfalls wie – die Geldpolitik präventiv handeln soll und welche institutionellen Vorkehrungen zu treffen sind, damit spekulative Fehlentwicklungen nicht die Stabilität des Finanzsystems gefährden.

Asset-Price-Inflation

Vermögenspreis-blasen

Neben den beiden genannten Konzepten Gesamt- und Kerninflationsrate kommen in der Praxis noch weitere Ansätze zur Anwendung:

- **Gestutzter Mittelwert (Trimmed Mean):** Dieses etwa von der australischen Notenbank angewandte Inflationsmaß bereinigt die Gesamtinflationsrate um die stärksten Ausreißer nach oben und unten (Dieses Verfahren kommt übrigens auch beim Eiskunstlauf zum Einsatz, wobei das niedrigste und höchste Preisrichterurteil gestrichen und aus den verbliebenen Noten der Durchschnittswert ermittelt wird.) Durch die Eliminierung solch störender Nebengeräusche ist – sogar noch ausgeprägter als beim Konzept der Kerninflationsrate – der generelle Inflationstrend leichter erkennbar.

- **Preisindex der privaten Konsumausgaben (Personal Consumption Expenditures, PCE-Preisindex):** Die amerikanische Notenbank richtet ihre Aufmerksamkeit nicht nur auf den warenkorbbasierten Verbraucherpreisindex (CPI), sondern berücksichtigt mindestens ebenso sehr den PCE-Preisindex. Letzterer bezieht sich stärker auf die tatsächlichen Lebenshaltungskosten und umfasst daher deutlich mehr Ausgaben und Artikel als der CPI-Preisindex, etwa staatlich finanzierte Heilbehandlungen, Ausgaben wohltätiger Organisationen oder Schätzwerte für nicht-marktliche Güter. Zudem wird im PCE-Index das Wohnungswesen geringer gewichtet. Aufgrund dieser methodischen Unterschiede liegt der PCE-Index regelmäßig unter dem CPI-Index.

Abschließend noch eine Bemerkung zur »gefühlten Inflation«. Insbesondere im Zusammenhang mit der Einführung des Euro-Bargeldes lag die von der Bevölkerung subjektiv wahrgenommene Inflation deutlich über der offiziellen HVPI-Teuerungsrate. Das Wort vom »Teuro« machte die Runde, dem die amtlichen Statistiker mit Verweis auf die Preisentwicklung des offiziellen Warenkorbes aber vehement widersprachen. Bei der gefühlten Inflation spielt jedoch eine entscheidende Rolle, wie häufig bestimmte Güter gekauft werden. Preisänderungen bei Gütern des täglichen Bedarfs werden viel stärker wahrgenommen als bei langlebigen Konsumgütern (Auto, Fernseher, Waschmaschine etc.), wobei bei Letzteren der Kaufzeitpunkt häufig zusätzlich variiert und dadurch Preisspitzen ausgewichen werden kann. Bei der Euro-Umstellung gab es speziell bei regelmäßig genutzten Dienstleistungen (Restaurants, Friseure etc.) signifikante Preisanstiege, welche die subjektive Inflationswahrnehmung der Haushalte nachhaltig beeinflussten. Um diesem Umstand Rechnung zu tragen, wird die Einführung eines Käuferpreisindex empfohlen, bei dem die Preissteigerungen der im Warenkorb erfassten Güter mit den relativen Kaufhäufigkeiten gewichtet werden.

Käuferpreisindex

Der Harmonisierte Verbraucherpreisindex (HVPI)

Mit der Einführung des Euro wurde die Geldpolitik von den nationalen Notenbanken der beteiligten Länder auf die Europäische Zentralbank übertragen. Oberstes Ziel der EZB ist die Erhaltung von Preisniveaustabilität im Euroraum, definiert als ein jährlicher Anstieg des Verbraucherpreisindex der Europäischen Währungsunion (VPI-EWU) von weniger als zwei Prozent. Es gibt aber wegen der Unterschiede der nationalen Verbrauchsgewohnheiten keinen einheitlichen Warenkorb für die gesamte Eurozone. Der VPI-EWU wird stattdessen als gewichteter Durchschnitt aus den nationalen Harmonisierten Verbraucherpreisindizes (HVPI) gebildet.

VPI-EWU

Die HVPI basieren aus Gründen der Vergleichbarkeit auf einem einheitlichen Verfahren zur Ermittlung der Konsumausgaben der privaten Haushalte. Es handelt sich um Preisindizes vom Laspeyres-Typ. Erfasst werden die Preise für Waren und Dienstleistungen, die in monetären Transaktionen tatsächlich gezahlt werden. Zinsen und Kreditkosten bleiben jedoch als Finanzierungskosten unberücksichtigt. Um den nationalen Besonderheiten in den Kaufgewohnheiten Rechnung zu tragen, weichen die Gewichte der einzelnen Warengruppen in den HVPI erheblich voneinander ab. So liegt z. B. der Anteil der Wohnausgaben in Deutschland mit rund 22 Prozent deutlich über dem Durchschnitt der Eurozone (14,5 Prozent), während in Spanien ein relativ großer Teil des Budgets (22 Prozent) für Nahrungsmittel verwendet wird (Durchschnitt der Eurozone: 15 Prozent). Anzumerken ist auch, dass nationale Verbraucherpreisindizes und HVPI teilweise spürbar voneinander abweichen können.

	Eurozone	Deutschland	Spanien	Frankreich	Italien	Finnland
Hauptgruppe						
Nahrungsmittel, alkoholfreie Getränke	154,82	114,97	221,12	168,67	165,51	157,76
Alkoholische Getränke, Tabak	41,54	49,97	38,03	39,99	29,97	56,92
Bekleidung, Schuhe	74,40	58,74	97,43	58,57	106,28	53,60
Wohnungsmieten, Energie	149,99	218,29	101,54	144,60	97,08	151,56
Einrichtungsgegenstände	76,11	74,49	58,25	64,41	105,52	55,67
Gesundheit	41,36	46,70	23,84	41,54	38,65	51,81
Verkehr	153,12	152,23	138,17	178,11	140,85	163,44
Nachrichtenübermittlung	28,23	25,47	21,08	31,57	31,98	30,95
Freizeit, Unterhaltung, Kultur	94,61	114,86	67,56	96,12	73,49	115,27
Bildungswesen	9,64	7,88	17,97	5,20	11,12	7,38
Hotels, Cafés, Restaurants	94,59	55,20	164,21	73,49	112,99	86,61
Andere Waren und Dienstleistungen	81,59	81,20	50,80	97,73	86,56	69,03
Gesamt-HVPI	1.000,00	1.000,00	1.000,00	1.000,00	1.000,00	1.000,00

Abbildung:
HVPI in der Eurozone (Quelle: EUROSTAT 2005)

Inflation, Preisniveaustabilität, Deflation: begriffliche Klarstellungen

Definition Inflation

Für den Begriff der Inflation gibt es eine Vielzahl von Definitionen. Weithin akzeptiert ist die Auffassung, dass es sich hierbei um einen *anhaltenden Anstieg des Preisniveaus* handelt. Je nachdem, wie schnell die Kaufkraft des Geldes zurückgeht, wird von schleichender oder galoppierender Inflation (gleichbedeutend mit Hyperinflation) gesprochen. Letztere liegt gemeinhin vor, wenn die monatliche Preissteigerungsrate oberhalb von 50 Prozent liegt.

In Abhängigkeit von der Dauer des Inflationsprozesses wird zudem zwischen einmaliger, vorübergehender oder chronischer Geldentwertung unterschieden. Aufgrund besonderer Ereignisse (z. B. Missernten) eingetretene einmalige Preisniveausteigerungen werden gewöhnlich als unproblematisch erachtet, da sie sich nach Wegfall der Ursache gewöhnlich relativ schnell wieder zurückbilden. Wie bereits erwähnt, wird diesem Umstand heute insbesondere mithilfe der Kerninflation Rechnung getragen. Zu Zeiten des Goldstandards (in Deutschland bis 1914), als das umlaufende Bargeld noch vollständig durch die Goldbestände der ausgebenden Notenbank gedeckt war, zeigte sich Inflation in der Regel als ein vorübergehendes Phänomen. Auf längere Phasen mit Preisniveausteigerungen folgten stets Phasen mit einem Wiederabsinken des Preisniveaus. Auf sehr lange Zeiträume bezogen blieb damit die Kaufkraft des Geldes erhalten.

Von wenigen Ausnahmen abgesehen (insbesondere Japan zwischen 1998 und 2006) verändert sich das Preisniveau in den westlichen Industrieländern seit Mitte des 20. Jahrhunderts aber fast nur noch in eine Richtung – und zwar nach oben. Der Inflationsprozess ist damit quasi zu einer Einbahnstraße geworden. In unterschiedlich starker Ausprägung haben wir es seit Jahrzehnten deshalb mit einer chronischen Geldentwertung zu tun, wobei wir auf die Ursachen im Anschluss noch genauer zu sprechen zu kommen. Wie stark sich bei einem längeren Anlagehorizont eine bereits geringe Inflationsrate auf die Kaufkraft eines gegebenen Geldbetrags auswirkt, verdeutlicht ein Blick auf die nachfolgende Abbildung. 100 Euro besitzen nach 30 Jahren mit einer jährlichen Inflationsrate von 2,5 Prozent weniger als die Hälfte ihrer ursprünglichen Kaufkraft. Bei 5 Prozent Inflation sinkt der Realwert schon nach zehn Jahren auf 61 Euro.

Inflationsprozess als Einbahnstraße

Preisniveaustabilität wird heutzutage üblicherweise mit einem Anstieg der Verbraucherpreise zwischen null und zwei Prozent gleichgesetzt. Die Europäische Zentralbank strebt z. B. einen HVPI-Wert von knapp unter 2 Prozent an. Mit dem Hinweis auf eine Überzeichnung der tatsächlichen Inflation durch den offiziellen Inflationsindex wird diese Abweichung von dem intuitiv »richtigen« Wert, der eigentlich bei null Prozent liegen müsste, begründet. Zudem wird argumentiert, dass ein »Sicherheitsabstand« zu einem allgemeinen Preisniveauverfall erforderlich sei.

Abbildung:
Reale Wertentwicklung von 100 Euro bei unterschiedlichen Inflationsraten (Quelle: Eigene Berechnung)

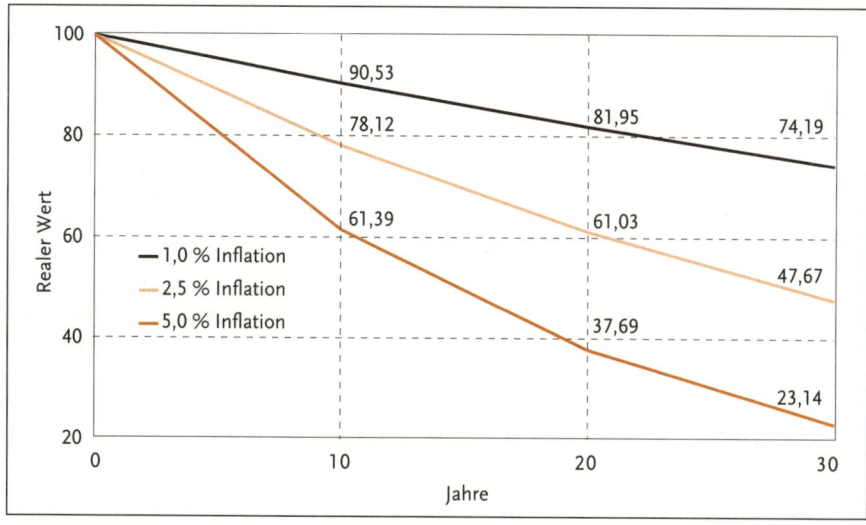

Deflation

Ein länger anhaltendes Absinken des allgemeinen Preisniveaus, sozusagen eine negative Inflationsrate, wird als Deflation bezeichnet. Nachdem jahrzehntelang Inflation als das größere wirtschaftspolitische Problem angesehen wurde, setzte 2003 in den USA und Europa eine intensive Diskussion über mögliche Deflationsrisiken ein, wobei diese Debatte unter dem Eindruck des seit den 1990er-Jahren andauernden deflationären Prozesses in Japan stand.

Deflation ist allerdings nicht ein einfaches Spiegelbild der Inflation. Dies hängt vor allem damit zusammen, dass Löhne, Preise und Zinsen nach oben weitaus beweglicher sind als nach unten. Besonders deutlich wird dies beim Nominalzins, der zwar (fast) beliebig steigen kann, nach unten aber auf null Prozent begrenzt ist, was die geldpolitische Bekämpfung der Deflation durch die Zentralbank von vornherein erschwert.

Deflation wird vor allem wegen ihrer realwirtschaftlichen Folgen gefürchtet. Aufgrund vielfältiger Rigiditäten an den Güter- und Faktormärkten kommt es im Zuge deflationärer Entwicklungen in der Regel auf der Angebotsseite der betroffenen Volkswirtschaft mittelfristig zu Anpassungen in Form von Produktionseinschränkungen. Ein Rückgang des realen Volkseinkommens und der Beschäftigung ist die Folge. Dies ist besonders problematisch, wenn ein sich selbst beschleunigender Prozess aus rückläufigem Konsum, sinkender Kapazitätsauslastung, fallenden Preisen, steigender Arbeitslosigkeit und rückläufigem Einkommen und deshalb noch weiter zurückgehendem Konsum entsteht.

Neben der aus der Erwartung über die weitere Preisniveauentwicklung gespeisten Kaufzurückhaltung wird Deflation auch durch den Anstieg der realen Verschuldung, höhere Realzinsen – selbst bei Nominalzinsen von Null steigen die Realzinsen, nämlich mit der Deflationsrate – und massive Belastungen der Staatsfinanzen genährt. Im Extremfall mündet dies in einer Depression, dem gleichzeitigen und sich gegenseitig verstärkenden Auftreten von Deflation und Rezession, wie in der Großen Depression ab 1929.

Depression

Im Vorfeld deflationärer Entwicklungen ist es in der Vergangenheit regelmäßig zu stark sinkenden Vermögenspreisen durch Platzen spekulativer Blasen gekommen war (Aktienmarkt-Crash in den USA 1929, Zusammenbruch des Immobilienmarktes in Japan 1992). Nicht zuletzt eine monetär unterstützte oder erzeugte

Geldmengeninflation	
Nachfrageinflation	**Angebotsinflation**
1. Budgetinflation	1. Kostendruckinflation
2. Konsumnachfrageinflation	• Lohnkosten
3. Investitionsnachfrageinflation	• Rohstoffkosten
4. Exportinflation	• Verbrauchssteuern
	2. Gewinndruckinflation
	4. Exportinflation

Abbildung:
Inflationsursachen

Asset-Price-Inflation führt damit in vielen Fällen früher oder später zu einer Asset-Price-Deflation, welche wiederum zu einem längerfristigen Absinken des allgemeinen Preisniveaus führen kann. Auch aus dieser Warte verdient die Inflationsentstehung bzw. die Schaffung von Überliquidität deshalb besondere Aufmerksamkeit.

Asset-Price-Deflation

Inflationsursachen I: zu viel Geld im Umlauf

Nach Milton Friedman, einem der renommiertesten Ökonomen und Nobelpreisträger für Wirtschaftswissenschaften, ist Inflation letztlich immer ein monetäres Phänomen, sprich auf eine zu große Geldmenge zurückzuführen. Preisniveau und Geldwert stehen dabei bekanntermaßen in einer umgekehrten Beziehung (siehe Abb. S. 30). Ein rückläufiger Geldwert ist damit gleichbedeutend mit einem Anstieg des Preisniveaus. Der Geldwert bildet sich aus Angebot und Nachfrage am Geldmarkt. Das Geldangebot in einer Volkswirtschaft wird durch das Bankensystem mit der Notenbank an der Spitze bestimmt, die reale Geldnachfrage resultiert im Wesentlichen aus der Höhe des realen Bruttoinlandsprodukts unter Berücksichtigung der Kassenhaltung. Da die Realzinsen in einer Volkswirtschaft langfristig im Wesentlichen durch die reale BIP-Entwicklung determiniert werden, spielt das Zinsniveau als Bestimmungsfaktor für die Geldnachfrage bei Friedman höchstens eine nachgeordnete Rolle.

Inflation als monetäres Phänomen

Im Gleichgewicht entspricht die von den Wirtschaftssubjekten

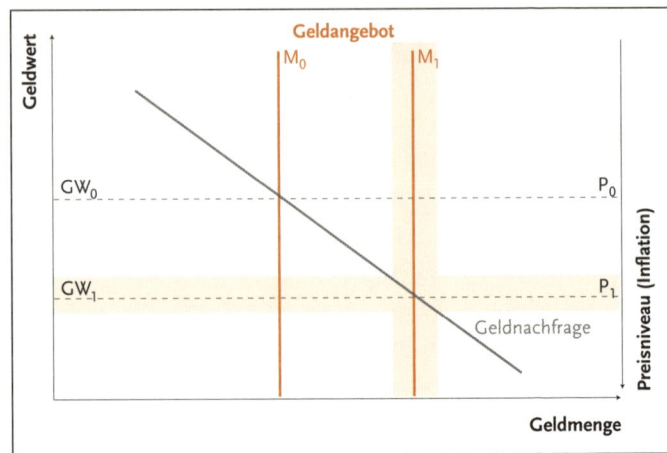

Abbildung:
Geldwert und
Inflation

nachgefragte Geldmenge der angebotenen Geldmenge. Eine Ausweitung des Geldangebotes und damit der Geldmenge führt unter sonst gleichen Bedingungen damit zu einem sinkenden Geldwert ($GW_0 \rightarrow GW_1$) bzw. zu einem erhöhten Preisniveau ($P_0 \rightarrow P_1$). Inflation, definiert als anhaltend steigendes Preisniveau, setzt damit stets eine monetäre Expansion voraus.

Quantitätsgleichung Die theoretische Grundlage hierfür liefert die Quantitätsgleichung des Geldes (»Fisher'sche Verkehrsgleichung«), die Geldmenge M, Geldumlaufgeschwindigkeit v (entspricht dem Kehrwert des Kassenhaltungskoeffizienten), Preisniveau P und reale Güterproduktion Y (= Bruttoinlandsprodukt, BIP) miteinander verknüpft. Danach gilt folgender Zusammenhang, wobei die linke Seite als monetäre Nachfrage, die rechte Seite als zu jeweiligen Preisen bewertetes Güterangebot interpretiert werden kann:

$$M \cdot v = P \cdot Y$$

Aus der Gleichung lässt sich ableiten, dass eine Geldmengenausweitung zu einem Rückgang der Geldumlaufgeschwindigkeit, einem realen BIP-Anstieg oder einem steigenden Preisniveau führen muss. Unter der Annahme einer relativ stabilen Geldumlaufgeschwindigkeit und eines realen BIP-Wachstums, welches in erster Linie vom Faktorangebot und der vorhandenen Technologie abhängig und damit kurzfristig nicht veränderbar ist, mündet eine Ausweitung der Geldmenge auf Dauer fast zwangsläufig in eine erhöhte Inflation. Auf kurze und mittlere Sicht kann dieser Zusammenhang aufgrund von Sonderfaktoren wie Portfolioumschichtungen allerdings weniger stringent sein.

Ausweitung der Geldmenge führt zu Inflation

Theoretisch wäre zwar auch denkbar, dass Inflation bei konstanter Geldmenge durch eine rapide zunehmende Geldumlaufgeschwindigkeit gespeist wird. In der Realität dürfte dies aber unter normalen Umständen keine nennenswerte Rolle spielen. Vielmehr ist damit zu rechnen, dass bei ohnehin starker Geldentwertung die Inflation durch abnehmende Kassenhaltung noch beschleunigt wird. Es kommt dann gewissermaßen zu einer Spirale aus steigenden Preisen und einer sich beschleunigenden Geldumlaufgeschwindigkeit.

Der Geldmenge kommt also langfristig eine Schlüsselrolle bei der Entstehung inflationärer Prozesse zu. In Nicht-Geldwirtschaften, sprich reinen Naturaltauschwirtschaften, ist Inflation damit ein unbekanntes Phänomen. Gleichwohl können sich natürlich auch hier einzelne Güter verteuern, ausgedrückt in Tauschverhältnissen zu anderen Gütern. Umgekehrt werden andere Güter aber billiger, sodass sich die Effekte gegenseitig aufheben.

Schlüsselrolle der Geldmenge

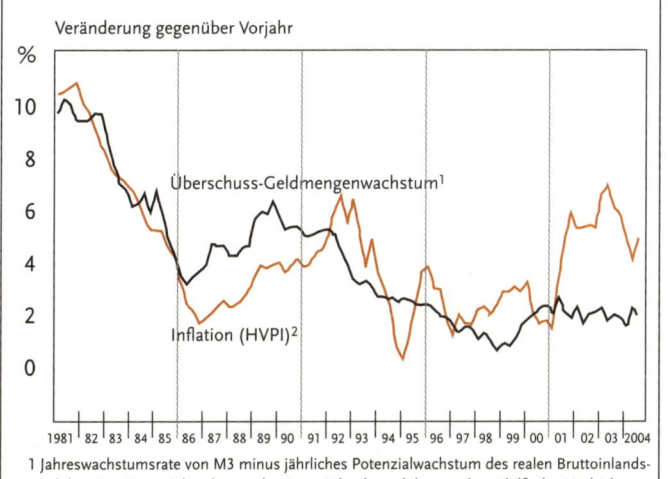

Veränderung gegenüber Vorjahr

Überschuss-Geldmengenwachstum[1]

Inflation (HVPI)[2]

1981 82 83 84 85 86 87 88 89 90 91 92 93 94 95 96 97 98 99 00 01 02 03 2004

1 Jahreswachstumsrate von M3 minus jährliches Potenzialwachstum des realen Bruttoinlandsprodukts. Das Potenzialwachstum des Bruttoinlandsprodukts wurde mithilfe des Hodrick-Prescott-Filters berechnet. – 2 Quellen: 1981 bis 1990 Schätzung EZB, ab 1991 Eurostat.

Abbildung: Überschuss-Geldmengenwachstum und Inflation im Euroraum (Quelle: Deutsche Bundesbank, Monatsbericht Januar 2005)

Seit Beendigung der Golddeckung zu Beginn des 20. Jahrhunderts – Papiergeld konnte bis dahin jederzeit gegen Gold eingetauscht werden – sind der Schaffung von Geld jedoch keine natürlichen Grenzen mehr gesetzt. Bargeld, welches keinen stofflichen Wert aufweist und keine konkrete Deckung besitzt, wird allein durch staatliche Anordnung (»gesetzliches Zahlungsmittel«) geschaffen. Im Angelsächsischen wird dafür in Anlehnung an Fiat Lux (»Es werde Licht«) auch der Ausdruck Fiat Money (»Es werde Geld«) verwendet. Oder weniger prosaisch: Geldscheine erhalten ihre Kaufkraft, weil sie von staatlicher Seite bzw. der Zentralbank zum alleinigen Zahlungsmittel bestimmt wurden. Dadurch, dass sich die Versorgung moderner Volkswirtschaften mit Bargeld unter staatlichem Einfluss befindet, kann aber nicht von vornherein ausgeschlossen werden, dass dieses Instrument für eigennützige Motive der politischen Entscheidungsträger (z.B. Entwertung von Staatsschulden) eingesetzt wird, die nicht unbedingt deckungsgleich mit dem Interesse der Bürger an stabilen Preisen sind. In der gegenwärtigen Form der Geldwirtschaft ist Inflationsgefahr jedenfalls prinzipiell immer gegeben.

Die Geldmenge besteht allerdings nicht allein aus von der jeweiligen Notenbank bereitgestelltem Bargeld (Zentralbankgeld), sondern zum größeren Teil aus durch Kreditgewährung geschaffenem Buchgeld (Giralgeld). Zur Verdeutlichung: Geschäftsbanken vergeben Kredite an Unternehmen und Haushalte, um ein Investitionsobjekt oder ein Konsumgut zu finanzieren. Da die ausbezahlte Kreditsumme normalerweise nicht vollständig ausgegeben wird, fließt ein Teil des Geldes zurück an den Bankensektor, wo es wiederum als Kredit vergeben wird. Die Geschäftsbanken können aus Bareinlagen also ein Vielfaches an Giralgeld schöpfen, da nur ein Bruchteil der Einlagen der Reservepflicht unterliegt. Durch dieses heute gebräuchliche *Fractional Reserve Banking* kann die monetäre Basis einer Volkswirtschaft mehrfach vergrößert werden. Diese Multiplikatoreffekte entziehen sich jedoch der perfekten Kontrolle der Zentralbank. Durch die Schaffung zusätzlichen Giralgeldes können die Geschäftsbanken zumindest temporär eine restriktive Geldpolitik der Zentralbank unterlaufen.

Fiat Money

Multiplikatoreffekte

Wie kann ein Liquiditätsüberschuss abgebaut werden?

Ab dem Jahr 2000 haben die großen Notenbanken in Reaktion auf den Börseneinbruch und aus Sorge vor einer Rezession die Märkte regelrecht mit Liquidität geflutet. Die Geldmengen in den USA, im Euroraum und in Japan sind insbesondere zwischen 2001 und 2003 deutlich schneller gewachsen als die nominalen Bruttoinlandsprodukte. Für einen Abbau einer globalen Überliquidität gibt es grundsätzlich drei Möglichkeiten:

- Die »schmerzfreie« Lösung läge in einer starken Zunahme der realen Güterproduktion, wodurch der Liquiditätsüberschuss gewissermaßen aufgesaugt würde. Voraussetzung hierfür sind freie Produktionskapazitäten.

  Abbau von Überliquidität

- Stößt eine monetär alimentierte Zunahme der Güternachfrage jedoch an die Grenzen des Produktionspotenzials, sind inflationäre Tendenzen nahezu unvermeidlich. In diesem Fall haben es die Notenbanken mit dem bekannten Phänomen der Nachfrageinflation zu tun. Die bewährten Instrumente, insbesondere Zinserhöhungen, kommen zum Einsatz.

- Das überschüssige Geld fließt in Vermögenstitel wie Aktien, Anleihen oder Immobilien und sorgt für eine Inflation der Vermögenspreise.

- Ohne die Bedeutung dieser drei Kanäle genau gewichten zu wollen, lassen sich aus dem Liquiditätsüberschuss in jedem Fall aber mittelfristige Inflationsrisiken ableiten. Diese werden umso geringer ausfallen, je höher das Potenzialwachstum in den Industrieländern ausfällt.

In diesem Zusammenhang spielen auch übersteigerte Deflationsängste eine wichtige Rolle. Deflation wird von Politikern, aber auch von vielen Ökonomen, verglichen mit Inflation sogar als noch größeres Übel angesehen, da Begleitumstände wie wirtschaftliche Stagnation, Firmenpleiten und wachsende Arbeitslosigkeit als besonders belastend empfunden werden. Hinzu kommt, dass die Bekämpfung der Deflation, wenn sie sich einmal verfestigt hat, als ungleich schwerer gilt, da vor allem die geldpolitischen Handlungsmöglichkeiten in einer solchen Situation begrenzt sind. Vor diesem Hintergrund ist die Forderung

Deflationsängste

nach einem ausreichenden Sicherheitsabstand zur Deflation zu sehen.

Ein kurzer Exkurs zur Deflation

Allerdings ist in diesem Zusammenhang ein genauerer Blick auf die Deflationsursachen durchaus lohnenswert. Ein Rückgang des Preisniveaus kann zum einen durch positive Angebotsschocks wie fallende Rohstoffpreise, überdurchschnittliche Produktivitätszuwächse (z. B. infolge technologischer Neuerungen) oder eine erhöhte Wettbewerbsintensität – etwa als Konsequenz von Deregulierungsmaßnahmen an Güter- und Faktormärkten oder verstärktem internationalen Konkurrenzdruck – ausgelöst werden. Zum anderen kann aber auch ein starker Rückgang der gesamtwirtschaftlichen Nachfrage – ein negativer Nachfrageschock – über eine zunehmende Unterauslastung der volkswirtschaftlichen Produktionskapazitäten zu einem spürbaren Rückgang des Preisniveaus führen.

Der Fall des positiven Angebotsschocks ist dabei als unbedenklich anzusehen, da die Kombination aus sinkenden Preisen und steigender Produktion sich positiv auf die Kaufkraft der Konsumenten und die Gewinnmargen der Unternehmen auswirkt. In der Regel sind solche Preisrückgänge nur vorübergehender Natur und begründen keinen wirtschaftspolitischen Handlungszwang.

Anders verhält es sich bei negativen Nachfrageschocks. Diese werden deshalb als gefährlicher eingestuft, weil sie eine Spirale aus sinkenden Preisen, rückläufiger Produktion und Nachfrage sowie sinkenden Ausgaben von Unternehmen und Konsumenten in Gang setzen können, welche in einer erheblichen Störung des gesamtwirtschaftlichen Gleichgewichts münden werden. Die Handlungsmöglichkeiten für eine stimulierende Wirtschaftspolitik sind nach Eintreten einer solchen Deflationssituation jedoch begrenzt. Streng genommen sollte deshalb nur für diesen Fall der meist negativ belegte Terminus Deflation verwendet werden.

Positive Angebots-schocks

Negativer Nachfrage-schock

Teufelskreis der Deflation
Preisniveau ↓ → Produktion ↓ → Beschäftigung ↓ → Einkommen ↓
→ Konsum ↓ → Kapazitätsauslastung ↓ → Preisniveau ↓ →......

Obwohl, wie beschrieben, Preisniveaurückgänge nicht per se besorgniserregend sind und auch eher selten vorkommen, wird das Schreckgespenst Deflation gerne dafür verwendet, um Forderungen nach expansiver Geld- und Fiskalpolitik Nachdruck zu verleihen. Dabei soll noch einmal darauf hingewiesen werden, dass zu Zeiten des Goldstandards wegen des limitierten Goldangebotes längere Phasen rückläufiger Preise nichts Außergewöhnliches waren.

Neben den mangelnden Erfahrungen von Wissenschaftlern, Zentralbankern und Politikern mit Deflation trägt zu der Furcht hiervor auch bei, dass einer Volkswirtschaft bei einer Deflation ein größerer makroökonomischer Schaden als bei einer Inflation der gleichen Größenordnung entsteht. Daraus wird die Forderung abgeleitet, das Auftreten deflationärer Prozesse möglichst bereits im Ansatz zu unterbinden und einen ausreichenden Abstand zur Gefahrenzone zu gewährleisten – auch um den Preis höherer Inflationsraten. Als wirtschaftspolitischer Anknüpfungspunkt dient der Umstand, dass Deflation wie Inflation letztendlich als monetäres Phänomen zu interpretieren ist, ihre strukturellen Ursachen hingegen häufig vernachlässigt werden. Wie Deflation verhindert bzw. bekämpft werden kann, hat FED-Gouverneur Ben S. Bernanke, der heute an der Spitze der US-Notenbank steht, am 21.01.2002 in einer Rede unmissverständlich klargemacht:

Schaden durch Deflation und Inflation

»Genauso wie Gold besitzen US-Dollar nur in dem Maße an Wert, wie sie im Angebot streng begrenzt sind. Die US-Regierung verfügt aber über eine Technologie namens Druckerpresse (oder heutzutage deren elektronisches Äquivalent), die es ihr erlaubt, so viele US-Dollar herzustellen, wie sie sich wünscht, ohne dass dabei nennenswerte Kosten entstehen. Indem sie die Anzahl der umlaufenden US-Dollar erhöht, oder selbst wenn sie nur glaubwürdig damit droht, kann die US-Regierung auch den Wert eines Dollar, ausgedrückt in Waren und Dienstleistungen, verringern, was steigenden Dollarpreisen von Waren und Dienstleistungen

Möglichkeiten der Fed

> entspricht. Wir schließen daraus, dass im Rahmen eines Papier-
> geldsystems eine dazu entschlossene Regierung stets höhere
> Ausgaben und damit eine positive Inflation erzeugen kann.«

Hubschraubertheorie

Etwas scherzhaft wird unter Ökonomen in diesem Zusammenhang von der »Hubschraubertheorie« gesprochen. Eine Notenbank müsse notfalls, wenn sie unbedingt Inflation erzeugen wolle, nur ein paar Hubschrauber starten lassen, welche ausreichend Geldscheine über dem Land abwerfen. Als »elegantere« Methode – aber mit dem gleichen Zweck – gelten direkte Staatsanleihenkäufe der Notenbank.

Aus diesen Überlegungen heraus – Deflation auf jeden Fall verhindern und wenn Sie doch einmal auftritt, mit massiven Geldmengenausweitungen zu bekämpfen – kann mit einiger Berechtigung ein langfristiger Hang der Geldpolitik zu höheren Inflationsraten unterstellt werden. Ein solches asymmetrisches Verhalten mit aggressiven Zinssenkungen in der Rezession und vorsichtigen Zinserhöhungen im Aufschwung könnte zudem das Stabilitätsversprechen der Notenbanken auf Dauer nachhaltig unterminieren.

Inflationsursachen II: überhöhte monetäre Gesamtnachfrage

Nachfrageinflation

Eine Geldmengenexpansion ist, wie bereits dargelegt, die Voraussetzung für einen anhaltenden Anstieg des Preisniveaus. Durch Kreditvergabe gelangt dabei das von der Notenbank geschaffene Zentralbankgeld in den Wirtschaftskreislauf. Zu einem Anstieg des Preisniveaus kommt es demnach dann, wenn die dadurch erzeugte *monetäre Gesamtnachfrage* das Güterangebot (zu den zu diesem Zeitpunkt herrschenden Preisen) übersteigt. Man spricht in diesem Zusammenhang von Nachfrageinflation oder *Demand-Pull Inflation*. Sie tritt typischerweise bei einer starken Inanspruchnahme des Produktionspotenzials in der Hochkonjunktur auf. Als Inflationsquelle kommen damit grundsätzlich alle BIP-Nachfrageaggregate infrage, sprich die private Konsumnachfrage

C, die Investitionsnachfrage der Unternehmen I, die Nachfrage des Staates G und die des Auslands (Ex):

$$BIP = C + I + G + Ex - Im$$

In der Praxis sorgte vielfach vor allem eine durch die Geldnotenpresse alimentierte Haushaltspolitik der öffentlichen Hand (Budgetinflation) für eine Zunahme der monetären Gesamtnachfrage. Dies war nicht zuletzt auch der Grund für die Schaffung des Stabilitäts- und Wachstumspakts im Zusammenhang mit der Euro-Einführung, der für fiskalische Disziplin unter den Mitgliedsländern sorgen sollte. Am Anfang einer Inflation steht jedoch immer eine Vermehrung der Geldmenge.

Budgetinflation

Öffentliche Verschuldung und Inflation waren dabei zu allen Zeiten aufs engste miteinander verknüpft. Überhöhte staatliche Ansprüche an das Bruttoinlandsprodukt wurden im historischen Kontext vor allem in Kriegs- und Krisenzeiten durch die Begebung von Anleihen oder gleich durch die Notenpresse finanziert. Während beim Anwerfen der Notenpresse direkt die Voraussetzungen für die klassische Geldmengeninflation geschaffen wurden – häufig verdeckt oder zurückgestaut durch staatlich angeordnete Preisstopps –, kam es bei der explosiven Vermehrung von Staatsanleihen regelmäßig erst mit zeitlicher Verzögerung zu inflationären Prozessen. Hoch verschuldete Staaten neigen in der Regel dazu, sich ihrer Schulden mithilfe der Geldmengenentwertung später zumindest teilweise zu entledigen, da ein nominell festgelegter Rückzahlungsbetrag durch Inflation real an Wert verliert.

Als Beispiel kann die Verschuldungssituation der Vereinigten Staaten nach dem Zweiten Weltkrieg angeführt werden. Im Jahr 1945 lag die US-Staatsverschuldung bei 260 Milliarden US-Dollar und damit deutlich über dem BIP eines Jahres. Binnen sechs Jahren schrumpfte der Schuldenberg dann effektiv um 30 Prozent – die Folge eines in diesem Zeitraum um 44 Prozent gestiegenen Konsumentenpreisindex. Die ökonomischen Kriegslasten wurden damit zu einem erheblichen Teil von den Staatsanleihebesitzern getragen.

Entschuldung durch Inflation

In der Hochzeit der staatlichen Konjunktursteuerung während der 1960er- und 1970er-Jahre ist das Schuldenmachen erneut groß in Mode gekommen. Das von dem britischen Ökonomen Keynes

Deficit Spending

geprägte Deficit Spending wurde zum Inbegriff dafür. Galt traditionell noch das Ziel des staatlichen Budgetausgleichs, so wurde mit der wachsenden Bedeutung der keynesianischen Globalsteuerung die Haushaltspolitik mehr und mehr in den Dienst der Konjunkturpolitik gestellt. Dies führte in den meisten Industriestaaten zu erhöhten strukturellen Budgetdefiziten – und vielfach in der Folge auch zu steigender Inflation. Nach den Konsolidierungsbemühungen in den 1990er-Jahren hat die öffentliche Verschuldung in vielen Industrieländern in jüngster Zeit wieder deutlich zu steigen begonnen. Besonders offensichtlich ist dies in den Vereinigten Staaten, wo nach den Haushaltsüberschüssen der Ära Clinton unter der Regierung Bush die Budgetdefizite steil nach oben gingen.

Inflationsursachen III: Kostendruck und Verteilungskampf

Auslöser inflationärer Prozesse sind nicht nur auf der Nachfrageseite einer Volkswirtschaft zu finden. Es ist ebenso denkbar, dass ein nachhaltiger Preisniveauanstieg durch angebotsseitige Ursachen in Gang gesetzt wird. Angebotsinflation entsteht dabei grundsätzlich entweder durch erhöhten Kostendruck (*Cost-Push Inflation*) oder zunehmenden Gewinndruck (*Profit-Push Inflation*). Kostendruckinflation liegt dann vor, wenn es den Anbietern an den Gütermärkten gelingt, Kostensteigerungen (v. a. Lohn- oder Rohstoffkosten) via Preiserhöhungen an die Nachfrager weiterzugeben. Solche Zweitrundeneffekte der Inflation sind zwar nicht ausschließlich an wirtschaftliche Boomphasen gebunden, sondern können auch in einer Rezession auftreten (Stagflationsphänomen). Die Wahrscheinlichkeit ihres Auftretens hängt aber durchaus vom Auslastungsgrad des Produktionspotenzials ab.

Kostendruckinflation

Grundsätzlich denkbar ist aber auch, dass die Unternehmen die Güterpreise sogar über den Kostenanstieg hinaus anheben, um ihre Gewinne zu erhöhen. Ein solches Anbieterverhalten setzt aber einen Preissetzungsspielraum der Unternehmen voraus, der in der Regel nur auf Märkten mit eingeschränktem Wettbewerb möglich ist. Die Wahrscheinlichkeit von Gewinndruckinflation hängt damit von der Wettbewerbsintensität bzw. dem Monopolgrad in einer

Gewinndruck-inflation

Volkswirtschaft ab. Die Liberalisierungen und Deregulierungen der letzten Jahre – als Paradebeispiele können hier der Telekommunikations- und der Versorgersektor herangezogen werden, die aus der staatlichen Obhut entlassen wurden – sowie der im Zuge der Globalisierung entstandene internationale Wettbewerbsdruck haben gerade auf den Gütermärkten vielfach zu einer Beschneidung von Marktmacht geführt. Aufgrund dieser Einengung des unternehmerischen Preisspielraums dürfte Gewinndruck auf absehbare Zeit als Auslöser oder Verstärker inflationärer Prozesse keine nennenswerte Rolle spielen.

Dagegen dürfte Kostendruck auch in Zukunft ein wichtiges Thema bleiben. Zwar scheinen heute vor dem Hintergrund hoher Arbeitslosigkeit, scharfer internationaler Konkurrenz um Produktionsstandorte und bröckelnder Gewerkschaftsmacht Lohn-Preis-Spiralen in Europa wie in den 1970er-Jahren nahezu ausgeschlossen. Dennoch gibt es einige Indizien dafür, dass das Thema Lohnkosteninflation (*Wage-Push Inflation*) auch auf dem alten Kontinent längerfristig wieder auf die Tagesordnung kommen könnte. Als wichtigster Grund hierfür sind die bereits heute absehbaren demografischen Veränderungen in vielen europäischen Ländern zu nennen. In 10 bis 25 Jahren werden die geburtenstarke Jahrgänge der 1950er- und 1960er-Jahre – die sogenannte *Baby-Boomer-Generation* – ins Rentenalter kommen. Dieser schnell wachsenden Zahl an Ruheständlern steht eine relativ und absolut rückläufige Zahl an Erwerbstätigen gegenüber. Obwohl diese Verschiebung in den einzelnen Ländern mit unterschiedlicher Geschwindigkeit und Intensität ablaufen wird, ist das Muster in Europa überall dasselbe. Die absehbare Verknappung des Arbeitskräfteangebotes bereitet den Boden für wieder stärkere Lohnsteigerungen, da die individuelle und kollektive Verhandlungsmacht der Arbeitnehmer zunehmen wird. Lohnkosteninflation könnte aus dieser Warte wieder an Bedeutung gewinnen.

Die demografischen Veränderungen können die Inflation auch wegen nachlassender Wachstumschancen beeinflussen. Die Verfügbarkeit von Arbeitskräften stellt einen der wichtigsten Bestimmungsfaktoren des Produktionspotenzials dar. Eine stagnierende oder gar rückläufige Erwerbsbevölkerung limitiert jedoch die Wachstumsmöglichkeiten einer Volkswirtschaft. Wenn auf der

Lohnkosteninflation

Demografie

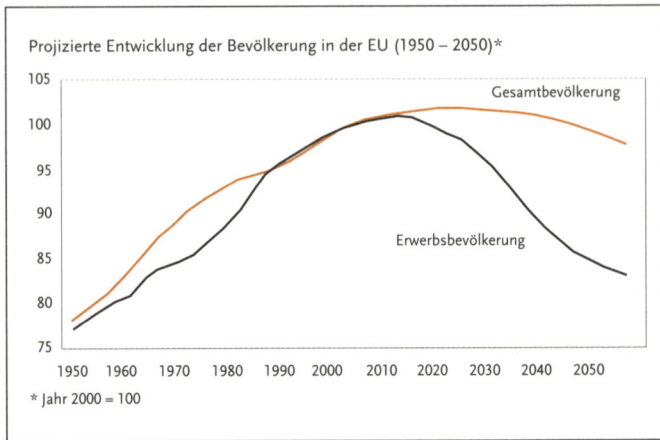

Abbildung:
Bevölkerungs-
entwicklung in
der Europäischen
Union (Quelle:
United Population
Database)

anderen Seite die Ansprüche an das Bruttoinlandsprodukt hoch bleiben – weil z. B. die ältere Generation ihre zuvor aufgebauten Ersparnisse nachfragewirksam einsetzt oder die Staatsausgaben im Zuge des Alterungsprozesses der Bevölkerung zunehmen –, ist Inflation nicht mehr fern.

Dem absehbaren Bevölkerungsrückgang in den Industrielän-dern stehen auf der anderen Seite wachsende Gesellschaften in den aufstrebenden Ländern und den Drittweltstaaten gegenüber. Um mit den daraus resultierenden Spannungen besser fertig zu werden und den Lebensstandard ihrer Einwohner zu erhöhen, verfolgen gerade die aufstrebenden Länder sehr ehrgeizige Wachs-tumsziele. Aufgrund ihrer absoluten Größe spielen China und In-dien hier eine zentrale Rolle. Begleitet wird dieser ökonomische Aufholprozess durch eine zunehmende Integration in die Welt-

Abbildung:
Anstieg der
altersbedingten
Staatsausgaben
zwischen 2000
und 2050 (Quelle:
Allianz Group,
Congressional
Budget Office
(2000, 2003)
Economic Policy
Committee (2003)

Land	2000 (% des BIP)	Anstieg der Rentenzah-lungen (Prozent-punkte)	Anstieg der Gesundheits-ausgaben (Prozent-punkte)	Gesamtzu-wachs (Prozent-punkte)
Deutschland	24,0	5,0	1,4	6,4
Spanien	21,3	7,9	1,7	9,6
Frankreich	26,5	3,8	1,7	5,5
Italien	24,2	0,3	1,9	2,2
USA	7,6	1,8	7,2	9,8

wirtschaft. Die Wachstumspolitik ist einerseits verbunden mit einem rapide steigenden Bedarf an Rohstoffen und Energieträgern. Andererseits ist das Angebot in diesem Bereich nicht hinreichend elastisch, um die preistreibenden Wirkungen von der Nachfrageseite kompensieren zu können.

Steigende Öl- und Rohstoffpreise stellen aber für die Industrieländer eine wichtige Inflationsquelle – die sogenannte importierte Kosteninflation – dar. Die Bedeutung der Ölpreisentwicklung für die Inflation wurde bereits in einer Vielzahl empirischer Untersuchungen dargelegt. Die Notenbank steht dabei vor dem Dilemma, mit einer restriktiven Geldpolitik den in einer solchen Situation bereits bestehenden Druck auf die Beschäftigung noch weiter zu erhöhen. Oder sie verstärkt die bestehenden inflationären Tendenzen, wenn sie zum Zwecke der Wirtschaftsbelebung die geldpolitischen Schleusen öffnet. Eine Vielzahl von Untersuchungen hat ergeben, dass Ölpreisschocks regelmäßig in höhere Inflationsraten münden.

Importierte Kosteninflation

Über die genannten Kostenfaktoren hinaus könnten aber auch steigende Verbrauchsteuern zumindest temporär die Inflationsrate in den Industrieländern in die Höhe treiben (*Tax-Push Inflation*). Unter dem Eindruck eines wachsenden internationalen Standortwettbewerbs dürften speziell die direkten Steuern, die unmittelbar an der Einkommenserzielung und damit am Produktionsprozess ansetzen, an Bedeutung für das nationale Steueraufkommen verlieren. Sinkende Einnahmen aus Einkommen- und Körperschaftsteuer sowie Sozialabgaben, die in ihrer Wirkung eine zweite Einkommensteuer darstellen, müssen jedoch durch höhere indirekte Steuern ersetzt werden, wenn man von der realistischen Annahme ausgeht, dass die staatlichen Ausgaben angesichts der beschriebenen demografischen Entwicklungen nicht in nennenswertem Umfang zurückgehen werden. Sollten die Steuersysteme mittelfristig weiter in diese Richtung umgebaut werden, könnte dies immer wieder zu Preisschüben führen. Exemplarisch sei hier die Mehrwertsteueranhebung aus dem Jahr 2007 genannt, deren Mittelaufkommen teilweise zur Finanzierung der Arbeitslosenversicherung genutzt wurde.

Steigende Steuern wirken inflationär

Speziell in Deutschland ist der Anteil indirekter Steuern am Gesamtaufkommen des Staates im europäischen Kontext immer noch vergleichsweise gering. Verbrauchsteuererhöhungen schlagen sich in der Regel jedoch unmittelbar in höheren Konsumgüterpreisen nieder. Zwar ist der Effekt einer Verbrauchsteueranhebung einmaliger Natur, bei einem systematischen Umbau der Steuersysteme mit regelmäßigen Anpassungen der Verbrauchsteuersätze nach oben kann dies über längere Zeiträume hinweg die Preisniveaustabilität beeinträchtigen. Dieselbe Wirkung entfalten auch Erhöhungen staatlich festgesetzter Preise (z. B. Müll- und Abwassergebühren usw.), die bereits heute einen nicht zu unterschätzenden Einfluss auf die Teuerungsrate besitzen.

Angebotsinflation ist immer auch ein Ausdruck von Verteilungskämpfen. Übersteigen die von einzelnen Gruppen durchgesetzten nominellen Ansprüche an das Inlandsprodukt die reale Produktion, muss es zwangsläufig zu Preissteigerungen kommen – unabhängig davon, ob diese Ansprüche von Arbeitnehmern auf dem Wege steigender Löhne (*Wage-Push*), von Unternehmen über wachsende Gewinne (*Profit-Push*), vom Staat via höhere Steuern *Tax-Push*) oder vom Ausland über höhere Importpreise durchgesetzt wurden. Daran lässt sich aber erkennen, dass die idealtypische Trennung von Nachfrage- und Angebotsinflation in der Praxis häufig verwischt wird. Letztendlich geht es bei dieser Unterschei-

*Effekte
einer Verbrauch-
steueranhebung*

Verteilungskämpfe

Abbildung:
Anteil direkter und
indirekter Steuern
am Gesamtauf-
kommen der EU-
Staaten (Quelle:
BMF-Monats-
bericht 7/2004)

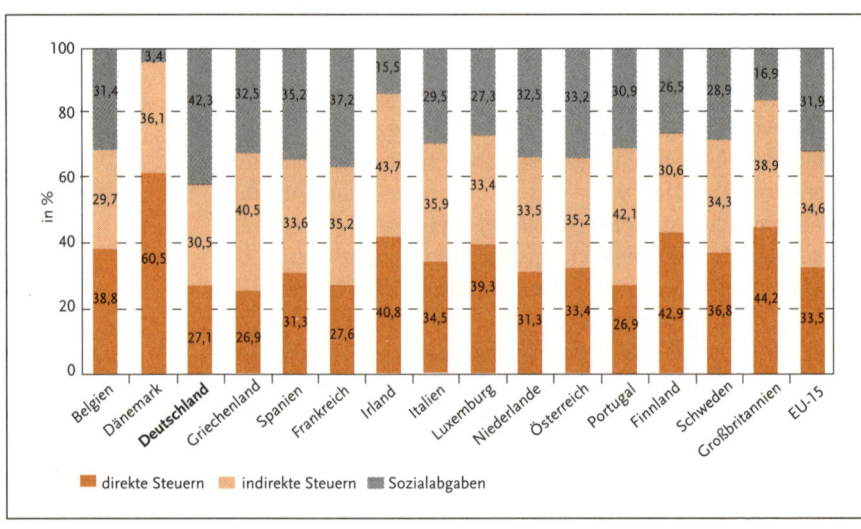

dung nur darum, an welcher Stelle der inflationäre Impuls ausgelöst wird. Voraussetzung für Inflation ist aber, und darauf soll noch einmal bewusst hingewiesen werden, eine Geldmengenerhöhung. Dies muss jedoch nicht zwangsläufig mit der Schöpfung zusätzlichen Zentralbankgeldes einhergehen. Die Kreditinstitute verfügen in aller Regel über genügend Spielraum, um auf eine wachsende Geldnachfrage »elastisch« mit einer Ausdehnung der Kreditvergabe – im Sinne zusätzlicher Giralgeldschöpfung – reagieren zu können.

Giralgeldschöpfung

Globalisierung und Protektionismus: neue Inflationsrisiken?

Die Globalisierung der Güter- und Kapitalmärkte ist ein häufig genanntes Argument gegen eine Wiederkehr der Inflation in den Industrieländern. Durch die grenzüberschreitende Marktintegration wird demnach die individuelle und kollektive Verhandlungsmacht der Arbeitnehmer geschmälert. Lohnkostensteigerungen, die über dem Produktivitätsfortschritt liegen, sind wegen des internationalen Konkurrenzdrucks nicht mehr möglich. Zudem wird die Gefahr von Zweitrundeneffekten, z. B. infolge von Ölpreisanstiegen, deutlich gemindert. Da Schwellenländer wie China oder Indien über ein schier unerschöpfliches Reservoir an Arbeitskräften verfügen, dürfte der Preisdruck bei international handelbaren Waren und Dienstleistungen noch längere Zeit erhalten bleiben. Die Gefahr von Lohn-Preis-Spiralen, die in den 1970er-Jahren die Inflation anheizten, ist heute also nicht mehr im selben Ausmaß gegeben.

Gefahr von Lohn-Preis-Spiralen ist gesunken

Lohndruck durch Globalisierung:

Arbeitskräfteüberschuss in Entwicklungsländern → Löhne in Entwicklungsländern ↓ → Güterpreise ↓ → Löhne in Industrieländern ↓

Auch wenn diese Argumentationskette bestechend klingt, weist sie dennoch einige Schwachstellen auf.
Erstens ist ein ganz erheblicher Teil der in einem Land konsumierten Güter ortsgebunden und unterliegt damit nur mittelbar dem internationalen Konkurrenzdruck. Als Beispiele können leitungsgebundene Versorgungssysteme (Gas, Wasser, Strom),

direkt personenbezogene Dienstleistungen (wie ein Großteil der Leistungen im Gesundheitswesen, Restaurantbesuche etc.) oder sprachgebundene Güter (Medienprodukte) genannt werden. Auch staatlich administrierte Preise gehören in diese Kategorie. In den genannten Fällen verfügen die lokalen oder nationalen Anbieter sehr wohl über Preissetzungsspielräume, die auch genutzt werden, wie ein Blick auf die entsprechenden Preisstatistiken zeigt.

Zweitens werden bestimmte Branchen vom internationalen Wettbewerb abgeschirmt. Als Paradebeispiel gilt in diesem Zusammenhang der Bausektor, der EU-weit durch die Entsenderichtlinie vor Konkurrenz geschützt wird. Die Einführung von Mindestlöhnen weist in dieselbe Richtung.

Es gibt *drittens* auch Anzeichen für eine Zunahme protektionistischer Tendenzen im internationalen Güterhandel. In Europa und den USA mehren sich die Stimmen in den Parlamenten, die vor dem Hintergrund von Unternehmensverlagerungen und Arbeitsplatzverlusten im Inland den Warenstrom aus dem Ausland eindämmen wollen. Unabhängig davon, ob dies auf dem Wege von Importkontingenten (wie im Textilhandel mit China), der Erhebung von Einfuhrzöllen oder über administrative Handelshemmnisse erfolgt, hat dies preistreibende Wirkungen im Inland. Die jedenfalls nicht vollkommen abwegige Zunahme protektionistischer Strömungen in den Industrieländern schmälert den Druck nach unten auf die Preise oder birgt sogar Inflationsgefahren.

Inflationsfolgen I

Rolle der
Erwartungen

Erwartungen spielen im Hinblick auf die Inflationsfolgen eine wichtige Rolle. Unbestritten ist, dass von einem nicht antizipierten, mithin überraschenden Preisniveauanstieg Wirkungen auf Beschäftigung und Wachstum sowie die Einkommens- und Vermögensverteilung ausgehen. Begründen lässt sich dies damit, dass sich Wirtschaftseinheiten in ihren Dispositionen nicht adäquat an die veränderte Situation anpassen können und dadurch zu Hand-

Erwartete Inflation	Unerwartete Inflation
1. suboptimale Bargeldhaltung (u.a. »Schuhlederkosten«)	1. langfristige Wachstums- und Beschäftigungseinbußen
2. Informations- und Transaktionskosten (u.a. »Menue Costs«)	2. Verlust an internationaler Wettbewerbsfähigkeit
3. kalte Progression	3. Umverteilung zulasten von Lohn-, Transfer- und Zinseinkommensbeziehern

Abbildung:
Inflationsfolgen

lungen gedrängt werden, die nicht mit ihren eigentlichen Präferenzen übereinstimmen.

Keine Einigkeit besteht hingegen über die Folgen einer *erwarteten* Inflation. Häufig wird in diesem Zusammenhang die These vertreten, eine vollständig antizipierte Inflation zeitigt keine realwirtschaftlichen Effekte und keine unerwünschten Verteilungswirkungen. Sie sei gewissermaßen neutral. Es wird dabei zusätzlich unterstellt, die Wirtschaftseinheiten seien in der Lage, diese Erwartungen in einen entsprechenden Inflationsschutz umzusetzen, was nichts anderes als die Indexierung aller Preise wäre. Selbst wenn man von der zugegebenermaßen unrealistischen Annahme einer von allen Wirtschaftseinheiten richtig vorhergesehenen Inflationsentwicklung ausgeht, ist die Neutralitätsthese nicht zu halten. Auch eine von allen korrekt antizipierte Inflation mit entsprechenden Schutzvorkehrungen führt zu volkswirtschaftlichen Kosten.

Erwartete Inflation

Zum einen werden die Wirtschaftssubjekte ihre Kassenhaltung einschränken, da Bargeld als unverzinster Wertgegenstand an relativer Attraktivität einbüßt – z.B. gegenüber Wertpapieren, deren Nominalverzinsung laufend an die höhere Inflation angepasst wird. Inflation kann damit als eine Art Steuer auf Bargeld interpretiert werden. Verbunden mit der im Vergleich zu einer inflationsfreien Welt suboptimalen Geldhaltung sind unter Umständen häufigere Gänge zur Bank (sog. *Shoe-Leather Costs*) oder andere eher unproduktive Aktivitäten (Zeitaufwand für Homebanking usw.). Nicht zu vergessen: Der reduzierte Kassenbestand verliert real an Wert, da trotz korrekter Inflationsprognose ein vollständiger Ver-

Kassenhaltung

zicht auf Bargeld in der Praxis nicht möglich sein dürfte. Erst im Zuge einer Hyperinflation ist mit einer vollständigen Flucht aus dem Geld zu rechnen.

Zum anderen ist jede Anpassung an eine höhere Inflation, auch wenn sie richtig vorhergesehen wird, mit Kosten verbunden. Zu nennen sind z. B. Informations- oder Transaktionskosten, die bei der Neufestsetzung der nominalen Preise entstehen (sog. *Menu Costs* für Neuerstellung von Preislisten, Umstellung von Automaten, Neufestsetzung der Löhne usw.).

Menu Costs

Besonders gravierend sind jedoch die Folgen der Einkommensbesteuerung. Ein progressiver Steuertarif ist per se nicht inflationsneutral. Steigt das Nominaleinkommen im Ausmaß der Inflationshöhe, so bleibt das Realeinkommen zwar gleich. Bei steigendem Grenzsteuersatz nimmt jedoch die durchschnittliche Steuerbelastung zu, da das erhöhte Nominaleinkommen – und nicht das konstant gebliebene Realeinkommen – die Bemessungsgrundlage darstellt. Die Wirtschaftseinheiten wachsen sozusagen in eine höhere Progressionsstufe hinein. Diese Form der schleichenden Steuererhöhung wird auch als »kalte Progression« bezeichnet. Die Besteuerung nominell steigender Zinseinkommen hat ebenfalls eine verzerrende Wirkung, da faktisch auch der höhere Inflationsausgleich der Steuer unterworfen wird, sodass die Realverzinsung nach Steuer kleiner wird. An dieser Stelle muss indes nicht ausführlicher darauf eingegangen werden, welche negativen Anreizwirkungen steigende Steuern auf Arbeitsaufnahme, Spar- und Investitionstätigkeiten haben.

»Kalte Progression«

Inflationäre Prozesse sind, wie die Praxis zeigt, im Hinblick auf Ausmaß, Dauer und Geschwindigkeit in der Regel *nicht* vorhersehbar. Sie sorgen damit für Unsicherheit unter den Wirtschaftseinheiten. Diese Unsicherheit führt ihrerseits zu Verzerrungen bei Kauf-, Investitions- sowie Sparentscheidungen und verursacht damit gesamtwirtschaftliche Kosten, die aber in ihrer Gesamtheit nur schwer zu ermitteln und zu quantifizieren sind. Wir begnügen uns deshalb an dieser Stelle mit einem knappen Überblick über die ökonomischen Folgen der Inflation.

Bis in die 1970er-Jahre galt Inflation als geeignetes Mittel, Wirtschaftswachstum anzukurbeln und die Arbeitslosigkeit zu bekämpfen. Die mit der Inflation verbundenen Kosten wurden entweder gänzlich vernachlässigt oder dem vermeintlich größeren Nutzen aus der gestiegenen Güterproduktion und geringen Arbeitslosenquoten gegenübergestellt. Ökonomen wie Politiker sahen in gemäßigten Inflationsraten eine Möglichkeit, Lohn- und Preisstarrheiten zu überwinden. Dieser sogenannte Phillips-Kurven-Zusammenhang (siehe Teil 3.1 wurde von einer Mehrheit der Ökonomenzunft erst infrage gestellt, als immer höhere Inflationsraten mit sinkenden Wachstums- und Beschäftigtenzahlen einhergingen. Der Nutzen der Inflation wurde bis dato überschätzt, die Kosten dagegen unterschätzt. Zu den wichtigen Kostenkategorien zählen

Kosten der Inflation

- **Verzerrungen im Preisgefüge und der Branchenstruktur:** Veränderungen der relativen Preise in einer Volkswirtschaft spiegeln veränderte Knappheiten wider und lenken damit Produktionsfaktoren in ihre beste Verwendung. Ein allgemeiner Anstieg des Preisniveaus beschädigt jedoch diese Funktion der Preise als Knappheitsindikator. In der Folge kommt es zu einer Fehlleitung der Ressourcen. Daraus resultiert eine nachlassende gesamtwirtschaftliche Produktivität sowie längerfristige Wachstums-, Beschäftigungs- und Einkommenseinbußen. Einzelne Wirtschaftssektoren – als Paradebeispiel gilt wegen der Flucht in »Betongold« die Baubranche – werden zwar vorübergehend von einer inflationären Entwicklung profitieren. Höhere Leerstandsraten, die in der Zukunft zu erwarten sind, dokumentieren jedoch eindrucksvoll die volkswirtschaftliche Ressourcenverschwendung.

- **Negative Auswirkungen auf Spar- und (Sach-)Investitionstätigkeit:** Kurzfristig führt ein unerwarteter Inflationsanstieg zu einem Rückgang der Realverzinsung, sofern nicht ein vollständiger Ausgleich über höhere Nominalzinsen erfolgt, was bei traditionellen Schuldverschreibungen jedoch nicht der Fall ist. Damit hemmt Unsicherheit über die Inflationsentwicklung in der Regel die Spartätigkeit. Stattdessen dürften die Haushalte einen größeren Teil ihres Einkommens für Konsumzwecke verwenden. Hat sich Inflation aber erst einmal in einem Wirtschaftsraum verfestigt, werden die Anleger zukünftig von vornherein eine Risikoprämie beim Kauf von Anleihen oder anderen Anlageformen verlangen. Für Kreditnehmer bzw. Anleiheemittenten verschlechtern sich aufgrund der geringeren Spartätigkeit und höheren Risikoprämien jedoch die Bedingungen der Kapitalaufnahme. Sachinvestitionen werden zurückgehen mit den bekannten Folgen für das langfristige Wirtschaftswachstum. In einem solchen Umfeld werden kurzfristige Finanzinvestitionen im Vergleich zu längerfristigen Sachinvestitionen attraktiver.

- **Verlust an internationaler Wettbewerbsfähigkeit:** Die Kaufkraftparitätentheorie besagt zwar, dass bei flexiblen Wechselkursen ein vergleichsweise hoher Anstieg der Inflation in einer Abwertung der heimischen Währung mündet, sodass die internationale Wettbewerbsfähigkeit des betreffenden Landes erhalten bleibt. Allerdings gilt diese Aussage vornehmlich für die lange Sicht. Kurzfristig können jedoch andere Faktoren diesen Effekt überlagern (Transaktionskosten, Lohn- und Preisrigiditäten etc.) und damit zumindest temporär zu Beeinträchtigungen der internationalen Wettbewerbsfähigkeit führen. Da diejenigen Wirtschaftszweige, welche nicht-handelbare Produkte herstellen, davon nicht betroffen sind, kann es innerhalb einer Volkswirtschaft zu Verschiebungen zwischen den Sektoren kommen. Verschwendung knapper Ressourcen ist die unerwünschte Folge.

Einkommens- und Vermögensverteilung

Nicht oder nicht vollständig antizipierte Inflation beeinflusst zudem unzweifelhaft die Einkommens- und Vermögensverteilung in einer Volkswirtschaft. Dies liegt darin begründet, dass die Möglichkeiten, sich vor den Folgen unerwartet steigender Preise zu schützen, ungleich verteilt sind.

Inflation mündet vor allem in einer *Umverteilung zulasten von Lohn-, Transfer- und Zinseinkommensbeziehern*. Im Gegensatz zu Unternehmen, die in ihrer Preisgestaltung sehr rasch auf veränderte Inflationsraten reagieren können, erfolgt die Anpassung der Löhne und Transfereinkommen (z. B. gesetzliche Renten, Kindergeld) in der Regel erst mit zeitlicher Verzögerung. Tarifverträge haben üblicherweise eine Laufzeit von mindestens 12 Monaten, sodass selbst bei nachträglichen Nominallohnerhöhungen zumindest ein temporärer Realeinkommensverlust eintritt. Gleiches gilt auch für die gesetzliche Rentenversicherung, deren Leistungen zwar den veränderten Inflationsbedingungen angepasst werden, jedoch ebenfalls erst verzögert. In der Fachliteratur wird in diesem Zusammenhang auch von der Lohn-lag- bzw. Transfer-lag-Hypothese gesprochen. Analog haben Zinseinkommensbezieher unter Inflation zu leiden, wenn die Nominalzinsen (z. B. für Sparguthaben) nicht in vollem Umfang oder nur mit zeitlichem Verzug der gestiegenen Teuerungsrate angepasst werden. Neben der Existenz von Geldillusion kann hierfür auch die ungleiche Verteilung von Marktmacht am Kreditmarkt verantwortlich sein. Zusammenfassend lässt sich konstatieren, dass gerade die Bezieher niedriger bis mittlerer Einkommen besonders unter inflationären Tendenzen zu leiden haben.

Lag-Hypothesen

Wie bereits an anderer Stelle beschrieben, ist demgegenüber der Staat der große Inflationsgewinner. Durch die kalte Progression nehmen seine Steuereinnahmen in inflationären Phasen überdurchschnittlich zu. Zudem profitiert er als Arbeitgeber von der verzögerten Anpassung der Gehälter im öffentlichen Dienst und als Transferzahler von der verspäteten Angleichung der Transferleistungen an höhere Inflationsraten.

Staat als Inflationsgewinner

Neben den Verschiebungen in der Einkommensverteilung treten auch im Bereich der Vermögen Redistributionseffekte auf. Generell kann gesagt werden, dass bei einem unerwarteten Anstieg der Inflation einerseits Besitzer realer Werte (Grund und Boden, Immobilien, Gold, Aktien) gegenüber Besitzern nominaler Werte (Geld, festverzinsliche Wertpapiere) favorisiert sind. Andererseits kommt es im Bereich von Geldvermögenstiteln zu einer Begünstigung der Schuldner gegenüber Gläubigern. Starke Umverteilungseffekte entstehen dann, wenn die Besitzer inflationsgeschützter Realwerte gleichzeitig Schuldner von Geldwerten sind. Die Umverteilung von Schuldnern zu Gläubigern beruht darauf, dass in Schuldverträgen regelmäßig die auf Nominalbeträgen basierenden Zins- und Tilgungszahlungen in durch Inflation entwertetem Geld erfolgen. Zwar ist in den Nominalzinsen etwa von Staats- und Unternehmensanleihen über die Realverzinsung hinaus ein Inflationsausgleich enthalten, der den über die Laufzeit erwarteten Kaufkraftverlust ausgleichen soll. Steigt die tatsächliche Inflation über das eingepreiste Niveau hinaus an, wird der Anleihebesitzer – also der Gläubiger – einen realen Verlust erleiden, der Emittent

– also der Schuldner – davon jedoch profitieren. Ein Blick in die Finanzstatistik zeigt, dass neben den Unternehmen der Staat der größte Schuldner ist und deshalb auch durch den beschriebenen Vermögenseffekt aus der Inflation Nutzen zieht. Aber auch innerhalb des Sektors der privaten Haushalte kann es zu inflationsbedingten Vermögensumschichtungen kommen, etwa zugunsten der verschuldeten jüngeren Generation und zulasten der von ihrem Geldvermögen lebenden älteren Generation.

Inflation nutzt dem Staat als Schuldner

Schutz vor inflationsbedingten Vermögensverlusten

Menschen geben in der Regel nicht ihr gesamtes Einkommen sofort aus, sondern sparen einen Teil davon. Sie können es dann zu einem späteren Zeitpunkt ihren Wünschen entsprechend verwenden. Sparen ist streng genommen also nichts anderes als Konsumverzicht in der Gegenwart zugunsten von Zukunftskonsum. Für die Ersparnisbildung stehen verschiedene Vermögensgegenstände zur Verfügung, etwa Bargeld, Sparguthaben, Wertpapiere, Gold oder Immobilien. Deren Anfälligkeit gegenüber Inflation ist aber sehr unterschiedlich.

Der mit Münzen und Banknoten gefüllte Sparstrumpf stellt sicherlich die schlechteste Alternative dar, da sich ein erhöhtes Preisniveau in vollem Umfang in Kaufkraftverlusten niederschlägt. Bei einer Inflation von 5 Prozent besitzt ein 100-Euro-Schein nach einem Jahr nur noch 95 Euro an Wert.

Dagegen erfolgt bei allen *verzinslichen Sparformen* (u.a. Sparguthaben, festverzinsliche Anleihe) zumindest ein teilweiser Inflationsausgleich. Entscheidend ist hier, ob die vorab festgelegte Zinshöhe ausreicht, den teuerungsbedingten Kaufkraftverlust zu kompensieren. Wird eine Festgeldanlage etwa mit 4 Prozent verzinst, führte eine fünfprozentige Inflationsrate ebenfalls zu einem Kaufkraftverlust, der aber in jedem Fall geringer ist als bei Bargeld. Wird das Festgeld mit 7 Prozent verzinst, weil das Inflationsrisiko richtig antizipiert wurde, bleibt im genannten Beispiel sogar eine inflationsbereinigte reale Verzinsung von 2 Prozent übrig. Problematisch sind aus Anlegersicht also immer überraschende Inflationsanstiege, die sich nicht sofort in einer höheren laufenden Verzinsung niederschlagen. Je länger die Zinsbindung, desto ungünstiger wirkt sich ein Inflationsanstieg aus. Bei Anleihen mit festem Kupon führt dies unmittelbar zu Kursverlusten, die umso höher ausfallen, je länger die Restlaufzeit ist.

Unter dem Aspekt Inflationsschutz ist die *rollierende Mittelanlage am Geldmarkt* – also eine Aneinanderreihung mehrerer kurzfristiger Geldanlagen – deshalb vorteilhafter. Kurz laufende Papiere sind weit weniger inflationsanfällig als länger laufende Anleihen, da bei Fälligkeit und Neuanlage jeweils eine Anpassung an das veränderte Nominalzinsniveau erfolgen kann. Sogenannte *Floating-Rate-Notes* (»*Floater*«) mit variablem Nominalzinssatz sind hierfür das passende Geldmarktinstrument. Im Falle sehr langfristiger Sparziele liegt der Preis für den Inflationsschutz jedoch in der Unsicherheit über die Nominalzinsentwicklung. Die kurzfristigen Renditen hängen unmittelbar von der manchmal schwer prognostizierbaren Geldpolitik der jeweiligen Notenbank ab.

Es können aber noch andere Anlageformen in Betracht gezogen werden. Neben *Gold*, das schon seit frühester Zeit den Ruf als wertbeständigste und damit sicherste Anlageform genießt, gelten Sachwerte wie *Immobilien* als bester Inflationsschutz. Auch *Aktien* wird noch eine vergleichsweise hohe Versicherungswirkung zugeschrieben. Wie verschiedene Untersuchungen zeigen, liegt die Immobilienpreis- wie die Aktienkursentwicklung bei Analyse sehr langer Zeiträume auch über der Teuerungsrate. Inflationsschutz ist damit zwar *langfristig* gegeben. Die Betonung liegt aber bewusst auf langfristig. Aufgrund der höheren Volatilität vor allem der Aktienmärkte, welche nicht zuletzt auf die Vielzahl von Einflussfaktoren auf die Kursentwicklung zurückzuführen ist, wird es regelmäßig Jahre geben, in denen die Aktienindizes hinter dem Preisindex zurückbleiben. Für Anleger, die zu einem festgelegten Termin eine feste Realverzinsung benötigen, birgt dies ein erhebliches, unter Umständen nicht tragbares Risiko.

Seit einigen Jahren gibt es auch Wertpapiere, bei denen die Verzinsung laufend an die Inflationshöhe angepasst wird. Die sogenannten Realzinsanleihen (*Inflation-linked Bonds*, kurz *Linkers*) bieten damit einen fast perfekten Schutz vor Kaufkraftverlusten. Sowohl die laufende Verzinsung als auch der Rückzahlungsbe-

Rollierende Mittelanlage am Geldmarkt

»Floater«

Gold, Immobilien, Aktien

Realzinsanleihen

trag wird bei diesen Wertpapieren um die Teuerungsrate korrigiert, sodass der Anleger bereits zum Zeichnungszeitpunkt die zukünftige Kaufkraft seiner Ersparnis kennt.

1.2.3 Geldpolitik der EZB

Institutionelle und ökonomische Rahmenbedingungen

Mit Einführung des Euro am 1. Januar 1999 übernahm die EZB mit Sitz in Frankfurt am Main die Verantwortung für die Geldpolitik in dem aus 11 Mitgliedsländern (Deutschland, Frankreich, Italien, Spanien, Portugal, Niederlande, Belgien, Luxemburg, Österreich, Finnland, Irland) bestehenden Währungsraum. Rechtsgrundlage sind der EG-Vertrag sowie die ESZB-Satzung. Die nationalen Notenbanken bestehen zwar noch fort, aber nur mit sehr eingeschränkten Kompetenzen. Nach dem Beitritt Griechenlands (2001), Sloweniens (2007) sowie Zyperns und Maltas (2008) umfasst der Euroraum inzwischen 15 Staaten. Weitere Beitritte dürften in den kommenden Jahren folgen, sofern die beitrittswilligen Länder die erforderlichen Aufnahmekriterien erfüllen.

EZB trägt die Verantwortung für die Geldpolitik

Die Wirtschaft des Euroraums

Dem Währungsraum gehörten im Jahr 2006 311 Millionen Menschen (USA: 298 Mio.) an. Sie erbrachten eine Wirtschaftsleistung von ca. 8 Billionen Euro (USA: 9 Bio. Euro), was knapp einem Sechstel des weltweiten Bruttoinlandsprodukts entsprach. Wie in den USA entfallen davon gut 70 Prozent auf den Dienstleistungssektor. Aufgrund struktureller und institutioneller Unterschiede (u.a. Kündigungsschutzrechte, Arbeitslosenunterstützung, Lohnzusatzkosten) liegt die Arbeitslosenquote im Euroraum jedoch immer noch spürbar höher als in den Vereinigten Staaten. Die außenwirtschaftliche Verflechtung des Euroraums ist, gemessen am realen Offenheitsgrad (Exporte + Importe/BIP) von über einem Drittel, deutlich größer als die der USA

Euro-Währungsraum

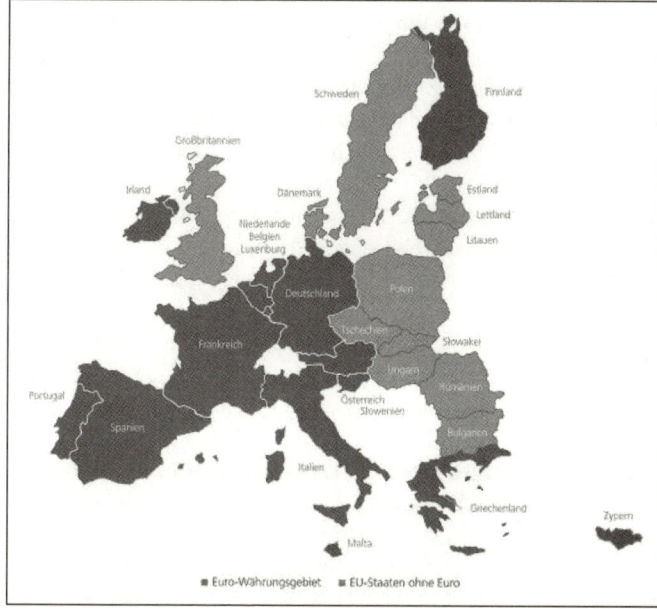

Euro-Währungsgebiet ■ EU-Staaten ohne Euro

Abbildung:
Die Europäische
Währungsunion
2007

oder auch Japans. Traditionell hat der Staat in den europäischen Ländern eine vergleichsweise große wirtschaftliche Bedeutung. Während die Staatsquote (Staatsausgaben/BIP) in den USA bei ca. einem Drittel liegt, beläuft sich der Wert für die Eurozone auf knapp die Hälfte. Eine besondere Herausforderung für die Geldpolitik der EZB stellt dabei die Tatsache dar, dass die Mitgliedsländer für die Haushaltspolitik weiterhin die ausschließliche Zuständigkeit besitzen und es über den Stabilitätspakt hinaus kein koordiniertes Vorgehen gibt.

Streng genommen ist nicht die EZB, sondern das »Eurosystem« für die einheitliche Geldpolitik im »Euro-Währungsgebiet« verantwortlich. Ihm gehören neben der EZB die nationalen Notenbanken der am Euro beteiligten Länder an. Aus Vereinfachungsgründen spreche ich im Folgenden jedoch lediglich von der EZB. Ihr vorrangiges Ziel ist die Gewährleistung von Preisstabilität im Euroraum. Sofern dies im Einklang mit dem Ziel der Preisstabilität steht, soll die EZB auch die allgemeine Wirtschaftspolitik in

Eurosystem

53

der Gemeinschaft (u. a. mit den Zielen hoher Beschäftigungsstand und beständiges, nichtinflationäres Wachstum) unterstützen. Damit besteht eine klare Zielhierarchie mit der Preisstabilität an der Spitze. Dem liegt die Annahme zugrunde, dass mit Erreichen von Preisstabilität auf Dauer ein wichtiger Beitrag für die Realisierung der anderen Ziele der Wirtschaftspolitik geleistet wird. Zum Vergleich: Das amerikanische Gegenstück zur EZB, das Federal Reserve System (Fed), verfügt dagegen über keine klare Rangfolge der anzustrebenden wirtschaftspolitischen Ziele. Preisstabilität, hohes Beschäftigungsniveau und Wirtschaftswachstum sind per se gleichberechtigt. Die US-Notenbankgouverneure müssen bei ihren geldpolitischen Entscheidungen eine Gewichtung vornehmen. Selbst wenn die drei Ziele langfristig durchaus kompatibel sind, kann es kurz- bis mittelfristig zu Unvereinbarkeiten kommen. Die unterschiedliche Zielfestlegung lässt sich auch in der geldpolitischen Praxis ablesen. Während die EZB gewöhnlich eher vorsichtig agiert (z. B. indem sie im Abschwung die Zinsen nur langsam und in kleinen Schritten senkt, um das Preisziel nicht zu gefährden), ist bei der Fed eine deutlich aggressivere Vorgehensweise zu beobachten (z. B. schnelle Zinssenkungen bei Rezessionsgefahr, um die Wirtschaft auch unter Vernachlässigung des Preisziels rasch wieder in Schwung zu bringen).

Von der Festlegung und Ausführung der Geldpolitik abgesehen, umfasst der Aufgabenkatalog des Eurosystems im Wesentlichen

- die Ausgabe von Banknoten (»Banknotenmonopol«),
- die Durchführung von Devisengeschäften (»Devisenmarktinterventionen«),
- die Verwaltung der Währungsreserven und
- die Beteiligung an der Bankenaufsicht.

Die Vorbereitung, Durchführung und Umsetzung der gemeinsamen Geldpolitik obliegt dem EZB-Rat und dem EZB-Direktorium. Dem EZB-Rat gehören neben den sechs Direktoriumsmitgliedern (EZB-Präsident, Vizepräsident und vier weitere Mitglieder) die Präsidenten der beteiligten nationalen Notenbanken an. Er entscheidet über Leitzinssätze, die Bereitstellung von Zentralbankgeld und die geldpolitischen Zwischenziele (z. B. angestrebtes Geldmengenwachstum). Abstimmungen über geldpolitische Fragen werden grundsätzlich auf Basis der einfachen Mehrheit getroffen, wobei jedes Mitglied eine Stimme hat. (Um die Effizienz der Geldpolitik auch in einem um zusätzliche Mitglieder erweiterten Euro-Währungsraum zu gewährleisten, wird ab 15 Teilnehmern beim Stimmrecht ein Rotationsprinzip unter den Vertretern der nationalen Notenbanken eingeführt, während die sechs Direktoriumsmitglieder ihre Stimmen dauerhaft behalten.) Bei Stimmengleichheit gibt die Stimme des Präsidenten den Ausschlag. Die Mitglieder des EZB-Rates agieren dabei nicht als Vertreter ihres Landes, sondern unabhängig in persönlicher Funktion und an den Bedürfnissen des gesamten Währungsraums orientiert.

Der EZB-Rat tagt gewöhnlich zweimal im Monat, wobei Zins- EZB-Rat entscheidungen in der Regel auf der ersten Sitzung im Monat getroffen werden. Im Anschluss an die EZB-Sitzung gibt es eine Pressekonferenz, auf der der EZB-Präsident die Geldpolitik erläutert. Für die Finanzmarktteilnehmer sind diese Aussagen häufig wichtiger als die Zinsentscheidung selber, geben sie doch immer wieder Hinweise darauf, wie es mit der Geldpolitik in der Zukunft weitergehen könnte. Da Währungshüter sich selten klar ausdrücken – die kryptischen Äußerungen des früheren Fed-Präsidenten Alan Greenspan sind bereits Legende (angeblich musste er den Heiratsantrag an seine Frau dreimal wiederholen, bis diese ihn verstand) –, beschäftigen die großen Investmentbanken eigens Spezialisten, die die Statements der Notenbanker Wort für Wort analysieren.

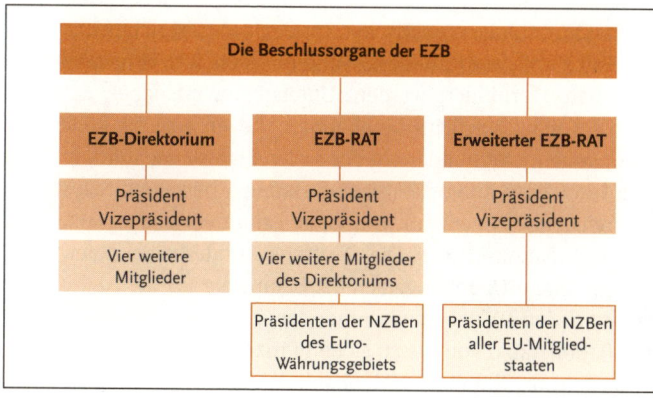

Abbildung:
Die Beschluss-organe der EZB

EZB-Direktorium

Das EZB-Direktorium ist eine Art geschäftsführender Vorstand. Es bereitet die Ratssitzungen vor, setzt dessen Entscheidungen durch Weisungen an die nationalen Notenbanken um und übt darüber hinaus weitere Befugnisse im laufenden Geschäftsbetrieb aus. Solange noch nicht alle EU-Staaten den Euro eingeführt haben, fungiert außerdem der *Erweiterte EZB-Rat* als Konsultationsorgan zwischen Eurosystem und den nationalen Notenbanken der Nicht-Euro-Mitglieder.

Unabhängigkeit der EZB

Die Begründer des Euro haben sich, gestützt auf historische Erfahrungen und wissenschaftliche Untersuchungen, für eine politisch unabhängige Zentralbank entschieden. Die Freiheit von direkter politischer Einflussnahme gilt als wichtige Voraussetzung für die Gewährleistung von Preisstabilität. Die Notenbankautonomie ist auf mehrfache Weise verankert:

- Die EZB-Mitglieder sind weisungsunabhängig von allen EU-Organen und den Regierungen der Mitgliedstaaten.
- Die EZB hat ihren eigenen Haushalt. Ihr Kapital wird von den nationalen Notenbanken gezeichnet und eingezahlt.
- Die Direktoriumsmitglieder haben eine lange Amtszeit (acht Jahre) und können nicht wiedergewählt werden, was den Druck von politischer Seite von vornherein vermindert.
- Dem Eurosystem ist es verboten, Zentralbankkredite jeglicher Art an öffentliche Stellen zu vergeben.
- Die Wechselkurspolitik darf dem Preisstabilitätsziel nicht zuwiderlaufen.

Eine an kurzfristigen politischen Interessen ausgerichtete Geldpolitik soll durch institutionelle Vorkehrungen wie eine autonome Notenbank verhindert werden. Unterstellt wird dabei, dass aus Sicht des Staates erhebliche ökonomische Anreize für höhere Inflationsraten – Verminderung der realen Staatsverschuldung, politisch motivierte Konjunkturbeeinflussung – bestehen. Selbst eine weit reichende Notenbankautonomie garantiert jedoch keinen absoluten Inflationsschutz. Die Deutsche Bundesbank, deren weltweit geachtete Unabhängigkeit als Blaupause für die EZB diente, musste in den 1970er-Jahren unter dem Eindruck der ersten Ölkrise Inflationsraten von bis zu sieben Prozent zulassen.

Glaubwürdigkeit

Wichtigstes Gut einer Notenbank ist die Glaubwürdigkeit ihres

Preisstabilitätsversprechens. Nur dann kann sie die Inflationserwartungen der Marktakteure, die diese wiederum ihren Vertragsabschlüssen (z.B. in Tarifverträgen oder langfristigen Immobilienfinanzierungen) zugrunde legen, im Zaum halten. Im Idealfall unterstützen sich fallende Preissteigerungsraten und sich stabilisierende Inflationserwartungen gegenseitig:

Tugendkreis sinkender Inflationsraten
Inflationsrate ↓ →Inflationserwartungen ↓ →Nominallohnforderungen ↓ →Produzentenpreisanstieg ↓ →Verbraucherpreisanstieg ↓ ......

Wenn die EZB ihr Ansehen verlöre, kann natürlich auch der umgekehrte Fall eintreten, bei dem sich Inflationserwartungen und tatsächliche Inflation gegenseitig befeuern, wie dies etwa bei Lohn-Preis-Spiralen der Fall ist. Für eine Notenbank stellen sich dabei generell zwei Herausforderungen: Die erste betrifft die Beurteilung des tatsächlichen Zustands der Wirtschaft. Da die Währungshüter ihre Entscheidungen vielfach unter einer gewissen Unsicherheit treffen müssen, können Fehleinschätzungen über die tatsächliche wirtschaftliche Lage (z.B. wird das Wachstumspotenzial überschätzt) zu erhöhter Inflation führen. Die zweite Herausforderung liegt darin, dass die Notenbank zwar für die Erhaltung der Preisstabilität verantwortlich gemacht wird, sie aber nicht die Kontrolle über alle Einflussfaktoren besitzt. Steigende Ölpreise, überhöhte Lohnabschlüsse oder Verbrauchssteueranhebungen steigern die Inflationsgefahren, ohne dass die Währungshüter a priori daran etwas ändern können. Durch Zinserhöhungen oder eine Verknappung der Liquidität können sie solche Entwicklungen zwar begleiten oder ihnen im Nachhinein entgegenwirken, vielfach jedoch nur um den Preis schmerzhafter Wachstumseinbußen und steigender Arbeitslosigkeit. Ohne eine breite Unterstützung der Öffentlichkeit wird es aber selbst einer formal unabhängigen Notenbank auf Dauer wohl kaum gelingen, dem politischen Druck zu widerstehen und die Inflation niedrig zu halten. Preisstabilität muss von der Bevölkerung als grundlegendes Ziel akzeptiert werden.

Herausforderungen für die EZB

Die geldpolitische Strategie der EZB

Mit der Preisniveaustabilität ist das oberste Ziel der EZB klar definiert. Die Jahresinflationsrate, gemessen am Anstieg des HVPI, soll mittelfristig knapp unter 2 Prozent gehalten werden. Damit ist jedoch noch nicht geklärt, wie dieses Ziel erreicht werden soll. In der Welt der Notenbanken kommen drei Strategiekonzepte zur Anwendung:

- **Geldmengensteuerung (Monetary Targeting)**: Dieses Konzept basiert auf der Annahme, dass Inflation letztlich immer ein monetäres Phänomen ist, sprich auf eine zu starke Ausdehnung der Geldmenge zurückgeführt werden kann. Realeinkommen und Beschäftigung können dagegen auf Dauer nicht durch die Geldmenge verändert werden (»Neutralität des Geldes«). Wird zudem unterstellt, dass es erstens einen festen Zusammenhang zwischen Geldmenge und Preisniveau gibt und zweitens die Geldmenge durch die Zentralbankpolitik mehr oder minder exakt gesteuert werden kann, ermöglicht die Anwendung dieser Strategie zumindest auf mittlere bis lange Sicht die Vermeidung von Inflation. Das Endziel »Preisniveaustabilität« wird also nicht auf direktem Wege angesteuert, sondern über das Zwischenziel »Geldmenge«, welches aber in einer festen Beziehung zum Endziel steht. Prominentester und erfolgreichster Vertreter dieser geldpolitischen Strategie war die Deutsche Bundesbank von Mitte der 1970er-Jahre bis zur Euro-Einführung 1999.

- **Direkte Inflationssteuerung (Inflation Targeting)**: Ausgangspunkt dieser Strategie ist die Festlegung und Veröffentlichung eines Inflationsziels. Abweichungen der tatsächlichen Inflationsentwicklung vom zuvor festgesetzten Zielwert bilden den Ansatzpunkt für geldpolitische Entscheidungen. In Anbetracht der bekannten Wirkungsverzögerungen der Geldpolitik liegt das Hauptaugenmerk der Währungshüter auf den Inflationsprognosen. Liegen etwa die Vorhersagen für einen bestimmten Zeitraum über der angestrebten Teuerungsrate, wird die betreffende Notenbank versuchen, einer solchen Entwicklung bereits im Vorfeld mit Zinserhöhungen entgegenzuwirken. Angewandt wird dieses Konzept unter anderem von der Bank of England und der schwedischen Riksbank.

- **Wechselkurssteuerung (Exchange Rate Targeting):** Vor allem von kleineren Volkswirtschaften und Mitgliedsländern von Festkurssystemen (z. B. EWS II) wird diese geldpolitische Strategie praktiziert. Vorrangiges Ziel ist die Stabilisierung des Wechselkurses gegenüber einer Leitwährung oder einem Währungskorb. Damit sollen negative Begleiterscheinungen schwankender Wechselkurse – bei Abwertung der heimischen Währung droht Inflationsimport, bei Aufwertung wird die Handelsbilanz belastet – vermieden werden. Gerade in Inflationsfragen schlecht beleumundete Länder nutzen die Wechselkursanbindung an ein Land mit hoher geldpolitischer Reputation, um dessen Geldwertstabilität einzuführen. Größter Nachteil dieser Strategie: Eine eigenständige, an binnenwirtschaftlichen Erfordernissen ausgerichtete Geldpolitik ist nicht mehr möglich. Alle geldpolitischen Maßnahmen sind dem Zweck der Wechselkursstabilisierung untergeordnet. Relevant ist die Wechselkurssteuerung für alle Beitrittskandidaten zur Europäischen Währungsunion, da eine zweijährige, spannungsfreie Mitgliedschaft im EWS II ein Qualifikationskriterium für die Euro-Einführung ist. Aus anderen Beweggründen – nämlich um die eigenen Exporte künstlich billig zu halten – steuert auch die chinesische Regierung ganz bewusst den Renminbi-Dollar-Wechselkurs.

> EWS II

> China

Von diesen drei möglichen geldpolitischen Konzepten scheidet die Wechselkurssteuerung für die EZB als dominierende Strategie von vornherein aus (was aber nicht gleichbedeutend ist mit einem gänzlichen Verzicht auf Wechselkursmanipulationen). Hinter der EZB steht genug ökonomische Kraft, um eine eigenständige, an dem selbst gesetzten Ziel der Preisniveaustabilität orientierte Geldpolitik auch durchzusetzen. Anders formuliert: Der Euroraum ist gerade keine *kleine offene Volkswirtschaft*, die vom Ausland abhängig ist. Umgekehrt fungiert der Euro für eine ganze Reihe anderer Staaten als Ankerwährung, die sich damit der Geldpolitik in Frankfurt freiwillig unterordnen.

Die EZB hat sich stattdessen für ein sogenanntes Zwei-Säulen-Konzept entschieden, welches zwar Anleihen bei der Geldmengensteuerung und der direkten Inflationssteuerung macht, aber dennoch als eigenständiges Konzept anzusehen ist. Sie trägt damit

> Zwei-Säulen-Konzept

dem Umstand Rechnung, dass Risiken für die Preisstabilität zum einen auf kurz- bis mittelfristig wirksamen Ursachen beruhen, zum anderen aber auch auf längerfristig wirkende Entwicklungen zurückzuführen sind. Entsprechend stützen sich die Währungshüter in ihrer Geldpolitik auf die wirtschaftliche Analyse (1. Säule, kurz- bis mittelfristige Perspektive) und die monetäre Analyse (2. Säule, längerfristige Perspektive).

- **Wirtschaftliche Analyse:** Mit der ersten Säule trägt die EZB dem Umstand Rechnung, dass Inflation *kurz- bis mittelfristig* nicht unbedingt von den monetären Bedingungen abhängt, sondern in erster Linie von realen Faktoren, die sich im Konjunkturverlauf ändern. Dazu zählen etwa gesamtwirtschaftliche Produktion und Nachfrage, die staatliche Finanzpolitik, die Kapitalmarkt- und Arbeitsmarktbedingungen, Wechselkursentwicklung, Lohnabschlüsse, Ölpreisveränderungen usw. Aus ihrer Analyse entwirft die EZB einen gesamtwirtschaftlichen

Projektion

Ausblick (»Projektion«), der die Grundlage für künftige geldpolitische Entscheidungen bildet.

- **Monetäre Analyse:** Die zweite Säule basiert auf der wissenschaftlich gut fundierten Annahme, dass Inflation langfristig immer auf eine übermäßige Geldmengenausweitung zurückgeführt werden kann. Die EZB hat sich deshalb zur Aufgabe gemacht, die Entwicklung der umfassenden Geldmenge M3 genau im Blick zu behalten. Zu diesem Zweck legt sie einen Referenzwert

Referenzwert
M3-Wachstum

für das M3-Wachstum fest. Dieser wird aus der Quantitätsgleichung des Geldes (siehe S. 30) abgeleitet. Demnach gilt:

$$\triangle M = \triangle Y + \triangle p - \triangle v$$

Das Geldmengenwachstum $\triangle M$ ergibt sich also aus der Summe von realem BIP-Wachstum $\triangle Y$ (gestützt auf die Entwicklung des Produktionspotenzials) und angestrebter Inflation $\triangle p$ abzüglich einer erhöhten Geldumlaufgeschwindigkeit $\triangle v$. Basierend auf einer tolerierten Inflationsrate von 2 Prozent, einem Potenzialwachstum von ebenfalls 2 Prozent und einem jährlichen Rückgang der Geldumlaufgeschwindigkeit um 0,5 Prozent legt die EZB seit ihrer Gründung den Referenzwert für das Geldmengenwachstum stets mit 4,5 Prozent fest.

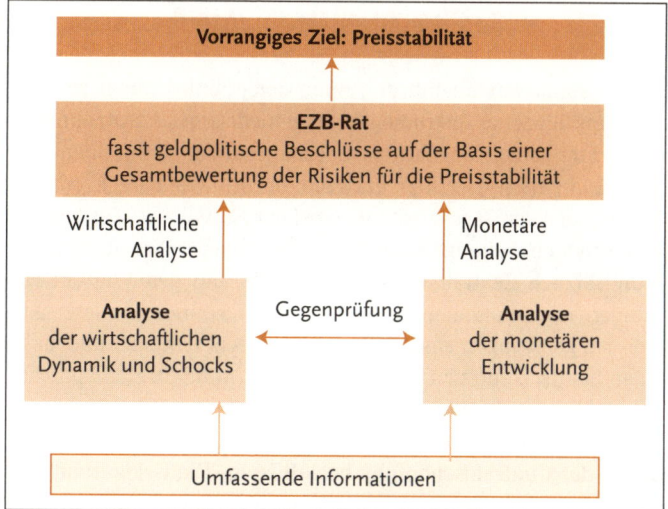

Abbildung:
Zwei-Säulen-
Strategie der EZB

Das Zwei-Säulen-Konzept ist nicht unumstritten. Die Kritik richtet **Kritik** sich vor allem auf die monetäre Säule und den unterstellten Zusammenhang von Geldmengenentwicklung und Inflation. Selbst ein dauerhaft über dem EZB-Zielwert liegendes Geldmengenwachstum, so die Behauptung der Kritiker, führt aufgrund veränderter Rahmenbedingungen nicht zwangsläufig zu einer höheren Teuerungsrate. Die alte Regel hätte demnach keinen Bestand mehr.

Kurzum: Sie empfehlen den Verzicht auf die zweite Säule.

Aus den bisherigen Erfahrungen lässt sich aber schließen, dass es der EZB vergleichsweise gut gelungen ist, tatsächliche Inflation und Inflationserwartungen im Zaum zu halten. Damit ist sie ihrer Hauptaufgabe bislang gerecht geworden.

Der geldpolitische Instrumentenkasten

In der konkreten Ausführung ihrer Geldpolitik bedient sich die EZB verschiedener Instrumente. Ihr gemeinsamer Ansatzpunkt ist der Zentralbankgeldbedarf der Geschäftsbanken. Zentralbankgeld (»monetäre Basis«) existiert entweder in Form von Bargeld oder als Sichteinlage der Geschäftsbanken bei der Notenbank. Zur Vergabe von Krediten benötigen die Geschäftsbanken (»Kreditinstitute«) grundsätzlich Zentralbankgeld. Einerseits, um den Wunsch von Kunden nach Barabhebungen erfüllen zu können. Andererseits, weil sie gezwungen sind, einen festgelegten Teil der Kundeneinlagen bei der Zentralbank zu hinterlegen (Mindestreservepflicht). Durch die Bereitstellung und den Entzug von Zentralbankgeld kann die EZB die Kreditvergabe der Banken und damit die Hauptquelle der Giralgeldschöpfung beeinflussen. Die Geldzufuhr wird dabei von der EZB als Monopolanbieter von Bargeld sowohl mengenmäßig (Höhe der Liquidität) als auch preismäßig (Zinshöhe) gesteuert. Im Wesentlichen bedient sich die EZB folgender Instrumente:

- **Offenmarktgeschäfte:** Bei Offenmarktgeschäften erwirbt die EZB für einen festgelegten Zeitraum Wertpapiere von den Geschäftsbanken. Sie nimmt die Wertpapiere quasi »in Pension«, weshalb auch von Wertpapierpensionsgeschäften gesprochen wird. Die Wertpapiere, die strengen Anforderungen bezüglich ihrer Bonität genügen müssen, dienen damit der EZB als Sicherheit. Im Gegenzug erhalten die Geschäftsbanken von der EZB Zentralbankgeld. Nach Ablauf der Frist wird den Geschäftsbanken auf Grundlage einer bindenden Rückkaufsvereinbarung für die Wertpapiere die Liquidität wieder entzogen. Unter der Vielzahl möglicher Offenmarktgeschäfte spielen im Euroraum sogenannte Hauptrefinanzierungsgeschäfte eine zentrale Rolle. Sie werden in der Regel wöchentlich durchgeführt. Die Zuteilung der liquiden Mittel kann auf verschiedene Arten erfolgen (als Mengen- oder Zinstender). Der Hauptrefinanzierungssatz ist der Zinssatz, den die Geschäftsbanken für die Überlassung von Liquidität mindestens bezahlen müssen. Dessen Höhe beeinflusst die gesamte Zinsstruktur in einer Volkswirtschaft. Er wird deshalb auch als Leitzinssatz bezeichnet. Noch eine ab-

»Monetäre Basis«

Wertpapierpensionsgeschäfte

Hauptrefinanzierungsgeschäfte

schließende Bemerkung zu diesem geldpolitischen Instrument: Grundsätzlich kann die EZB Refinanzierungsgeschäfte in beliebiger Höhe durchführen, bezahlt sie doch mit selbst geschaffenem Geld. Damit besteht keine natürliche Obergrenze für die Schaffung von Zentralbankgeld.

- **Ständige Fazilitäten:** Diese haben die Aufgabe, kurzfristige Liquiditätsüberschüsse im Geschäftsbankensystem zu absorbieren (im Falle der Einlagefazilitäten) bzw. kurzfristige Liquiditätsengpässe (im Falle der Spitzenrefinanzierungsfazilitäten) zu überbrücken. Man spricht aufgrund ihrer kurzen Laufzeit deshalb auch von »Übernachtgeschäften«: Der Zinssatz für Einlagen liegt in der Regel deutlich unter dem Marktzinssatz, der für Refinanzierungsgeschäfte deutlich darüber. Damit sind diese aus Sicht der Geschäftsbanken eher unattraktiv und werden nur dann in Anspruch genommen, wenn es am Markt keine geeigneten Alternativen gibt. Faktisch bilden sie damit einen Korridor für den Tagesgeldsatz am Geldmarkt mit dem Einlagesatz als Untergrenze und dem Spitzenrefinanzierungssatz als Obergrenze. Der Einlagesatz liegt regelmäßig einen Prozentpunkt unter dem Leitzinssatz der EZB, der Spitzenrefinanzierungssatz einen Prozentpunkt darüber.

Übernachtgeschäfte

- **Mindestreserven:** Hierbei handelt es sich um Pflichteinlagen der Geschäftsbanken bei der EZB. Ihr Umfang errechnet sich als Prozentsatz an den kurzfristigen Verbindlichkeiten (u. a. täglich fällige Einlagen, Geldmarktpapiere) der jeweiligen Geschäftsbank. Die Mindestreservequote muss dabei im Monatsdurchschnitt erfüllt werden, sodass kurzfristige Liquiditätsschwankungen geglättet werden können. Verzinst werden die Mindestreserven im Euroraum mit dem Hauptrefinanzierungssatz. Ursprünglich waren sie einmal ein Instrument der Einlagensicherung. Selbst bei vollständiger Zahlungsunfähigkeit einer Geschäftsbank konnten deren Kunden darauf vertrauen, dass ein Teil ihrer Einlagen gerettet wurde. Im Zeitalter der »Sicherungsfonds« spielt dies keine Rolle mehr. Vielmehr dient die Mindestreserve vor allem der Anbindung der Geschäftsbanken an die Notenbank. Die Existenz einer Mindestreserve erhöht den Liquiditätsbedarf der Geschäftsbanken und erleichtert der EZB damit die Geldmengensteuerung via Offenmarktgeschäften. Zudem wird

Mindestreserve	Offenmarktgeschäfte	Ständige Fazilitäten
	1. Hauptrefinanzierungs- instrumente	1. Spitzenrefinanzierungs- fazilität
	2. Längerfristige Refinanzierungsgeschäfte	2. Einlagenfazilität

Abbildung:
Geldpolitische
Instrumente

dadurch das Kreditvergabevolumen der Geschäftsbanken und damit die Schaffung von Giralgeld begrenzt.

1.2.4 Finanzmärkte und geldpolitische Transmission

Der Geldmarkt: Handelsplatz für Zentralbankgeld

Der Geldmarkt stellt gewissermaßen das Bindeglied zwischen Notenbank und Geschäftsbanken dar. Hoch entwickelte Geldmärkte sorgen bei reibungslosem Funktionieren für eine gleichmäßige Verteilung des Zentralbankgeldes und homogene Kurzfristzinsen in einem Währungsraum. Veränderungen der geldpolitischen Instrumente wirken sich zunächst am Geldmarkt aus und werden von dort auf Kredit- und Kapitalmärkte sowie die Realwirtschaft übertragen. Ihm kommt damit eine zentrale Rolle bei der sogenannten geldpolitischen Transmission zu. Die dort gehandelten Finanzinstrumente haben im Allgemeinen eine Ursprungslaufzeit von weniger als einem Jahr.

Geldmarkt
im engeren Sinn

Der Geldmarkt besteht aus zwei großen Teilsegmenten. Zum einen gibt es den Geldmarkt im engeren Sinne, an dem Geldgeschäfte zwischen der Zentralbank und den Geschäftsbanken stattfinden. Der Geldmarkt im engeren Sinne ist damit das eigentliche Operationsfeld der Geldpolitik. Die Geschäftsbanken nehmen hier gegen Hinterlegung von Sicherheiten (»besicherter Markt«) bei der Notenbank Kredite im Rahmen sogenannter Repogeschäfte (befristete Transaktionen wie Wertpapierpensionsgeschäfte) oder Devisenswapgeschäfte auf. In selteneren Fällen legen sie bei ihr auch überschüssiges Zentralbankgeld an. Im Rahmen ihrer Liquiditätssteuerung kauft oder verkauft die Notenbank zudem Geld- und Kapitalmarktpapiere (definitive Transaktionen).

Durch die Festlegung der Konditionen – genauer: dem Zinssatz, zu dem sich die Geschäftsbanken bei ihr Zentralbankgeld besorgen können – beeinflusst die Notenbank das Zinsniveau am Interbankenmarkt, dem zweiten großen Teilsegment des Geldmarktes. Dieser »unbesicherte« Markt dient insbesondere der Steuerung des kurzfristigen Liquiditätsbedarfs der Geschäftsbanken. Handelsobjekte sind Zentralbankgeld, also Guthaben der Geschäftsbanken bei der Zentralbank, sowie Geldmarktpapiere. Erstmalig ausgegeben (»Emission«) werden diese Wertpapiere mit einer Laufzeit von weniger als einem Jahr von der öffentlichen Hand, Banken, Versicherungen sowie großen Industrieunternehmen. Dazu zählen etwa EZB-Schuldverschreibungen, Schatzwechsel des Bundes und der Länder, Commercial Papers und von Geschäftsbanken emittierte Einlagenzertifikate (Certificates of Deposits). Die beiden wichtigsten Referenzzinssätze am Euro-Interbankenmarkt sind der Tagesgeldsatz EONIA (Euro Overnight Index Average) und der Termingeldsatz EURIBOR (Euro Interbank Offered Rate). Sie werden handelstäglich ermittelt und in den großen Tageszeitungen veröffentlicht.

Interbankenmarkt

EONIA und EURIBOR

Am Geldmarkt gelten im Übrigen die üblichen Regeln von Angebot und Nachfrage. Das Geldangebot wird bestimmt durch die Zentralbankschöpfung der Notenbank (= Geldbasis) und die darauf aufbauende Giralgeldschöpfung der Geschäftsbanken. Da die Geschäftsbanken auf Zentralgeld angewiesen sind, gibt die Notenbank das maximale Geldangebot im Sinne einer rechnerischen Obergrenze vor. Normalerweise werden die Banken aber nicht das gesamte Geldschöpfungspotenzial in Anspruch nehmen, sondern die Kreditgewährung an ihre Kunden von Risiko- und Liquiditätsüberlegungen abhängig machen. Dabei gilt jedoch: Je höher der Zins, desto größer das Geldangebot (da damit etwa auch die Vergabe risikoreicherer Kredite lukrativ wird). Auf der anderen Seite hängt die Geldnachfrage neben anderen Faktoren (z. B. Einkommenshöhe der Haushalte) auch von der Zinshöhe ab. Es gilt der Grundsatz: Je höher der Zins, desto weniger Geld wird nachge-

Geldbasis

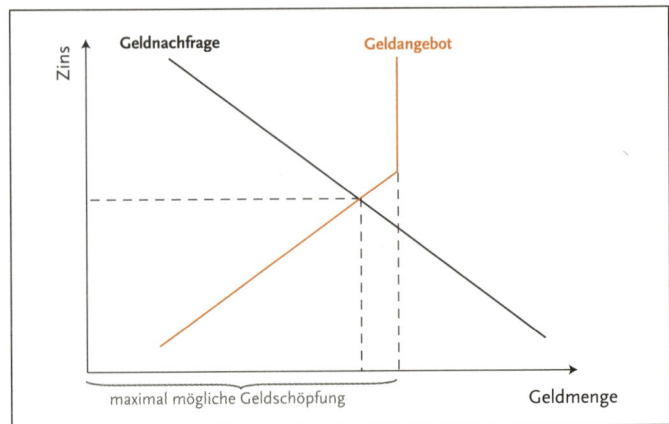

Abbildung:
Zinsbildung
am Geldmarkt

fragt bzw. gehalten. Stattdessen werden die Wirtschaftssubjekte verstärkt festverzinsliche Wertpapiere (bei jetzt niedrigem Kurs) erwerben und auf einen Zinsrückgang spekulieren, der ihnen dann Kursgewinne beschert. Umgekehrt nimmt mit fallendem Zins die Geldnachfrage zu, da die Opportunitätskosten der (zinslosen) Geldhaltung nun sinken.

Tatsächliche Geld-
menge

Die tatsächliche Geldmenge kann also nicht exogen, also von außen, durch die Notenbank vorgegeben werden. Sie bestimmt sich aus dem Zusammenspiel von Angebot und Nachfrage. Was die Notenbank aber vorgibt, ist die Obergrenze, sprich die maximal möglichen Geldschöpfungsmöglichkeiten.

In Kürze: der Transmissionsmechanismus der Geldpolitik

Hauptaufgabe der EZB ist wie beschrieben die Gewährleistung von Preisniveaustabilität. Insbesondere mit dem gezielten Einsatz der zinspolitischen Instrumente (z. B. Leitzinsanhebung) verfolgt sie ihren Auftrag. Allerdings kann sie zumindest auf kurze bis mittlere Sicht das Preisniveau nicht direkt beeinflussen, sondern sie sieht
Übertragungs-
mechanismus
sich einem komplexen Übertragungsmechanismus der geldpolitischen Impulse (»Transmission«) auf die Realwirtschaft und das

Preisniveau gegenüber. Die nachfolgende Grafik gibt einen Überblick über die wichtigsten Übertragungswege.

Verändert die EZB die Refinanzierungsbedingungen für die auf Zentralbankgeld angewiesenen Banken, wirkt sich dies auf die Marktzinsen aus. Insbesondere am Geldmarkt übt die Notenbank einen dominierenden Einfluss auf die Zinssätze aus. Erhöht die EZB den Leitzinssatz, werden die Banken die gestiegenen Refinanzierungskosten ihrerseits an die Kunden weitergeben. Indirekt beeinflusst die EZB damit das Niveau der Kreditzinsen, aber auch das der längerfristigen Kapitalmarktzinsen, wobei hier zusätzliche Faktoren (z. B. Inflations- und Wachstumserwartungen) zum Tragen kommen. Die Zinspolitik wirkt sich darüber hinaus auf die Preise anderer Assets wie Aktien oder Immobilien aus (Zinserhöhungen drücken tendenziell deren Wert). Für die Wechselkursentwicklung ist die Zinspolitik ebenfalls ein wichtiger Bestimmungsfaktor. Unter sonst gleichen Bedingungen führen Zinssatzanhebungen zu einer Aufwertung der heimischen Währung. Veränderungen der Zinssätze, Wechselkurse und Vermögenspreise spielen wiederum eine wichtige Rolle für Spar-, Konsum- und Investitionsentscheidungen von Unternehmen und Haushalten im In- und Ausland. Ohne auf jedes Detail des Transmissionsmechanismus einzugehen, ist aber die generelle Aussage möglich, dass steigende Zinsen

Refinanzierungsbedingungen

Zinspolitik

Abbildung: Wirkungskanäle der Geldpolitik

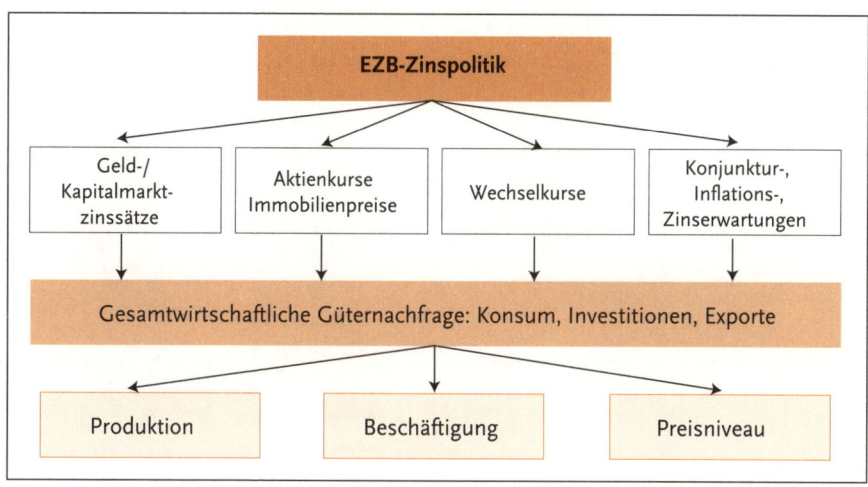

über verschiedene Kanäle die Inflation dämpfen, sinkende Zinsen dagegen eher für ein steigendes Preisniveau sprechen.

Finanzsystem und Finanzmärkte

In einer Volkswirtschaft gibt es Personen und Institutionen, die einen Einnahmeüberschuss haben. Sie sind Nettosparer und fungieren als Kapitalanbieter. Im Wesentlichen handelt es sich um die privaten Haushalte. Ihnen stehen Akteure gegenüber, deren Einnahmen nicht zur Deckung der Ausgaben reichen. Sie treten als Kapitalnachfrager auf. Hierzu gehören die meisten Unternehmen sowie in der Regel der Staat. Aufgabe des Finanzsystems ist es nun, Kapitalgeber und Kapitalnehmer zusammenzubringen. Dies kann auf zwei Wegen erfolgen.

Finanzmärkte

- Zum einen direkt über die Finanzmärkte (Geld- und Kapitalmarkt) in Form von Wertpapieren (Schuldverschreibungen, Aktien). Sie begründen einen Anspruch auf zukünftige Erträge oder Aktiva der Kapitalnehmer. Unterschieden wird dabei zwischen der erstmaligen Ausgabe von Wertpapieren (»Primärmarkt«) und dem Handel mit bereits im Umlauf befindlichen Finanzmarktinstrumenten (»Sekundärmarkt«). Aus dem Zusammenspiel von Angebot und Nachfrage bilden sich an den Handelsplätzen (»Börsen«) die Wertpapierkurse, die die Einschätzung der Marktteilnehmer einen Titel betreffend widerspiegeln.

Abbildung:
Finanzsystem
und Finanzmärkte

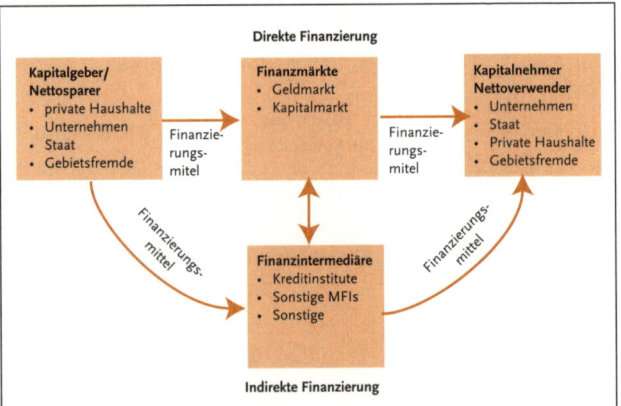

- Alternativ zur direkten marktbasierten Finanzierung gibt es den indirekten bankbasierten Transfer von Finanzierungsmitteln. In diesem Fall fungieren sogenannte Finanzintermediäre – neben Kreditinstituten zählt man hierzu Bausparkassen, Versicherungen oder Fondsgesellschaften – als Kapitalsammelstellen, die die Ersparnisse an die Kapitalnehmer weiterreichen. Eine strikte Trennung zwischen beiden Finanzierungsformen existiert in der Praxis jedoch nicht. Finanzmärkte und Finanzintermediäre sind aufs engste miteinander verbunden.

Finanzintermediäre

1.2.5 Zinsbildung, Zinsstruktur und Anleihemarkt

Allgemein formuliert ist der Zins der Preis, den ein Schuldner einem Gläubiger für das zeitweise Überlassen eines Geldbetrages zu bezahlen hat. Der Zins verbindet wirtschaftliche Vorgänge zu unterschiedlichen Zeitpunkten miteinander. Als eine intertemporale Größe bezieht er sich also immer auf einen Zeitraum. Aus Sicht des Gläubigers ist der Zins die Entschädigung für den Konsumverzicht in der Gegenwart, aus Sicht des Schuldners repräsentiert er die Kosten für die frühere Verfügbarkeit von Gütern. Da Bedürfnisbefriedigung in der Gegenwart gemeinhin höher eingeschätzt wird als zu einem in der Zukunft liegenden Zeitpunkt – man bezeichnet dies auch als positive Zeitpräferenz –, hat der Zins stets ein Plus als Vorzeichen.

Darüber, wie die tatsächliche Zinshöhe in einer Volkswirtschaft zustande kommt, gibt es eine Vielzahl ökonomischer Theorien (siehe Kasten S. 70). Unbestritten ist, dass der Nominalzinssatz im Wesentlichen aus zwei Komponenten besteht, nämlich dem Realzinssatz und einem Inflationsausgleich. Wichtige Einflussfaktoren auf die langfristigen Realzinsen, die sich aus Angebot und Nachfrage am Kredit- und Kapitalmarkt ergeben, sind insbesondere das Wirtschaftswachstum, Produktivitätstrends und demografische Entwicklungen. Allerdings werden diese Faktoren häufig durch kurzfristige konjunkturbedingte Schwankungen, geld- und

Nominalzinssatz = Realzins plus Inflationsausgleich

budgetpolitische Entscheidungen überzeichnet. Der Inflationsausgleich orientiert sich demgegenüber an dem für den entsprechenden Zeitraum erwarteten allgemeinen Kaufkraftverlust, der wiederum entscheidend von der Geldmengenentwicklung bestimmt wird.

Zinstheorien

Klassische Sicht

Für klassische Ökonomen ist der Zins eine von realen Vorgängen (Investitionen, Sparen) bestimmte Größe. Seine Höhe wird in erster Linie durch den Kapitalreichtum eines Landes bestimmt. Länder, die reich an Kapital sind, sprich in denen viel gespart wird, haben demnach einen niedrigeren Zins als kapitalarme Länder. Konkret bildet sich der Zins aus dem Zusammenspiel von Ersparnisbildung (= Kapitalangebot) und Investitionstätigkeit (= Kapitalnachfrage), mithin am Kapitalmarkt. Die Veränderung der Geldmenge kann nach Ansicht der Klassiker die Zinshöhe allenfalls vorübergehend beeinflussen – nämlich nur so lange, wie die Wirtschaftssubjekte der Geldillusion unterliegen. Dauerhaft sind nur die Vorgänge an den Gütermärkten und hier insbesondere die Rendite aus neuen Investitionen entscheidend. Sie bestimmen in der Terminologie Wicksells den »natürlichen Zins«. Nach einer 2007 von Morgan Stanley vorgestellten Studie liegt der natürliche Zins gegenwärtig in der Eurozone bei 1,4 Prozent, der für die USA bei 2,3 Prozent.

Keynesianische Sicht

In der keynesianischen Theorie (»Liquiditätstheorie«) übt die Geldmenge dagegen durchaus Einfluss auf die Zinshöhe in einer Volkswirtschaft aus. Der Zins bringt das Geldangebot des Bankensektors auf der einen Seite und die Geldnachfrage von Haushalten und Unternehmen auf der anderen Seite in Einklang. Im Rahmen der Liquiditätstheorie sinkt etwa der Gleichgewichtszins, wenn das Geldangebot steigt (z. B. via expansiver Geldmengenpolitik der Notenbank). Umgekehrt führt bei gegebenem Geldangebot eine zusätzliche Geldnachfrage (z. B. infolge gestiegener Einkommen) zu einem steigenden Zins. Im Gegensatz zu den Klassikern betrachten Keynesianer den Zins als eine Größe, dessen Höhe zwar nicht ausschließlich, aber doch zu einem erheblichen Teil von den monetären Bedingungen bestimmt wird. Sie gestehen der Geldpolitik der Notenbank damit eine wichtige Rolle zu – insbesondere in Konjunktursituationen, in denen Einkommens- und Beschäftigungsentwicklung von der Nachfrageseite her begrenzt werden. Oder mit anderen Worten: Durch Variation des Geldangebotes können realwirtschaftliche Wirkungen erzielt werden.

Zusammenfassend lässt sich sagen, dass kurz- bis mittelfristig die Geldmenge den Realzins durchaus beeinflussen kann. Je länger der Betrachtungszeitraum aber ist, desto stärker dürften die aus der klassischen Theorie stammenden Argumente an Bedeutung gewinnen (insbesondere die Investitions- und Spartätigkeit), dagegen die Geldmenge an Relevanz verlieren.

»Money Matters«

Hinweis zum Zusammenhang von Kapitalmarktrenditen (-zins) und Anleihekursen: Bei bereits im Umlauf befindlichen Anleihen mit festem Kupon führt ein Anstieg der Marktzinsen zu Kursverlusten, ein Rückgang der Marktzinsen zu Kursgewinnen. Es besteht stets eine gegenläufige Entwicklung beider Größen. Dies lässt sich formal wie folgt ableiten (aus Vereinfachungsgründen wird von einer Anleihe mit unendlicher Laufzeit ausgegangen):

Kurswert einer Anleihe = Kupon/Marktzins bzw.
Marktzins = Kupon/Kurswert

Zinsen und Kurse

Der Kurswert einer Anleihe bildet sich aus Bondangebot und Bondnachfrage. Zu sinkenden Anleihekursen (= steigenden Marktzinsen) kommt es dann, wenn

- das Bondangebot steigt (z. B. Kreditnachfrage des Staates und der Unternehmen nimmt zu),
- die Bondnachfrage nachlässt (z. B. sinkendes Einkommen und Vermögen der privaten Haushalte).

Die bisherigen Ausführungen gingen stillschweigend davon aus, dass es in einer Volkswirtschaft nur einen Zinssatz gibt. In der Praxis existiert jedoch zu jedem Zeitpunkt eine Vielzahl von Zinssätzen. So unterscheiden sich die Zinssätze am Geldmarkt etwa von den Kredit- und Kapitalmarktzinsen. Die Banken differenzieren zwischen Sollzinsen (Aktivgeschäft) und Habenzinsen (Passivgeschäft). Je nach Bonität des Schuldners gibt es ebenfalls unterschiedliche Zinshöhen.

Zinsstruktur

Die sogenannte Zinsstruktur beschreibt das Verhältnis der einzelnen Zinssätze zueinander. Am bekanntesten ist die zeitliche Zinsstruktur. Hierbei werden die Zinssätze (= Renditen) festverzinslicher Wertpapiere mit unterschiedlicher Restlaufzeit in Relation zueinander gesetzt. Verbindet man die Zinssätze über zunehmende Restlaufzeiten der Zinspapiere miteinander, erhält man

Zinskurve

eine Zinsstrukturkurve (kurz: Zinskurve). Zinskurven gibt es sowohl am Geldmarkt (Geldmarktkurve für Laufzeiten bis zu einem Jahr) als auch am Kapitalmarkt (Laufzeiten von über einem Jahr), wobei die Kapitalmarktkurve auf deutlich größere Aufmerksamkeit stößt. Die Verhältnisse am Anleihemarkt bestimmen damit die Zinsstrukturkurve einer Volkswirtschaft.

Häufig verändern sich infolge bestimmter Ereignisse (z. B. verbesserte Konjunkturaussichten) alle Zinssätze in die gleiche Richtung. Die Zinskurve verschiebt sich dann, der Abstand der einzelnen Zinssätze bleibt erhalten. Die Aussage »Konjunkturausblick sorgt für einen höheren Zins« kann dann unabhängig von der speziellen Laufzeit getroffen werden. Sie gilt für das »kurze Ende« wie für das »lange Ende« der Zinskurve.

Schwieriger wird es, wenn die einzelnen Laufzeitenbereiche der Zinskurve unterschiedlich betroffen sind. So kommt es immer wieder vor, dass eine Notenbank zur Inflationsprophylaxe die Leit-

Abbildung:
Normaler Verlauf
der Zinsstruktur-
kurve (Quelle:
Bloomberg)

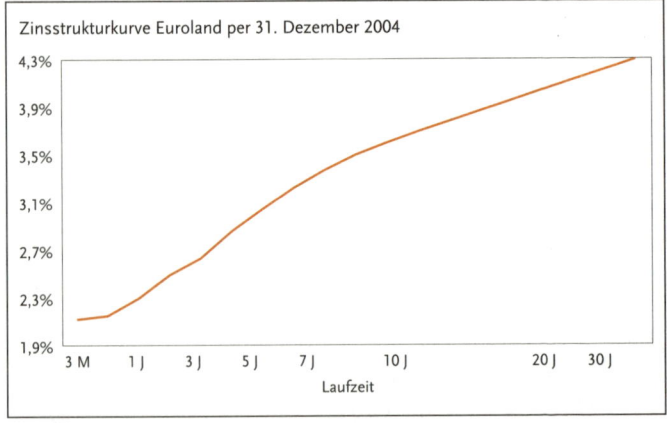

zinsen anhebt. Die Zinsen am kurzen Ende der Kurve gehen dann nach oben. Wenn die Notenbank an den Märkten aber eine hohe Glaubwürdigkeit in der Inflationsbekämpfung besitzt, können die Zinsen am langen Ende durchaus nach unten gehen, weil sich die Inflationsrisikoprämie verringert. In der Konsequenz kommt es zu einem veränderten Zinsabstand zwischen den verschiedenen Laufzeiten. Im Extremfall kann dies dazu führen, dass die Kurzfristzinsen den Langfristzinsen entsprechen (»flache Zinsstrukturkurve«) oder diese sogar übertreffen (»inverse Zinsstrukturkurve«). Normalerweise wird aber von einem steigenden Verlauf ausgegangen, das heißt, mit steigender Restlaufzeit nimmt die Rendite der betrachteten Wertpapiere zu. Eine zehnjährige Bundesanleihe wirft dann für den Anleger einen höheren jährlichen Ertrag ab als etwa ein zweijähriges Papier.

Verschiedene Erklärungsansätze werden für den Verlauf der Zinsstrukturkurve verwendet. Zwei der wichtigsten werden im Folgenden vorgestellt:

Theorien der Zinsstrukturkurve

- **Erwartungstheorie:** Nach dieser Theorie entspricht der langfristige Zins dem Durchschnitt der erwarteten kurzfristigen Zinssätze. Dem liegt die Überlegung zugrunde, dass ein bestimmter Anlagezeitraum (z. B. zehn Jahre) entweder durch eine lang laufende Anleihe oder durch eine Aneinanderreihung kurz laufender Titel abgedeckt werden kann. Bei einem funktionierenden Markt müssen beide Anlageformen denselben Ertrag bringen, da ansonsten Ausgleichsbewegungen (Arbitrage) ausgelöst werden. Was heißt das für die Gestalt der Zinskurve? Wird mit zukünftig steigenden Kurzfristzinsen gerechnet (z. B. in Erwartung eines Konjunkturaufschwungs), muss die Rendite lang laufender Anleihen im Ausgangszeitpunkt über den heute geltenden Kursfristzinsen liegen. Die Zinskurve weist dann einen steigenden Verlauf auf. Wird mit zukünftig sinkenden Kurzfristzinsen gerechnet (z. B. in Erwartung eines Konjunkturabschwungs), muss die Rendite lang laufender Anleihen im Ausgangszeitpunkt unter den heute geltenden Kurzfristzinsen liegen. Die Zinskurve weist damit einen fallenden Verlauf auf.

- **Liquiditätsprämientheorie:** Liquidität besitzt für Wirtschaftssubjekte einen Wert an sich (Liquiditätspräferenz). Um liquide Mittel – sprich Geld, das eine Restlaufzeit von Null hat – gegen

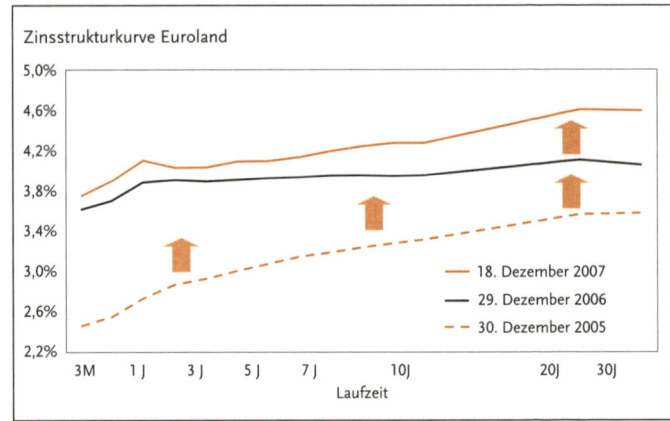

Abbildung:
Veränderung der
Zinsstrukturkurve
(Quelle: Bloom-
berg)

Zins als Risiko-
prämie

festverzinsliche Wertpapiere mit einer längeren Restlaufzeit zu
tauschen, bedarf es eines finanziellen Anreizes in Form von
Zinsen. Diese müssen dann umso höher sein, je länger der Verzicht auf die Liquidität ist. Der mit zunehmender Restlaufzeit
steigende Zins kann dabei als Risikoprämie interpretiert werden. Aus Sicht des Wertpapierbesitzers steigt nämlich mit zunehmender Laufzeit das Kursrisiko. Zu Kursverlusten kommt es
unter anderem dann, wenn zwischenzeitlich die Marktzinsen
zunehmen (Zinsänderungsrisiko), das Preisniveau unerwartet steigt (Inflationsrisiko) oder die Ausfallwahrscheinlichkeit
zunimmt (Bonitätsrisiko). Die genannten Risiken sind auf die
lange Sicht jeweils größer als kurzfristig. Deshalb gehen die
Anhänger der Liquiditätstheorie auch vom Normalfall einer
steigenden Zinskurve aus.

1.2.6 Monetäre und realwirtschaftliche Einflüsse auf die Wechselkursbildung: ein genauerer Blick auf die Zahlungsbilanz

Der Aufbau der Zahlungsbilanz

Deutschland exportierte im Jahr 2006 Waren im Wert von 894 Mrd. Euro ins Ausland. Der Anteil der Warenexporte am gesamten Bruttoinlandsprodukt betrug damit rund 38 Prozent. Der Überschuss in der Leistungsbilanz betrug 117 Mrd. Euro, was rund 5 Prozent des BIP entsprach. Diese Zahlen sollen einen ersten Eindruck vermitteln, wie wichtig die außenwirtschaftliche Komponente für eine offene Volkswirtschaft wie die der Bundesrepublik Deutschland ist.

Alle ökonomischen Transaktionen zwischen Inländern (»Gebietsansässigen«) und Ausländern (»Gebietsfremden«) werden in der Zahlungsbilanz erfasst. Da die Zahlungsbilanz Stromgrößen erfasst, und nicht wie üblich Bestandsgrößen, ist sie zwar keine Bilanz im klassischen Sinne. Dennoch hat sich der Begriff der Zahlungsbilanz durchgesetzt. Die registrierten Transaktionen können entweder güter- oder geldwirtschaftlicher Art sein. Für die Datenaufbereitung ist in Deutschland die Bundesbank und im Euroraum die EZB verantwortlich.

Zahlungsbilanz erfasst Stromgrößen

Im Jahr 2006 hatte die deutsche Zahlungsbilanz folgendes Aussehen (alle Angaben in Mrd. Euro):

I. Leistungsbilanz (Saldo)	+ 116,6
1. Außenhandel	+ 143,6
2. Dienstleistungen	– 23,1
3. Erwerbs- und Vermögenseinkommen	+23,0
4. Laufende Übertragungen	– 26,8
II. Saldo der Vermögensübertragungen	– 0,2
III. Kapitalbilanz	– 149,3
IV. Veränderung der Währungsreserven (Abnahme: +)	+ 2,9
V. Restposten	+ 30,0

Abbildung: Deutsche Zahlungsbilanz 2006 (Quelle: Deutsche Bundesbank März 2007)

In den einzelnen Teilbilanzen werden jeweils gleichartige Vorgänge zusammengefasst. Vorgänge, die zu Devisenzuflüssen führen, werden auf der Aktivseite, Vorgänge, die zu Devisenabflüssen führen, werden dagegen auf der Passivseite verbucht. Durch die Buchungstechnik – jede Transaktion wird gemäß der doppelten Buchführung erfasst – ist die Zahlungsbilanz stets ausgeglichen.

Die Zahlungsbilanz ist immer ausgeglichen

Ungleichgewichte können nur in den Teilbilanzen auftreten. Überwiegen z.B. die Warenexporte die Warenimporte, so führt dieser Überschuss zu einer aktiven Außenhandelsbilanz.

Handelsbilanz

Die wichtigste Teilbilanz der Leistungsbilanz ist die Handelsbilanz. Sie erfasst alle Warenausfuhren und -einfuhren. Der Überschuss in 2006 ergibt sich aus Exporten in Höhe von 893,6 Mrd. Euro und Einfuhren im Wert von 731,5 Mrd. Euro (zuzüglich sogenannter Ergänzungen zum Außenhandel von –18,6 Mrd. Euro). Dank eines günstigen weltwirtschaftlichen Umfeldes konnte die heimische Wirtschaft den Überschuss gegenüber dem Vorjahr um rund 100 Mrd. Euro ausbauen. Die regionale Struktur des deutschen Außenhandels stellte sich im Jahr 2006 wie folgt dar (Auswahl, alle Angaben in Prozent):

Abbildung:
Regionale Struktur des deutschen Außenhandels (Quelle: Deutsche Bundesbank März 2007)

Ländergruppe/Land	Ausfuhr	Einfuhr
EWU-Länder	42,0	38,8
Übrige EU-Länder	20,3	15,4
USA	8,7	6,6
Japan	1,5	3,2
China	3,1	6,7
Russland	2,6	4,1
OPEC-Länder	2,4	1,8

Dienstleistungsbilanz

In der Dienstleistungsbilanz werden Export und Import von Dienstleistungen einander gegenübergestellt. Diese Teilbilanz ist wegen des Defizits in der Reiseverkehrsbilanz in Deutschland traditionell negativ. 2006 gaben die Deutschen im Rahmen von Urlaubsreisen 33,5 Mrd. Euro mehr im Ausland aus als ausländische Touristen hierzulande – trotz der Besucherströme durch die Fußball-Weltmeisterschaft!

Die Teilbilanz Erwerbs- und Vermögenseinkommen dokumen-

tiert grenzüberschreitende Faktorzahlungen. Dazu zählen Erwerbs-
einkommen aus bzw. an das Ausland sowie über die Grenzen flie-
ßende Vermögenseinkommen (Zinsen, Dividenden).

Laufende Übertragungen sind regelmäßig wiederkehrende Zahlungen des privaten oder öffentlichen Sektors zwischen In- und
Ausland. Hierzu gehören etwa die Beiträge der Bundesrepublik an
die EU und Überweisungen von »Gastarbeitern« in ihre Heimatlän-
der. Dieser Posten ist wegen der »Nettozahlerposition« Deutschlands in der EU sowie wegen des relativ hohen Gastarbeiteranteils
traditionell negativ. Laufende Übertragungen

Vermögensübertragungen sind demgegenüber einmalige Zahlungen. Darunter fallen zum Beispiel Erbschaften, Schenkungen
oder Mitnahmen von Emigranten. Bezogen auf das Gesamtvolumen ist diese Teilbilanz jedoch zu vernachlässigen. Vermögens-übertragungen

In der Kapitalbilanz werden Kapitalimporte (Devisenzuflüsse)
und Kapitalexporte (Devisenabflüsse) erfasst. Kapitalimporte stellen eine Zunahme der Verbindlichkeiten (bzw. eine Abnahme der
Forderungen) gegenüber dem Ausland dar. Kapitalexporte bedeuten
eine Zunahme der Forderungen (bzw. eine Abnahme der Verbindlichkeiten) gegenüber dem Ausland. Übersteigen die Kapitalexporte
die Kapitalimporte, liegt ein Nettokapitalexport vor, der in der Zahlungsbilanz ein Minus als Vorzeichen erhält. Teilbilanzen der Kapitalbilanz sind (in Klammern der Saldo für 2006 in Mrd. Euro): Kapitalbilanz

- Direktinvestitionen (+ 29,1): Unternehmensbeteiligungen, -käu-
fe,
- Wertpapiere (– 1,2): Aktien, Zinspapiere, Investmentfonds, Zer-
tifikate,
- Finanzderivate (– 6,3): Optionen, Termingeschäfte,
- Kreditverkehr und Bankguthaben (– 115,1).

Deutschland als Exportnation erwirbt mit dem Leistungsbilanz-
überschuss regelmäßig Forderungen gegenüber dem Ausland. In
der Kapitalbilanz führt dies zu einem Kapitalexportüberschuss, der
sich insbesondere in der Teilbilanz »Kreditverkehr« niederschlägt.

Die *Devisenbilanz* ist eine aus der Kapitalbilanz ausgegliederte
Teilbilanz. Sie enthält die Veränderung der zentral bei der Bundes-
bank gehaltenen Währungsreserven. Dazu gehören u. a. Sorten,
Devisen, Gold und die Reserveposition beim IWF. Devisenbilanz

Hinweis: Bei der Devisenbilanz ist die aus der Bilanztechnik resultierende Vorzeichenregelung zu beachten. Eine Abnahme der Devisenbestände wird mit einem Pluszeichen versehen, eine Zunahme mit einem Minuszeichen. 2006 haben die Devisenreserven der Deutschen Bundesbank um 3 Mrd. Euro abgenommen.

Restpostenbilanz

Die Restpostenbilanz enthält »statistisch nicht aufgliederbare Transaktionen«, die entweder in der Leistungs- oder Kapitalbilanz verbucht werden müssten. Darunter fallen offiziell nicht erfasste Transaktionen oder das zeitliche Auseinanderfallen von Warenlieferungen und Zahlungen.

Wann liegt ein außenwirtschaftliches Gleichgewicht vor?

Eine eindeutige Definition für ein außenwirtschaftliches Gleichgewicht gibt es nicht. Allgemein versteht man darunter eine »Situation, die dadurch gekennzeichnet ist, dass von den wirtschaftlichen Beziehungen des Inlands mit dem Ausland keine negativen Wirkungen auf die binnenwirtschaftlichen Entwicklungen ausgehen«. Denkbar wären z. B. importierte Inflation, importierte Arbeitslosigkeit oder importierte Wachstumsschwäche. Eine Konkretisierung eines außenwirtschaftlichen (Un-)Gleichgewichts erfolgt in der Regel mithilfe einer der beiden folgenden Teilbilanzen der Zahlungsbilanz:

Ausgleich der Leistungsbilanz

Ausgleich der Leistungsbilanz: Die Leistungsbilanz gilt wegen der Erfassung der realen Ströme als die wichtigste Teilbilanz der Zahlungsbilanz. Eine ausgeglichene Leistungsbilanz ist demnach Ausdruck eines außenwirtschaftlichen Gleichgewichts. Ungleichgewichte in der Leistungsbilanz sind demgegenüber mit negativen Folgen verbunden. Strukturelle Leistungsbilanzüberschüsse können zu *importierter (Nachfrage-)Inflation* führen. Strukturelle Leistungsbilanzdefizite bergen wegen der verstärkten Importe von Waren und Dienstleistungen dagegen die Gefahr des Arbeitsplatzabbaus (= *importierte Arbeitslosigkeit)* und der Wachstumsschwäche im Inland. Auf Dauer, wenn die Währungsreserven aufgebraucht sind, können Leistungsbilanzdefizite auch zu Zahlungsschwierigkeiten führen.

Eine umfassendere Definition bezieht sich auf den *Ausgleich der Devisenbilanz:* In den Währungsreserven der Zentralbank kommt es dann zu keinen nennenswerten Veränderungen, wenn Leistungsbilanz und Kapitalbilanz zusammengefasst in etwa ausgeglichen sind. Die USA verzeichneten z. B. Ende der 1990er-Jahre zwar riesige Leistungsbilanzdefizite, diese wurden aber durch Kapitalimporte (mehr als) ausgeglichen und stellten damit kein Problem dar – ganz im Gegenteil, trotz der Leistungsbilanzdefizite gewann der US-Dollar gegenüber dem Euro zu dieser Zeit beständig an Wert. Wegen der hohen Wachstumsraten der US-Wirtschaft war es für ausländische Anleger attraktiv, ihr Vermögen in den Vereinigten Staaten anzulegen. Sie finanzierten damit das amerikanische Leistungsbilanzdefizit. Wegen der gestiegenen Bedeutung des internationalen Kapitalverkehr hat diese Interpretation des außenwirtschaftlichen Gleichgewichts in den letzten Jahren stark an Bedeutung gewonnen.

Ausgleich der Devisenbilanz

Ursachen von Zahlungsbilanzungleichgewichten

Zahlungsbilanzungleichgewichte äußern sich, wie bereits gesagt, in Aktiv- oder Passivsalden der Teilbilanzen der Zahlungsbilanz und resultieren schließlich in einer Veränderung der Währungsreserven bei der Zentralbank. Zahlungsbilanzungleichgewichte sind damit immer die Folge von Devisenzuflüssen oder Devisenabflüssen.

Ursachen von *Devisenzuflüssen* können sein:
* Überschuss in der Leistungsbilanz als Folge
  - eines *Preisgefälles* zugunsten des Inlandes (d. h. die inländische Inflationsrate ist niedriger als die ausländische Inflationsrate), was der inländischen Wirtschaft einen preislichen Wettbewerbsvorteil auf den internationalen Güter- und Dienstleistungsmärkten verschafft,
  - einer *Unterbewertung der heimischen Währung*, ausgedrückt in einem niedrigen Wechselkurs,
  - *nichtpreislicher Wettbewerbsvorteile* wie der Nichtverfügbarkeit von Gütern im Ausland (z. B. Rohstoffe, landwirtschaft-

Ursachen von Devisenzuflüssen

liche Produkte) oder Präferenzen ausländischer Konsumenten für bestimmte heimische Erzeugnisse,

– der Höhe und Entwicklung des *ausländischen Inlandsprodukts*. Ein Konjunkturaufschwung im Ausland führt in der Regel zu vermehrten Exporten des Inlandes *(internationaler Konjunkturzusammenhang)* und

– einseitiger Übertragungen des Auslandes ans Inland.

• Überschuss in der Kapitalbilanz (Kapitalimporte übersteigen Kapitalexporte) als Folge

– eines *internationalen Zinsgefälles* zugunsten des Inlandes, d. h. das Zinsniveau im Inland ist höher als im Ausland und damit attraktiv für ausländische Anleger,

– einer Aufwertungserwartung für die heimische Währung, welche die Attraktivität von Portfolioinvestitionen ausländischer Anleger im Inland erhöht,

– eines boomenden inländischen Aktienmarktes und

– vermehrter ausländischer Direktinvestitionen im Inland.

Veränderungen in der Kapitalbilanz sind damit zu einem wichtigen Teil Ausfluss finanzmarkttheoretischer Überlegungen. International orientierte Anleger werden demnach ihr Vermögen unter Risiko- und Ertragsgesichtspunkten diversifizieren. Veränderte Einschätzungen über die internationalen Kapitalmärkte münden in Portfolioumschichtungen, die ihren Niederschlag in der Kapitalbilanz finden.

Ursachen von Devisenabflüssen

Für Devisenabflüsse gelten spiegelbildliche Ursachen:

• Defizit in der Leistungsbilanz als Folge

– einer Inflationsdifferenz zugunsten des Auslandes,

– einer Überbewertung der heimischen Währung,

– nichtpreislicher Wettbewerbsnachteile,

– einer Konjunktur- und Wachstumsschwäche im Ausland sowie

– einseitiger Übertragungen des Inlands ans Ausland.

• Defizit in der Kapitalbilanz (Kapitalexporte übersteigen Kapitalimporte) alsfolge

– einer Zinsdifferenz zu Gunsten des Auslandes,

– einer Abwertungserwartung für die heimische Währung,

– boomender ausländischer Aktienmärkte und

– vermehrter Direktinvestitionen heimischer Unternehmen im Ausland.

Bekämpfungsmöglichkeiten von Zahlungsbilanzungleichgewichten

Zahlungsbilanzungleichgewichte sind die Folge von *Devisenströmen*. Ihre wirkungsvolle Bekämpfung hat daher an den Ursachen von Devisenzuflüssen oder -abflüssen anzusetzen. Eine überragende Bedeutung kommt dabei der Wechselkurspolitik zu. Aus diesem Grund wird diese im Folgenden noch separat behandelt. Über die Wechselkurspolitik hinaus gibt es jedoch noch weitere Ansatzpunkte für die Beeinflussung von Devisenströmen:

Wechselkurspolitik

- **Beeinflussung des internationalen Preisgefälles:** Ansatzpunkt ist hier die inländische Inflationsrate. Wenn eine vergleichsweise hohe Teuerungsrate im Inland für eine Verschlechterung der internationalen Wettbewerbsfähigkeit der heimischen Wirtschaft sorgt, kann die nationale Geldpolitik hier gegensteuern. Der Zentralbank steht das gesamte geldpolitische Instrumentarium zur Verfügung. Allerdings kann ein Zielkonflikt zwischen Konjunkturbelebung im Innern (was für eine expansive Geldpolitik spricht) und außenwirtschaftlichem Gleichgewicht (was im genannten Beispiel für eine restriktive Geldpolitik spricht) auftreten.

Ansatzpunkte zur Beeinflussung von Devisenströmen

- **Beeinflussung der Konjunkturentwicklung:** Ansatzpunkt ist hier die inländische Konjunktur- bzw. Einkommensentwicklung. Läuft die heimische Konjunktur deutlich besser als die im Ausland, dürfte insbesondere über zunehmende Importe die Leistungsbilanz unter Druck geraten. Als Gegenmaßnahme könnte eine restriktive Geld- und Fiskalpolitik ergriffen werden. Allerdings könnte auch in diesem Fall eine Konfliktsituation mit den binnenwirtschaftlichen Zielen der Wirtschaftspolitik (z.B. hoher Beschäftigungsstand) auftreten.

- **Beeinflussung des internationalen Zinsgefälles:** Ansatzpunkt ist hier das inländische Zinsniveau. Ein vergleichsweise niedriges Zinsniveau im Inland kann zu Devisenabflüssen, ein hohes Zinsniveau zu Devisenzuflüssen führen. Durch eine entsprechende Gestaltung ihrer Geldpolitik kann die Zentralbank die Devisenströme steuern. Konflikte mit anderen wirtschaftspolitischen Zielen sind dabei nicht auszuschließen. Allerdings ist an dieser Stelle hinzuzufügen, dass das inländische Zinsniveau nicht allein durch die Geldpolitik der Notenbank beeinflusst wird, sondern z. B. auch durch die staatliche Kreditnachfrage. Wachsende staatliche Budgetdefizite wirken zinssteigernd. Darüber hinaus werden die internationalen Kapitalströme aber auch durch steuerliche Regelungen (z. B. Quellensteuer auf Zinseinkünfte) oder Finanzmarktinstitutionen (z. B. Zulassung/ Verbot bestimmter Anlageinstrumente wie Hedge Fonds etc.) determiniert, für welche die jeweilige nationale Gesetzgebung verantwortlich ist.

- **Dirigistische Maßnahmen:** Der grenzüberschreitende Güter- und Kapitalverkehr kann durch dirigistische, in der Regel nicht-marktkonforme Maßnahmen beeinflusst werden. So werden Güterimporte durch *tarifäre* (Importzölle) oder nicht-tarifäre Handelshemmnisse (Kontingente, Selbstbeschränkungsabkommen, administrative Maßnahmen wie technische Standards, komplizierte Abfertigungsverfahren etc.) verringert, Güterexporte durch Subventionen gefördert. Der internationale Kapitalverkehr wird durch Maßnahmen der Devisenbewirtschaftung (z. B. Einschränkung der Konvertibilität, begrenzte Zuteilung von Devisen an Firmen und Privatpersonen etc.) behindert. Die genannten dirigistischen Maßnahmen bringen meist jedoch nur kurzfristige Erfolge, auf Dauer verschleppen sie die notwendigen wirtschafts- sowie strukturpolitischen Anpassungen im Inland und führen zu Gegenschritten der anderen Länder (»Handelskriege«). Die Vorteile der internationalen Arbeitstei-lung gehen hierdurch verloren.

Tarifäre und nicht-tarifäre Handels-hemmnisse

1.2.7 Devisenmarkt und Wechsel- kurssysteme

Kursbildung am Devisenmarkt

Am Devisenmarkt treffen Devisenangebot (= Devisenzuflüsse) und Devisennachfrage (= Devisenabflüsse) aufeinander. Der Preis, der sich am Devisenmarkt bildet, wird als Wechselkurs bezeichnet. Je nachdem, ob das Handelsobjekt »Guthaben in Inlandswährung« oder »Guthaben in Auslandswährung« ist, erfolgt eine Mengen- oder Preisnotierung des Wechselkurses:

Wechselkurs ist ein Preis

Mengennotierung: Der Wechselkurs wird ausgedrückt in x Fremdwährungseinheiten je Einheit inländischer Währung, z. B. 1,40 USD/1 €.

Preisnotierung: Der Wechselkurs wird ausgedrückt in x Einheiten inländischer Währung je Einheit ausländischer Währung, z. B. 0,7 €/1 USD.

Mit Einführung des Euro wurde die bis dahin übliche Preisnotierung durch die Mengennotierung ersetzt. Die folgenden Betrach-

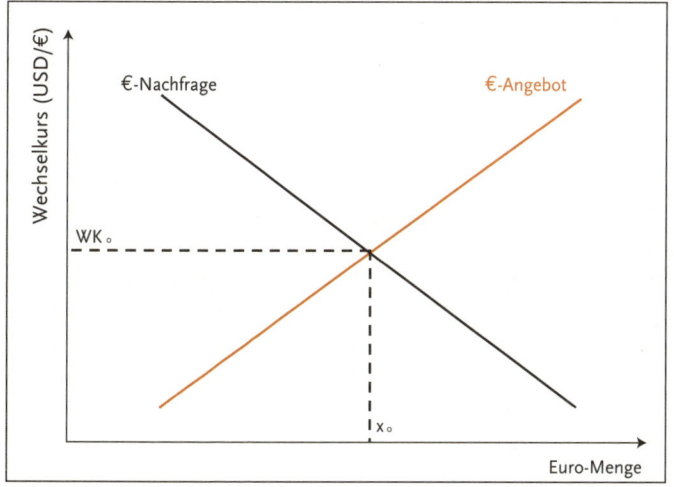

Abbildung:
Wechselkurs auf dem Devisenmarkt

tungen erfolgen daher auf Grundlage der Mengennotierung, wobei aus Vereinfachungsgründen ausschließlich der Wechselkurs zwischen Euro und US-Dollar betrachtet wird. Analoge Überlegungen könnten auch für alle anderen Währungspaare angestellt werden.

Euro-Nachfrage: Euro werden nachgefragt, wenn in der Eurozone ansässige Unternehmen Güter in die USA exportieren. Die dadurch erlösten US-Dollar werden in heimische Währung getauscht, um die auf Euro lautenden Zahlungsverpflichtungen (z. B. Löhne) erfüllen zu können. Sind die Exporte in Euro fakturiert, werden bereits die amerikanischen Importeure Euro nachfragen, damit sie die Rechnungen bezahlen können. Weiterhin werden Euro nachgefragt, wenn ausländische Kapitalanleger US-Dollar-Anlagen in Euro-Anlagen tauschen. Zur Euro-Nachfrage (= Dollar-Angebot) kommt es damit insbesondere bei Waren- und Dienstleistungsexporten sowie Kapitalimporten, d. h. bei *Devisenzuflüssen*.

Euro-Angebot: Spiegelbildlich lässt sich das Euro-Angebot (= Dollar-Nachfrage) erklären. Importeure aus dem Euroraum benötigen zur Begleichung ihrer in US-Dollar denominierten Rechnungen Devisen, für die sie im Gegenzug Euro anbieten müssen. Euro werden darüber hinaus in US-Dollar getauscht, wenn Kapitalanleger verstärkt in den USA investieren. Zum Euro-Angebot kommt es damit insbesondere bei Waren- und Dienstleistungsimporten sowie Kapitalexporten, d. h. bei *Devisenabflüssen*.

Funktionsweise eines Systems flexibler Wechselkurse

Floating

In einem System flexibler Wechselkurse (*Floating*) bildet sich der gleichgewichtige Wechselkurs aufgrund von Angebot und Nachfrage frei am Devisenmarkt. Flexible Wechselkurse dominieren gegenwärtig die internationale Währungsordnung. Zwischen allen großen Weltwährungen (US-Dollar, Euro, Yen, Britisches Pfund, Schweizer Franken) ergeben sich damit die Wechselkurse aus dem Zusammenspiel von Angebot und Nachfrage.

Wie es zu Wechselkursänderungen, d. h. zu Auf- und Abwertungen, in einem solchen System kommt, soll auf der Grundlage zweier Beispiele erläutert werden:

Auf- und Abwertung

Beispiel 1: Warenexporte des Euroraumes in die USA nehmen zu (Exportüberschuss)

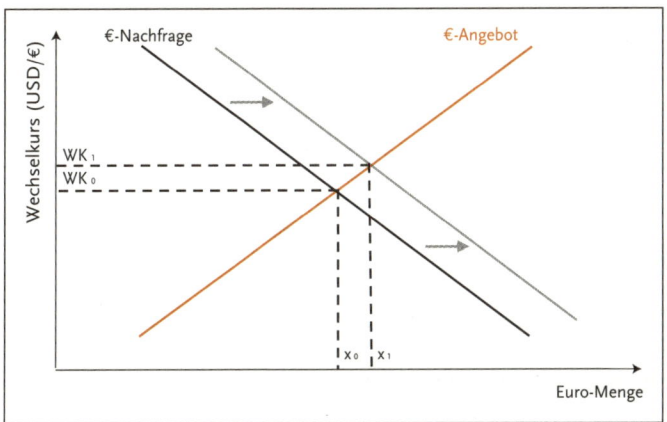

Abbildung: Exportüberschuss bei flexiblen Wechselkursen

Durch die vermehrten Warenexporte nimmt die Euro-Nachfrage zu. In der Grafik führt dies zu einer Rechtsverschiebung der Nachfragekurve. Beim bisherigen Wechselkurs WK_0 ergibt sich ein Nachfrageüberschuss, der einen Anstieg des Wechselkurses auslöst. Es bildet sich in der Folge ein neuer gleichgewichtiger Wechselkurs (WK_1), der oberhalb des ursprünglichen Gleichgewichts liegt. Es ist in diesem Fall zu einer Aufwertung des Euro gegenüber dem US-Dollar gekommen (z. B. von WK_0 = 1,1 USD/EUR auf WK_1 = 1,2 USD/EUR). Sie ist gleichbedeutend mit einer Abwertung des US-Dollar gegenüber dem Euro.

Warenexporte ↑ → EUR-Nachfrage ↑ → EUR-Nachfrageüberschuss → EUR-Aufwertung

Beispiel 2: Portfolioumschichtungen zugunsten von US-Dollar-Anlagen

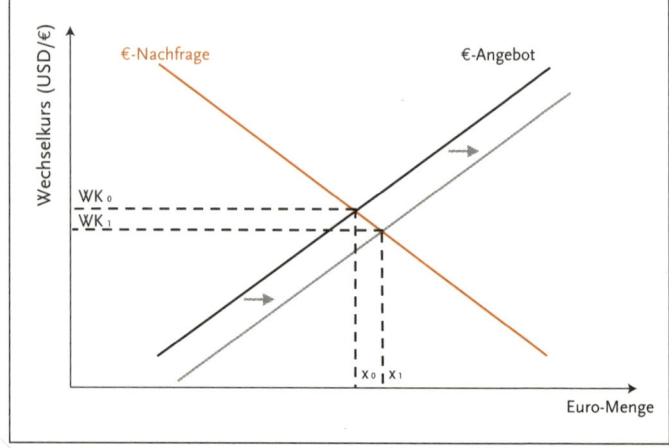

Abbildung:
Kapitalexport bei flexiblen Wechselkursen

Mit wachsender Attraktivität von Anlageformen auf US-Dollar-Basis im Vergleich zu Euro-Anlagen (z. B. wegen Zinsdifferenz) werden Investoren ihr Portfolio umschichten. Der Kauf amerikanischer Wertpapiere lässt das Euro-Angebot steigen. Es kommt zu einer Rechtsverschiebung der Euro-Angebotskurve. Beim bisherigen Wechselkurs WK_0 ergibt sich ein Angebotsüberschuss, der einen Wechselkursrückgang auslöst. In der Folge bildet sich ein neues Gleichgewicht (WK_1), welches sich unter dem ursprünglichen Gleichgewicht befindet. Es ist in diesem Fall zu einer Abwertung des Euro bzw. zu einer Aufwertung des US-Dollar gekommen.

> Kapitalexporte ↑ → EUR-Angebot ↑ → EUR-Angebotsüberschuss
> → EUR-Abwertung

Bei flexiblen Wechselkursen stimmen Devisenzuflüsse (Euro-Nachfrage) und Devisenabflüsse (Euro-Angebot) stets überein. Anders formuliert: Flexible Wechselkurse führen (tendenziell) zu einem Zahlungsbilanzgleichgewicht, d. h. der Devisenbilanzsaldo verändert sich nicht (automatischer Zahlungsbilanzausgleich).

Automatischer Zahlungsbilanzausgleich

Aus diesem Grund plädiert auch die Mehrzahl der Ökonomen für ein solches Wechselkursregime.

Ein weiteres gewichtiges Argument für flexible Wechselkurse ist ihre Pufferfunktion. Wird eine Volkswirtschaft von einer Wirtschaftskrise besonders stark betroffen (asymmetrischer Schock), wird die zu erwartende Abwertung die Folgen lindern, da die Konkurrenzfähigkeit der heimischen Unternehmen auf den Weltmärkten sich hierdurch verbessern wird. Asymmetrischer Schock

In einem System flexibler Wechselkurse kann sich die Zentralbank ausschließlich auf ihre binnenwirtschaftlichen Ziele (Preisniveaustabilität, ggf. Konjunkturbeeinflussung) konzentrieren. In der Praxis hat sich aber gezeigt, dass die Notenbanken durch Eingriffe am Devisenmarkt (*Interventionen*) immer wieder auch die Wechselkurse zu beeinflussen versuchen. So kann die Zentralbank einerseits die eigene Währung stärken und damit die Gefahr importierter Inflation vermindern, indem sie Devisenbestände gegen heimische Währung verkauft. Andererseits kann sie durch Kauf von Devisen die heimische Währung schwächen, um so die Exportchancen der inländischen Industrie zu verbessern. Derartige Devisenmarktinterventionen in einem grundsätzlich flexiblen Wechselkurssystem werden als *Dirty Floating* oder *Managed Floating* bezeichnet. Allerdings hat sich wiederholt gezeigt, dass sich eine Zentralbank nicht dauerhaft gegen die Marktkräfte stemmen kann. Kurzfristige Schwankungen können jedoch geglättet werden. Dirty oder Managed Floating

»Per Mausclick um den Erdball«: der globale Devisenhandel

Nach der jüngsten Erhebung der Bank für Internationalen Zahlungsausgleich (BIZ) wurden im Jahr 2007 *täglich* 3,2 Billionen US-Dollar im internationalen Devisenhandel umgesetzt. Verglichen mit der letzten Erhebung im Jahr 2004 war dies ein Anstieg von 70 Prozent. Das meistgehandelte Währungspaar war Euro/Dollar (27 Prozent), gefolgt von Dollar/Yen (13 Prozent) und Dollar Pfund (12 Prozent). In dem rasanten Anstieg spiegelt sich nicht zuletzt die fortschreitende Globalisierung mit einer Zunahme der internationalen Waren- und Kapitalströme wider. Speziell sogenannte Carry Trades haben stark an Bedeutung gewonnen. Dabei nutzen Investoren Zinsunterschiede zwischen Carry Trades den einzelnen Währungen aus, indem sie in Niedrigzinswährungen (Funding-Währung) Kredit aufnehmen und die Mittel in Hochzinswährungen (Carry-Währung) anlegen. Solange die Wechselkurse einigermaßen stabil sind, handelt es sich dabei um ein sehr einträgliches Geschäft. Ein Grund für das wachsende Volumen im Devisenhandel liegt auch darin, dass Währungen immer stärker als eine eigenständige Asset-Klasse angesehen werden, in die Anleger in größerem Stil investieren. Beflügelt wird der Devisenhandel auch durch den Umstand, dass elektronische Handelsplattformen Geschäfte »per Mausklick« ermöglichen. Kauf- und Verkaufssignale werden teilweise automatisch von Computern ausgelöst, die eine Vielzahl von Handelsplätzen selbst nach geringsten Preisunterschieden absuchen.

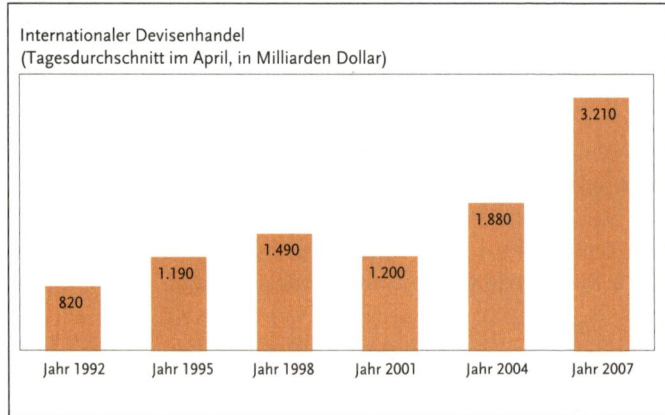

Internationaler Devisenhandel
(Tagesdurchschnitt im April, in Milliarden Dollar)

Jahr 1992	Jahr 1995	Jahr 1998	Jahr 2001	Jahr 2004	Jahr 2007
820	1.190	1.490	1.200	1.880	3.210

Abbildung:
Devisenhandel
auf Rekordniveau
(Quelle: BIZ)

Gründe für Wechselkursschwankungen

Ein Blick auf die Euro-Dollar-Wechselkursentwicklung seit Einführung der Gemeinschaftswährung am 1. Januar 1999 zeigt erhebliche Schwankungen. Damit setzt sich ein Trend fort, der auch schon zuvor etwa zwischen der D-Mark und dem US-Dollar bestand. Damit stellt sich die Frage nach den Bestimmungsgründen von Wechselkursen.

Bestimmungsgründe

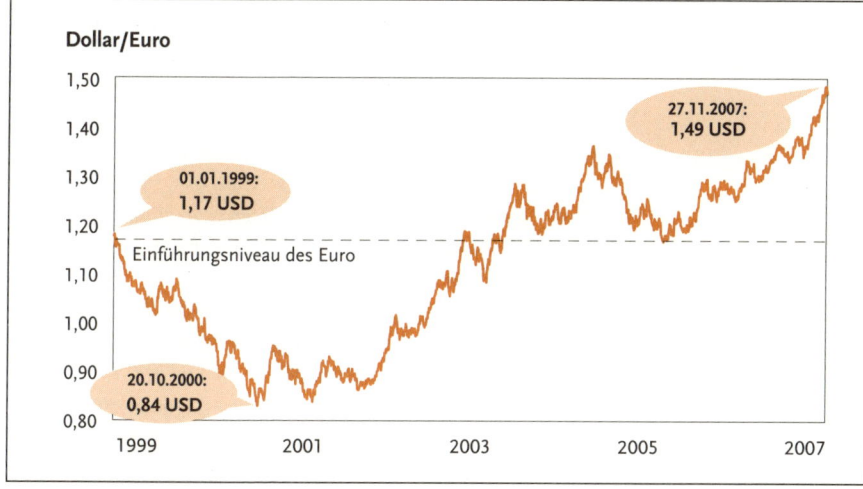

Abbildung: Euro-Dollar-Wechselkurs (Quelle: Reuters EcoWin)

Grundsätzlich gilt, dass Devisenzuflüsse eine Aufwertung bewirken, Devisenabflüsse dagegen eine Abwertung der heimischen Währung. Damit sind Wechselkurschwankungen vor allem in grenzüberschreitenden Güter- und Kapitalbewegungen begründet. Güterwirtschaftliche Ansätze basieren dabei vor allem auf Inflationsdifferenzen sowie international unterschiedlichen Produktivitätsentwicklungen und finden ihren Niederschlag in der Leistungsbilanz. Finanzmarkt- bzw. portfoliotheoretische Ansätze beruhen auf Vermögensumschichtungen und werden in der Kapitalbilanz berücksichtigt. Die wichtigsten Bestimmungsgründe im Einzelnen:

- **Inflationsunterschiede:** Nach der Kaufkraftparitätentheorie gleicht die Wechselkursentwicklung Inflationsdifferenzen aus. Von zwei Währungen wertet danach diejenige ab, die einer höheren Inflationsrate unterliegt. Veränderungen der nominalen Wechselkurse sorgen also dafür, dass die realen Preise für international gehandelte Güter und damit die Kaufkraft in den einzelnen Ländern erhalten bleiben.

  Kaufkraftparitätentheorie

- **Produktivitätsentwicklung:** Ob eine Volkswirtschaft Leistungsbilanzüberschüsse zu erzielen vermag, hängt nicht zuletzt von der Produktivitätsentwicklung ab. Volkswirtschaften mit hoher Produktivität in Branchen mit internationaler Ausrichtung werden Devisenzuflüsse generieren können. Ihre Währungen weisen häufig eine systematische Aufwertungstendenz auf. Währungen aus Volkswirtschaften mit relativ niedriger Produktivität werden dagegen zur Schwäche neigen. Dieser Ansatz dient insbesondere zur Erklärung langfristiger Wechselkursentwicklungen.

- **Vermögensumschichtungen:** Hier spielen vor allem Zinsunterschiede eine wichtige Rolle. International orientierte Anleger werden ihr Vermögen dort investieren, wo die höchsten Erträge zu erzielen sind. Nach der Zinsparität lockt ein höheres inländisches Zinsniveau ausländische Kapitalanleger an und führt so zur Aufwertung der heimischen Währung. Im internationalen Vergleich relativ niedrige Zinsen führen dagegen zu Abwertungstendenzen. Dieser Ansatz dient insbesondere zur Erklärung kurzfristiger Wechselkursschwankungen.

Zinsparität

- **Wechselkurserwartungen:** Auch Erwartungen im Hinblick auf die zukünftige Wechselkursentwicklung sind eine wichtige Determinante. Rechnen viele Marktteilnehmer mit der Aufwertung einer bestimmten Währung und legen aus diesem Grund ihr Vermögen in der betreffenden Volkswirtschaft an, kommt es wegen der steigenden Nachfrage fast zwangsläufig – im Sinne einer selbsterfüllenden Prophezeiung – zu einer Stärkung dieser Währung. Dies ist auch ein Grund dafür, dass Wechselkursschwankungen mitunter sehr stark ausfallen. Fachleute sprechen in diesem Zusammenhang von einem Overshooting, d. h. eine Währung wertet zum Beispiel stärker auf, als es eigentlich ökonomisch gerechtfertigt wäre. Sie »schießt« damit über den fairen Wert hinaus.

Overshooting

Im Euro-Dollar-Verhältnis stehen nach fast einhelliger Ansicht der Währungsexperten die Kapitalströme im Vordergrund. Kaufkraftparität und Leistungsbilanz haben dagegen an Bedeutung verloren. Die von 1999 bis 2001 bestehende Schwächephase des Euro war insbesondere auf massive Kapitalströme in Richtung USA zurückzuführen. Angelockt durch vergleichsweise hohe Zinsen sowie den Aktienboom im Gefolge der New Economy legten europäische Anleger ihr Geld in amerikanischen Wertpapiere an und stärkten damit die US-Währung. Erst mit der 2001 beginnenden

Rezession, die stark fallende Zinsen und einen massiven Einbruch der Aktienkurse nach sich zog, hat sich dieser Trend wieder umgekehrt und den Euro seitdem gegenüber dem US-Dollar deutlich ansteigen lassen.

System fester Wechselkurse

Die mit flexiblen Wechselkursen verbundenen Kursschwankungen können für die heimische Wirtschaft erhebliche Probleme mit sich bringen. Eine starke Aufwertung der eigenen Währung verringert z. B. die internationale Wettbewerbsfähigkeit der Industrie, eine kräftige Abwertung stellt eine Gefahr für die inländische Preisniveaustabilität dar. Darüber hinaus entstehen für Unternehmen wegen der Planungsunsicherheit über die künftige Wechselkursentwicklung Transaktionskosten in Form von Kurssicherungskosten. **Kurssicherungskosten** Damit können starke Wechselkursschwankungen den internationalen Handel beeinträchtigen. Konsumenten leiden hingegen vor allem unter der mangelnden Preistransparenz. Durch Notenbankinterventionen kann im Extremfall ein Abwertungswettlauf mit unübersehbaren Folgen für die internationalen Wirtschaftsbeziehungen entstehen.

Aus den genannten Nachteilen flexibler Wechselkurse haben sich Volkswirtschaften in der Vergangenheit immer wieder zu Festkurssystemen zusammengeschlossen. So entstand z. B. nach dem Zweiten Weltkrieg das Weltwährungssystem von Bretton Woods oder Mitte der 1970er-Jahre das Europäische Währungssystem.

Solche Wechselkursregime zeichnen sich dadurch aus, dass zwischen den Regierungen ein fester Wechselkurs (Parität) vereinbart wird. Die Notenbanken sind nun verpflichtet, durch Interventionen diesen Wechselkurs innerhalb einer bestimmten Schwankungsbreite (*Bandbreite*) zu halten. Grundsätzlich besteht bei Festkurssystemen die Möglichkeit, von Zeit zu Zeit die Paritäten an veränderte Fundamentaldaten anzupassen, d. h. sogenannte *Realignments* vorzunehmen. **Parität**

Zur Vermeidung von allzu starken Wechselkursschwankungen bieten sich als Alternative zu förmlichen Festkurssystemen auch sogenannte Wechselkurszielzonen an. Sie funktionieren nach dem **Wechselkurszielzonen**

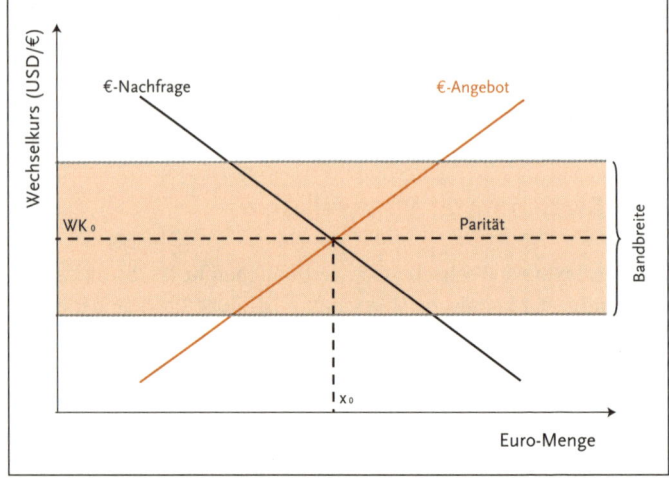

Abbildung:
Festkurssystem
mit definierter
Bandbreite

gleichen Muster wie feste Wechselkurse, sind aber für die beteiligten Akteure weniger verbindlich. Die Interventionspflicht bei Verlassen des abgesprochenen Zielkorridors beruht auf einer eher losen Vereinbarung zwischen Regierungen.

Funktionsweise fester Wechselkurse

Die Funktionsweise fester Wechselkurse soll nun anhand der beiden Beispiele, die bereits zur Illustration flexibler Wechselkurse herangezogen werden, gezeigt werden. Dabei wird von einem Festkurssystem zwischen den USA und der Eurozone ausgegangen.

Beispiel 1: Warenexporte des Euroraums in die USA nehmen zu (Exportüberschuss)

Bei einem Exportüberschuss kommt der Euro unter Aufwertungsdruck, da die Euro-Nachfrage zunimmt (Rechtsverschiebung der Nachfragekurve). Droht der Wechselkurs nun die Bandbreite nach oben zu verlassen, muss die EZB (und ggf. auch die US-Notenbank) intervenieren und Dollar gegen Euro aufkaufen. Das Euro-Angebot muss durch die Notenbank(en) mindestens so stark ausgedehnt werden (Rechtsverschiebung der Angebotskurve), dass das neue Gleichgewicht wieder innerhalb der Bandbreite liegt.

Beispiel 2: Portfolioumschichtungen zugunsten von US-Dollar-Anlagen

In diesem Fall kommt der Euro unter Abwertungsdruck, da das Euro-Angebot zunimmt (Rechtsverschiebung der Angebotskurve). Droht der Wechselkurs nun die Bandbreite nach unten zu verlassen, muss die EZB (und ggf. auch die US-Notenbank) intervenieren und Euro gegen Dollar nachfragen. Die Euro-Nachfrage muss durch die Notenbank(en) mindestens so stark erhöht werden, dass das neue Gleichgewicht wieder innerhalb der Bandbreite liegt.

In Festkurssystemen ist die jeweilige Notenbank also verpflichtet, den zuvor vereinbarten Wechselkurs zwischen zwei Währungen innerhalb einer bestimmten Bandbreite zu verteidigen. Damit fällt ihr – neben den binnenwirtschaftlichen Aufgaben wie der Erhaltung der Preisniveaustabilität – eine zusätzliche Aufgabe zu.

Verpflichtung der Notenbank zur Wechselkursverteidigung

Probleme in Verbindung mit festen Wechselkursen

Neben den unbestreitbaren Vorteilen – Vermeidung von Verlusten aus Wechselkursänderungen, Verringerung der Transaktionskosten – sind mit festen Wechselkursen jedoch auch erhebliche Nachteile bzw. Probleme verbunden.

Zum einen besteht die Frage nach Festlegung der angemessenen Parität und Schwankungsbreite. Es gibt kein allgemein anerkanntes Verfahren zur Ermittlung des »richtigen« Gleichgewichtskurses zwischen zwei Währungen. »Fehler« bei der Festlegung der Parität können indes zu gravierenden realwirtschaftlichen Folgen führen. Eine Überbewertung der heimischen Währung schmälert z. B. die Exportchancen der heimischen Wirtschaft und mündet damit in Wachstumseinbußen.

Angemessene Parität

Bei der Entscheidung, wie stark die Wechselkurse um die Parität schwanken dürfen, besteht zudem ein Zielkonflikt zwischen einerseits der Berechenbarkeit der Wechselkursentwicklung (spricht für enge Bandbreiten) und andererseits des Handlungsspielraums der nationalen Geldpolitik sowie der Anfälligkeit für spekulative Attacken (beides spricht für große Bandbreiten).

Zielkonflikt

Eine Notenbank, die auf ein Wechselkursziel festgelegt ist, büßt darüber hinaus an geldpolitischem Handlungsspielraum ein. Neigt die heimische Währung zur Stärke und erreicht die obere Grenze der Bandbreite, führt der erzwungene Devisenankauf zu einer Ausdehnung der Geldmenge im Inland – unabhängig davon, ob dies mit dem Preisziel in Einklang steht oder nicht. Neigt die heimische Währung hingegen zur Schwäche und erreicht die untere Grenze der Bandbreite, ist die Notenbank zum Verkauf von Devisenreserven verpflichtet, um damit die eigene Währung zu stützen. Bei massivem Interventionsbedarf stößt diese Maßnahme aufgrund begrenzter Währungsreserven jedoch schnell an ihre Grenzen. In diesem Fall verbleibt der Notenbank letztlich nur die Alternative, die Leitzinsen anzuheben, um über eine Zunahme kurzfristiger Kapitalzuflüsse bzw. rückläufiger Kapitalabflüsse den Wechselkurs zu stabilisieren. Zinserhöhungen stehen jedoch unter Umständen im Widerspruch zu konjunkturpolitischen Erfordernissen. In beiden Fällen wird die Geldpolitik in den Dienst der Wechselkurspolitik gestellt. Eine an binnenwirtschaftlichen Notwendigkeiten ausgerichtete Geldpolitik ist damit bei festen Wechselkursen (und freiem Kapitalverkehr) in der Praxis nicht möglich. Die Unabhängigkeit der Notenbank und die geldpolitische Selbstständigkeit eines Landes geht damit verloren. Geldpolitik wird in einem solchen System von der Wechselkursseite her determiniert.

Hinzu kommt die Anfälligkeit fester Wechselkurssysteme für spekulative Attacken. Stark von einander abweichende wirtschaftliche Rahmendaten (z. B. Inflation, Wirtschaftswachstum) in den beteiligten Ländern erfordern in einem Festkurssystem regelmäßige Paritätsanpassungen, d. h. die festen Wechselkurse müssen verändert werden, wobei die Aufwertung der einen Währung der Abwertung der anderen Währung entspricht. Abwertungen sind jedoch bei Regierungen wegen des damit verbundenen Prestigeverlustes sehr unbeliebt und werden dadurch häufig möglichst lange hinausgezögert. Diese Verzögerung erhöht jedoch den Druck des Marktes auf die eigene, abwertungsverdächtige Währung und macht sie anfällig für (fast) risikolose Einbahnspekulation. Wenn sich einmal die gewaltigen internationalen Finanzströme gegen eine Währung wenden, kann die betreffende Notenbank mit ihren begrenzten Reserven in der Regel nichts mehr ausrichten.

Spekulationsattacken

Spekulanten werden sich zum festen Wechselkurs (z. B. zu 1,20 US-Dollar für einen Euro) mit abwertungsverdächtiger Währung (hier: Euro) eindecken und diese in die aufwertungsverdächtige Währung (hier: US-Dollar) tauschen. Wird der Druck auf den Euro zu groß und kommt es schließlich zu einem *Realignment* (z. B. neue Parität von 1 US-Dollar = 1 Euro), kann durch Rücktausch in die nun abgewertete Währung ein »sicherer« Spekulationsgewinn erzielt werden. Im genannten Beispiel entsteht ein Gewinn bei Vernachlässigung der Transaktionskosten von 20 Prozent. Das Ausscheiden des Britischen Pfundes und der Schwedischen Krone aus dem Europäischen Währungssystem 1992 gilt als ein Musterfall für die Folgen einer solchen spekulativen Attacke.

Fazit: Bei freiem Kapitalverkehr ist eine Währungsordnung, bei der gleichzeitig eine unabhängige Geldpolitik verfolgt wird und feste Wechselkurse gelten, nicht zu realisieren. Entscheidet sich ein Land für feste Wechselkurse, hat sich die Geldpolitik der Wechselkurspolitik unterzuordnen – unabhängig von binnenwirtschaftlichen Konjunkturzielen. Im umgekehrten Fall, wenn ein Land mit der Geldpolitik Inflation oder Rezessionen bekämpfen will, geht dies nur bei flexiblen Wechselkursen, die dem Markt überlassen sind.

Unabhängige Geldpolitik ist nur bei flexiblen Wechselkursen möglich

Sonderformen fester Wechselkurse

Insbesondere wegen der Anfälligkeit fester Wechselkurse für Spekulation haben sich in der währungspolitischen Praxis eine Reihe von Sonderformen herausgebildet, die dieses Problem verringern sollen, ohne dass gleich vollständig auf die Vorteile eines Festkurssystems verzichtet werden muss.

- **Currency Board:** In einer solchen Wechselkursordnung bindet ein Land die eigene Währung unter Aufgabe einer selbstständigen Geldpolitik zu einem festen Austauschverhältnis an eine Ankerwährung. Die heimische Geldmenge darf nur in dem

Maße ausgedehnt werden, wie die Devisenreserven in der Ankerwährung zunehmen. Faktisch wird damit die Wirtschaftspolitik vollständig der Wechselkurspolitik unterworfen. Gerade aufstrebende Länder aus Asien und Lateinamerika, die in der jüngsten Zeit immer wieder mit Währungskrisen konfrontiert waren, errichteten ein Currency Board mit dem US-Dollar als Anker.

- **Crawling Peg:** Bei einem Crawling Peg (»sich bewegender Aufhänger«) hält die Zentralbank den Wechselkurs nahe an einem Leitkurs, der sich jedoch im Zeitablauf kontinuierlich verändert. So wurde z.B. der polnische Zloty zwischen 1991 und 2000 an einen Währungskorb aus Euro und US-Dollar gebunden, wobei der Zloty mit einer festen monatlichen Rate (zuletzt 0,3 Prozent) abgewertet wurde und sich dabei in einer Schwankungsbreite von + /– 15 Prozent bewegen durfte. Durch eine solche kontrollierte Abwertung wird die Gefahr von Einbahn-Spekulation vermindert, da die Verteidigung einmal festgelegter Wechselkurse entfällt. Crawling Pegs werden häufig als Vorstufe zur Einführung fester Wechselkurse angewendet.

Vorstufe für feste Wechselkurse

- **»Dollarisierung« (bzw. »Euroisierung«):** In einem solchen System wird eine fremde Währung zur heimischen Währung gemacht und erhält damit alle Geldfunktionen. Dabei liegt jedoch kein bilaterales Abkommen zwischen dem betreffenden Land und den USA vor, sondern es ist eine einseitige Entscheidung zur Einführung des US-Dollar. Damit sollen Stabilität sowie Vertrauen, welches der amerikanischen Währung entgegengebracht wird, »importiert« werden. Das Risiko von Wechselkursausschlägen wird ausgeschaltet. Internationale Investoren gewinnen Vertrauen. Allerdings ist dieses Land jetzt auf Gedeih und Verderb an die Wirtschaftspolitik der USA gekoppelt. Hohe Zinsen in den USA oder eine Dollar-Aufwertung wirken sich eins zu eins auf das betreffende Land aus, auch wenn dies nicht mit den lokalen wirtschaftspolitischen Notwendigkeiten übereinstimmt.

Stabilitätsimport

Exkurs: der Euro als internationale Reservewährung

Notenbanken verfügen in der Regel über Devisenreserven, welche neben Gold vor allem auf ausländische Währung lautendes Buchgeld umfassen. Seriösen Schätzungen zufolge lag Ende 2006 der Bestand an Fremdwährungsreserven der Notenbanken weltweit bei umgerechnet 5.000 Mrd. US-Dollar. Mehr als ein Drittel davon entfiel allein auf China und Japan.

Daran schließt sich die Frage nach den Beweggründen für die Anhäufung von Devisenreserven bei den Zentralbanken an. Vier Gründe können im Wesentlichen angeführt werden:

- **Wirtschaftspolitische Gründe:** Länder mit begrenztem Zugang zu den internationalen Finanzmärkten oder einer hohen Fremdwährungsverschuldung sind gezwungen, Devisenreserven aufzubauen, um Warenimporte bezahlen oder ihren Finanzierungsverpflichtungen nachkommen zu können. Dies gilt auch heute noch für eine ganze Reihe von Entwicklungs- und Schwellenländern. Entwicklungsländer

- **Währungspolitische Gründe I:** Devisenreserven werden auch benötigt, um den Wechselkurs zwischen eigener und fremder Währung zu steuern. Ganz offensichtlich ist dies in Systemen fester Wechselkurse, in denen die Notenbanken der beteiligten Länder bei Bedarf am Devisenmarkt intervenieren müssen, damit das vorher festgelegte Austauschverhältnis weiter Bestand hat. Dies gilt etwa im EWS II, in dessen Rahmen die Währungen der Euro-Beitrittskandidaten nur innerhalb einer bestimmten Bandbreite zum Euro (+ /– 15 Prozent) schwanken dürfen. Tendiert die eigene Währung gegenüber dem Euro zur Schwäche, muss die betroffene Notenbank Euro gegen eigene Währung verkaufen. Voraussetzung hierfür ist der vorherige Aufbau ausreichender Euro-Devisenbestände. EWS II

- **Währungspolitische Gründe II:** Auch ohne die formale Festlegung von Wechselkursen kann ein Land faktisch ein Festkurssystem herbeiführen. China etwa erzielt seit Jahren gigantische Leistungsbilanzüberschüsse gegenüber den USA. Die eigentlich fällige Aufwertung der Landeswährung Renminbi gegenüber dem US-Dollar findet jedoch nicht in entsprechendem Maße China statt. China legt seine Exporterlöse zu einem ganz erheblichen Teil in USD-Papieren (vorwiegend Staatsanleihen) an. Die dadurch erzeugte Dollar-Nachfrage hält den unterbewerteten Renminbi gegenüber der amerikanischen Währung stabil und fördert damit das Exportwachstum.

- **Anlagestrategische Gründe:** Lange Zeit galt der Grundsatz, dass Notenbanken bei ihrer Reservepolitik allein die oben genannten wirtschafts- und währungspolitischen Ziele beachten sollen. Dies sprach generell für sehr liquide Reservebestände. In jüngster Zeit treten jedoch auch vermehrt Rentabilitätsüberlegungen bei der Verwendung der Devisenreserven in den Vordergrund. Verkürzt formuliert: Überschussreserven, also über normale Maß hinausgehende Währungsbestände, sollen so verwendet werden, dass sie auch Erträge abwerfen. Norwegen war eines der ersten Länder, das die Deviseneinnahmen aus den Erdölexporten einem von der Notenbank verwalteten Fonds zuführte, welcher das Geld weltweit in Wertpapiere anlegt, damit auch zukünftige Generationen noch davon profitieren können (Stichwort Staatsfonds). Schichtet die norwegische Zentralbank einen Teil seiner Wertpapiere von einer Währung in eine andere um, ist dies wegen des begrenzten Volumens am Devisenmarkt kaum zu spüren. Für ein Land wie China mit seinen riesigen Währungsreserven besteht hingegen ein strategisches Dilemma: Beginnt es etwa wegen einer erwarteten Schwäche der amerikanischen Währung Dollarbestände zu verkaufen, wird damit der Dollarverfall weiter beschleunigt. Die noch bestehenden Dollarbestände würden daraufhin an Wert verlieren. China kann also nicht ohne Weiteres seine bislang sehr dollarlastigen Devisenbestände in Richtung anderer Währungen diversifizieren, da es sich damit selbst schaden würde.

Die weltweiten Devisenreserven konzentrieren sich auf vier Währungen, wobei nach Angaben des Internationalen Währungsfonds der Löwenanteil nach wie vor auf den US-Dollar entfällt (ca. zwei Drittel), gefolgt vom Euro (ca. ein Viertel) und, mit weitem Abstand, Britischem Pfund und Japanischem Yen. Nach einer 2007 veröffentlichten Studie von Deutsche Bank Research (»Internationale Reservewährung Euro im Aufwind«) könnte der Euro-Anteil in den nächsten Jahren aber noch deutlich steigen.

1.3 Die Rolle des Staates

1.3.1 Wann soll der Staat in einer Marktwirtschaft aktiv werden?

Wir haben uns schon fast daran gewöhnt, dass bei jedem auftretenden Problem sofort nach dem Staat gerufen wird. Er soll vor Kriminalität schützen, für eine saubere Umwelt sorgen, die Kinderbetreuung organisieren, Mindestlöhne garantieren, Jobs schaffen, angeschlagene Banken retten, unsere Unternehmen vor ausländischer Konkurrenz schützen usw. Diese Liste ließe sich beliebig fortsetzen. Der politische Wettbewerb zwischen den Parteien und Politikern sorgt in vielen Fällen auch dafür, dass die Nachfrage nach staatlichen Leistungen auch ein entsprechendes Angebot nach sich zieht. Speziell in Wahlkampfzeiten überbieten sich Politiker gerne darin, den Wählern und Interessengruppen Versprechungen zu machen. Über die Finanzierung und die Kostenverteilung wird entweder geflissentlich geschwiegen oder es werden nur vage Andeutungen gemacht. Aber auch hier gilt die altbekannte Regel: »There is no free lunch.« Staatliche Leistungen gibt es nicht umsonst, sondern sie müssen über einen Mitteltransfer aus dem privaten Sektor finanziert werden, wobei der Staat in erster Linie auf das Instrument der Besteuerung zurückgreift.

»There is no free lunch«

Wie hoch der staatliche Einfluss auf die Wirtschaftstätigkeit in einem Land ist, wird mithilfe der Staatsquote erfasst:

Staatsquote = Staatsausgaben/Bruttoinlandsprodukt

Staatsquote

In Deutschland lag die Staatsquote 2007 bei 44 Prozent. Damit befinden wir uns im internationalen Vergleich im Mittelfeld. Für eine marktwirtschaftliche Ordnung ist dies aber immer noch ein beachtlicher Wert. Immerhin fließen von 100 Euro, die erwirtschaftet werden, 44 Euro durch staatliche Kassen einschließlich der Sozialversicherungssysteme.

Vor diesem Hintergrund ist es durchaus lohnenswert, einen genaueren Blick auf die staatlichen Aufgaben zu werfen. Aus ökonomischer Perspektive soll der Staat immer dann aktiv werden, wenn der Markt bestimmte Aufgaben nicht zu lösen vermag, insbesondere Angebot und Nachfrage zu koordinieren. Staatseingriffe sind damit die Konsequenz von Marktversagen – womit aber noch lange nicht gesagt ist, dass der Staat es besser macht, Stichwort Staatsversagen. Mit dem Argument Marktversagen lassen sich drei große staatliche Aufgabenbereiche ableiten, auf die im Folgenden (sowie in späteren Passagen dieses Buches) dann noch näher eingegangen wird:

Marktversagen und Staatsversagen

- **Staatliche Eingriffe bei allokativem Marktversagen:** Hierzu zählen die Bereitstellung öffentlicher Güter, die Korrektur externer Effekte, Interventionen beim Vorliegen asymmetrischer Informationen sowie die Schaffung und Erhaltung von Wettbewerb im privaten Sektor. Hierbei handelt es sich im Wesentlichen um originäre Staatsaufgaben, die selbst von liberalen Ökonomen nicht grundsätzlich infrage gestellt werden.

- **Staatliche Umverteilungspolitik:** Der Markt sorgt nicht unbedingt für Verteilungsergebnisse, die mit den vorherrschenden Gerechtigkeitsvorstellungen übereinstimmen. Der Staat hat es sich deshalb zur Aufgabe gemacht, mithilfe von Steuern (z. B. progressive Einkommensteuer), staatlichen Transferzahlungen (z. B. Kindergeld, Sozialhilfe) und den Sozialversicherungen die Einkommens- und Vermögensverteilung zu korrigieren. Es handelt sich dabei um eine vergleichsweise junge Staatsaufgabe. In Deutschland liegt ihr Ursprung in der Bismarckschen Sozialgesetzgebung zum Ende des 19. Jahrhunderts. Wie stark der Staat die Marktergebnisse korrigieren soll und auf welchem Wege, ist aber im Einzelfall häufig höchst umstritten.

- **Stabilisierungspolitik:** Die gesamtwirtschaftliche Entwicklung ist Schwankungen unterworfen. Damit sind negative Begleiterscheinungen wie Arbeitslosigkeit oder Inflation verbunden, die mit einem Versagen des Marktmechanismus in Verbindung gebracht werden. Mit der Weltwirtschaftskrise in den 1930er-Jahren und den Arbeiten des britischen Ökonomen *John M. Keynes* ist die These populär geworden, der Staat müsse aktiv in den Konjunkturverlauf eingreifen und die Wirtschaft bei Bedarf stabilisieren. Darüber wird in der ökonomischen Zunft aber bis heute gestritten (siehe 2.1.2). Jedenfalls handelt es sich hierbei um keine klassische Staatsaufgabe – sie wird in der Praxis aber sehr wohl wahrgenommen.

Die Bereitstellung öffentlicher Güter

Öffentliche Güter stellen den prominentesten Fall allokativen Marktversagens dar. An dieser Stelle sei zunächst ein kurzer Hinweis zum Begriff der Allokation erlaubt: Dieser wird in der Vermögensverwaltung und in der Volkswirtschaftslehre ganz unterschiedlich gebraucht. In der Vermögensverwaltung steht er für die Aufteilung des Vermögens auf verschiedene Anlageformen wie Aktien, Renten oder Rohstoffe (Asset Allocation).

Allokation

Volkswirte verstehen unter Allokation dagegen die Lenkung der Produktionsfaktoren Arbeit und Kapital an den Ort ihrer besten Verwendung. Im marktwirtschaftlichen System kommt dem Preismechanismus dabei eine entscheidende Rolle zu. Steigende Preise sind ein Hinweis auf zunehmende Knappheit in einem bestimmten Sektor. Hier bieten sich für Unternehmen besondere Gewinnchancen. Kapital und Arbeitskräfte werden dadurch in diesen Sektor gelockt, da sich hier besondere Rendite- und Verdienstchancen ergeben. Ein Beispiel: Als im Zuge des IT-Booms Ende der 1990er-Jahre Informatiker knapp wurden, sind die Löhne für diese Berufsgruppe stark gestiegen. Damit gewann die Aufnahme eines Informatikstudiums für Schulabsolventen an Attraktivität, wodurch sich die Zahl der IT-Spezialisten im Zeitablauf erhöhte. Der Preismechanismus – Lohn als Preis für den Produktionsfaktor Arbeit – hatte seine Aufgabe damit erfüllt. Die ursprüngliche Knappheit in diesem Sektor hat sich der Tendenz nach verringert.

Dieser Mechanismus, also die Allokation der Produktionsfaktoren, funktioniert in der Privatwirtschaft sehr gut. Anders sieht es im öffentlichen Sektor aus, wo keine Gewinne erzielt werden können. Warum das so ist, hängt mit den besonderen Eigenschaften von privaten (marktgängigen) und öffentlichen (nicht marktgängigen) Gütern zusammen. Zwei Kriterien sind hierfür entscheidend:

Eigenschaften von privaten und öffentlichen Gütern

- **Ausschließbarkeit:** Das Ausschlussprinzip gilt, wenn jemand am Konsum eines Gutes gehindert werden kann, der nichts dafür bezahlt hat.
- **Rivalität:** Rivalität im Konsum bedeutet, dass potenzielle Nutzer in einer Konkurrenzbeziehung zueinander stehen. Das Gut, das von einem Individuum konsumiert wird, steht dem anderen nicht mehr zur Verfügung.

Abbildung:
Private und öffentliche Güter

		Rivalität im Konsum	
		Ja	Nein
Ausschlussprinzip	Ja	Private Güter (z.B. Brötchen, Wohnung)	Mautgüter/natürliche Monopole (z.B. PayTV, Stromnetz)
	Nein	Allmendegüter (z.B. Weltmeere, Erdatmosphären)	Öffentliche Güter (z.B. Hochwasserschutz, Landesverteidigung)

Anhand dieser beiden Eigenschaften lassen sich – wie die oben stehende Abbildung zeigt – vier Güterkategorien ableiten.

Private Güter

Fall 1: Bei privaten Gütern gilt das Ausschlussprinzip und es herrscht Rivalität im Konsum. Wer sich eine Wohnung kauft, kann alle anderen von der Nutzung ausschließen. Gibt es mehrere Kaufinteressenten, kann nur einer zum Zug kommen. Es herrscht Rivalität zwischen den potenziellen Nutzern. Beide Eigenschaften führen dazu, dass ein Individuum seine Wünsche preisgeben muss, um in den Besitz des Gutes zu kommen. Es muss seine Zahlungsbereitschaft offenbaren. Auf dieser Grundlage können sich Anbieter und Nachfrager einigen. Der Marktmechanismus funktioniert. Staatliches Handeln ist nicht notwendig.

Öffentliche Güter

Fall 2: Öffentliche Güter zeichnen sich dadurch aus, dass Ausschluss nicht möglich oder zu teuer ist und keine Rivalität in der Nutzung besteht. Nehmen wir das Beispiel Hochwasserschutz durch einen Damm. Ist der Damm einmal errichtet, profitiert jeder Bewohner im überflutungsgefährdeten Gebiet von dessen Schutzwirkung, das heißt, niemand kann davon ausgeschlossen werden, selbst wenn sich der Betreffende nicht an der Finanzierung beteiligt hat. Zudem wird der Nutzen eines Bewohners nicht durch andere Personen beeinträchtigt. Es herrscht nämlich keine Rivalität in der Nutzung. Wegen der Nichtanwendbarkeit des Ausschlussprinzips ist eine private Bereitstellung solcher Güter in der Regel nicht möglich. Rationale Individuen werden ihre eigene Zahlungsbereitschaft verschweigen und darauf vertrauen, dass ein anderer das Gut bereitstellen wird, um es dann unentgeltlich zu nutzen. Man spricht hier von dem Versuch des Trittbrettfahrerverhaltens. Da im Ergebnis sich aber alle so verhalten werden, wird der Damm auf freiwilliger Basis überhaupt nicht errichtet, da ein privates Unternehmen kein Profit damit erzielen kann. Individuelle Rationalität hat in diesem Fall zu kollektiver Irrationalität geführt: Obwohl Angebot und Nachfrage prinzipiell vorhanden sind, das Gut also nützlich ist, unterbleibt eine Bereitstellung durch den Markt. In der Spieltheorie wird eine solche Situation durch das Gefangenendilemma beschrieben.

Trittbrettfahrerverhalten

Güter mit diesen Eigenschaften können nur durch den Staat bereitgestellt werden. Im Gegensatz zu privaten Unternehmen ist dieser in der Lage, einen Zwangsbeitrag (z. B. Steuer) zur Finanzierung zu erheben. Über die Errichtung des Damms und die Verteilung der Finanzierungsbeiträge (möglich wäre beispielsweise ein einheitlicher Pro-Kopf-Beitrag, aber auch eine einkommensabhängige Zahlung) müsste dann entweder das Parlament oder das Volk direkt per Referendum entscheiden. Die Marktpreisbildung ist damit außer Kraft gesetzt. Bei solchen öffentlichen Gütern ist es unumstritten, dass der Staat für die Bereitstellung – wichtig: nicht für den Bau, damit kann er private Unternehmen beauftragen – zu sorgen hat. Beispiele sind neben dem erwähnten Hochwasserschutz auch die Landesverteidigung, das Rechtssystem oder die Grundlagenforschung. Aber auch ein Leuchtturm oder ein Feuerwerk kann für eine überschaubare Gruppe ein öffentliches Gut sein.

Staatliche Bereitstellung

So eindeutig die Sachlage in den ersten beiden Fällen war, so unklar ist sie in den beiden nun folgenden:

Fall 3: Allmendegüter oder gesellschaftliche Ressourcen sind durch Rivalität im Konsum bei gleichzeitig fehlenden Ausschlussmöglichkeiten gekennzeichnet. Der Begriff der Allmende entstammt dem Alpenraum und steht für eine von der Dorfgemeinschaft gemeinsam genutzte Weidefläche. Die Nutzung der Weide durch einen Bauern schmälert aber die Nutzungsmöglichkeiten der anderen Dorfbewohner, sofern sie abgegrast wird. Damit besteht für jeden Dorfbewohner ein Anreiz, dieses Gemeinschaftsgut intensiv in Anspruch zu nehmen, da der Nutzen (»glückliche wohlgenährte Kühe«) privat vereinnahmt werden kann, während die Kosten

Allmendegüter

in Form der abgegrasten Weide gemeinschaftlich zu tragen sind. Allmendegüter werden deshalb auch als Güter mit Tendenz zur Übernutzung beschrieben. In kleinen überschaubaren Gruppen wie einer Dorfgemeinschaft kann ein solches Verhalten vielleicht noch verhindert werden. In großen anonymen Gruppen ist das praktisch unmöglich. Die Überfischung der Meere ist ein klassisches Beispiel hierfür. Eine privatwirtschaftliche Verhandlungslösung erscheint sehr schwierig. Deshalb ist in solchen Fällen vielfach eine übergeordnete Instanz wie der Staat, die eine Lösung erzwingen kann, erforderlich. Im Bereich der Hochseefischerei sind dies etwa zwischenstaatliche Vereinbarungen über Fangquoten. In Abschnitt 2.3.2 »Besonderheiten der internationalen Umweltpolitik« wird mit der Ozonproblematik ein weiteres Beispiel aus diesem Bereich genauer analysiert.

Mautgüter

Fall 4: Mautgüter sind dadurch charakterisiert, dass ein Ausschluss zwar prinzipiell möglich ist, zwischen den Nutzern aber keine Konkurrenzbeziehung besteht. Bezahlfernsehen ist ein typisches Beispiel. Besitzt jemand keinen Decoder, kann er PayTV nicht empfangen. Er wird ausgeschlossen, weil er nicht zahlungsbereit ist. Generell gilt aber, dass der einzelne Nutzer durch weitere Kunden des Fernsehkanals nicht in seinem Konsum beeinträchtigt wird. Es herrscht zwischen ihnen keine Rivalität.

Weitere Beispiele für Mautgüter sind leitungsgebundene Netze wie die Strom- oder Wasserversorgung, bei denen zusätzlich hinzukommende Nutzer die bisherigen Nutzer nicht oder kaum beeinträchtigen, solange die Kapazitätsgrenze nicht erreicht ist. Aus Sicht des Anbieters sind weitere Nutzer sogar sehr vorteilhaft, weil sie den vollen Preis für das Gut bezahlen müssen, aber nur unwesentliche zusätzliche Kosten verursachen, da das Leitungsnetz ohnehin existiert. Die Versorgung kann in solchen Sektoren am kostengünstigsten durch ein einzelnes großes Unternehmen gewährleistet werden, da die zusätzlichen Kosten je weiterer Nutzer ständig fallen

Skalenerträge

(= steigende Skalenerträge). Bei der Aufteilung der Produktion auf mehrere Hersteller käme es zu höheren Durchschnittskosten und einer kleineren Produktionsmenge. Ein einzelnes Unternehmen kann damit jede Gütermenge zu den geringsten Kosten erzeugen, weshalb man auch von einem natürlichen Monopol spricht.

Um eine Ausbeutung der Verbraucher zu verhindern, waren solche natürlichen Monopole traditionell meist in der Hand des Staates (Strom, Wasser, Telekommunikation im Festnetz, Bahn usw.) oder durch die öffentliche Hand stark reglementiert. Im Zuge der Liberalisierung in den letzten Jahren wurden viele dieser Staatsunternehmen privatisiert. Um den Wettbewerb zu fördern, wurden die Netzinhaber gezwungen, ihre Infrastruktur für Konkurrenten zu öffnen, worüber staatliche Regulierungsbehörden wachen. Mautgüter können im Gegensatz zu öffentlichen Gütern also sehr wohl durch private Unternehmen bereitgestellt werden. Wegen der Tendenz zur Monopolbildung ist eine staatliche Aufsicht oder Regulierung meist im Sinne der Konsumenten. Im Einzelfall kann sogar ein öffentliches Unternehmen am geeignetsten sein, um eine effiziente Güterversorgung zu gewährleisten. In der Diskussion um die Bahnprivatisierung in Deutschland werden diese Möglichkeiten intensiv diskutiert.

Natürliche Monopole

Generell gilt: Während die Verbraucher von einer Liberalisierung der Netzdienstleistungen (Telekommunikation gilt hier gemeinhin als Paradebeispiel) profitieren, sind aus Sicht der Eigentümer, sprich der Aktionäre, Monopole oder monopolähnliche Stellungen vorteilhaft. Aktien europäischer Stromversorger sind in den letzten Jahren überdurchschnittlich stark gestiegen, was nicht zuletzt auf den mangelnden Wettbewerb in diesem Bereich zurückzuführen ist.

Die Existenz externer Effekte

Externe Effekte weisen viele Gemeinsamkeiten mit öffentlichen Gütern auf, da auch hier das Problem fehlender Ausschlussmöglichkeiten eine wichtige Rolle spielt. Von einem externen Effekt spricht man, wenn von den ökonomischen Aktivitäten eines Wirtschaftssubjekts Drittwirkungen ausgehen, die sich nicht im Preismechanismus widerspiegeln.

Positive externe Effekte (= externe Nutzen) liegen etwa dann vor, wenn ein Unternehmen Forschungsergebnisse erzielt, von denen auch andere Unternehmen profitieren, ohne sich an den Kosten beteiligt zu haben. Dies könnte im Endeffekt dazu führen, dass

Positive externe Effekte

zu wenig geforscht wird, was aus gesamtwirtschaftlicher Sicht nicht erwünscht ist. In der Praxis sind die Fälle externer Nutzen allerdings weniger bedeutend, da die betroffene Firma schon im eigenen Interesse Anstrengungen unternehmen wird, Trittbrettfahrer auszuschließen, etwa durch Geheimhaltung der Forschungsergebnisse. Nur wenn das auf privatwirtschaftlicher Ebene nicht möglich ist, ergibt sich daraus eventuell ein staatlicher Handlungsauftrag. Im Bereich Forschung erfolgt dies beispielsweise über das Patentrecht. Der Staat garantiert dem forschenden Unternehmen damit zumindest für einen bestimmten Zeitraum ausschließliche Nutzungsrechte und ermöglicht eine Art temporäres Monopol. Speziell in der Pharmaindustrie mit hohem Forschungs- und Entwicklungsaufwand für neue Medikamente spielt dies eine wichtige Rolle. Je länger der Patentschutz dauert, desto besser sind die Gewinnmöglichkeiten und damit die Refinanzierung zuvor geleisteter Forschungsaufwendungen.

Negative externe Effekte

Eine weitaus bedeutendere Rolle spielen jedoch negative externe Effekte (= externe Kosten). Hierbei handelt es sich um Belastungen Dritter, die aber durch den Verursacher keine Entschädigung erhalten. Die gesamte Umweltproblematik fällt in diesen Komplex. Umweltgüter (Luft, Wasser) werden als Schadstoffdeponie genutzt, ohne dass etwa die Gesundheitsbelastungen bei anderen Individuen berücksichtigt werden. Kernproblem ist also auch hier die fehlende Ausschlussmöglichkeit, in diesem Fall der Verursacher. Bei den Emittenten besteht – im Gegensatz zu den Verursachern positiver externer Effekte – in der Regel kein Antrieb, externe Effekte zu vermeiden. Daraus wird die Forderung abgeleitet, der Staat müsse regulierend eingreifen. Dieser Aspekt wird ausführlich in Abschnitt 2.3.1 (»Umwelt und Ökonomie«) analysiert.

Das Vorhandensein von Informationsasymmetrien

Es gibt Märkte, auf denen Anbieter und Nachfrager über abweichende Informationsstände verfügen. Dies hat in der Regel damit zu tun, dass die Informationsbeschaffung für die beiden Marktseiten unterschiedlich teuer ist. Derjenige, der über einen Informationsvorsprung verfügt, wird seinen Vorteil auszunutzen versuchen, sprich sich opportunistisch verhalten. Das Vorhandensein solcher Informationsasymmetrien kann dann die Funktionsfähigkeit des Marktmechanismus beeinträchtigen oder im Extremfall sogar dazu führen, dass der Markt vollständig zusammenbricht.

Als klassischer Fall gilt in diesem Zusammenhang der Versicherungsmarkt. Betrachten wir den Markt für private Krankenversicherungen (unter der restriktiven Annahme ohne irgendwelche staatliche Eingriffe). Opportunistisches Verhalten ist dabei vor und nach Vertragsabschluss zu beobachten:

Klassischer Fall: Versicherungsmarkt

* Das Problem der adversen Selektion (vorvertraglich): Potenzielle Versicherungsnehmer (Nachfrager) sind in der Regel besser über ihren Gesundheitszustand informiert als die Versicherungsgesellschaft. Anders formuliert: Um auf denselben Informationsstand wie der potenzielle Kunde zu kommen, müsste der Anbieter einer Krankenversicherung erheblich höhere Kosten aufwenden. Um diese zu vermeiden, wird das Versicherungsunternehmen von allen Kunden eine einheitliche Prämie verlangen, die auf beobachteten Durchschnittswerten (Erkrankungshäufigkeiten usw.) basiert. Was wird jetzt passieren? Es werden sich nur diejenigen zu dieser Prämie versichern, die erwarten können, dass ihre Krankheitskosten in der Zukunft darüber liegen werden. In der Sprache der Versicherungswirtschaft: Nur schlechte Risiken versichern sich. Diejenigen mit robuster Gesundheit, aus deren Sicht die Prämie zu hoch ist, werden zu diesem Tarif keine Krankenversicherung abschließen. Positive Risiken bleiben der Versicherung fern. Es findet also eine Negativauslese (adverse Selektion) der ungünstigen Risiken statt. Die Versicherung dürfte daraufhin gezwungen sein, die Prämie zu erhöhen, sprich an den schlechteren Durchschnittswert anzupassen. Wieder werden aber die dann relativ guten Risiken

Adverse Selektion

austreten, da aus ihrer Sicht die gestiegene Versicherungsprämie zu hoch ist. Auf Dauer wird der private Krankenversicherungsmarkt unter diesen Bedingungen zusammenbrechen, obwohl Angebot und Nachfrage bestehen. Um dem Informationsvorsprung der potenziellen Kunden entgegenzuwirken, könnte ein Versicherungsunternehmen natürlich umfangreiche Recherchen über Vorerkrankungen, Lebensweise oder Veranlagungen anstellen. Es bekäme dadurch unter Umständen seinerseits einen Informationsvorsprung, da es – im Gegensatz zum Versicherungsnehmer – den Umfang der zukünftig anfallenden Behandlungskosten besser abschätzen kann. Der Versicherer könnte dann den Tarif auf Grundlage der wahrscheinlich anfallenden individuellen medizinischen Kosten festlegen. Hohe Risiken müssten hohe Prämien bezahlen, geringe Risiken geringe Prämien. Damit entfällt aber das zentrale Argument für den Versicherungsschutz, nämlich das sogenannte *Risk Pooling*. Fazit: Versicherungen funktionieren letztlich nur dann, wenn beide Parteien gleich unwissend sind.

Moralisches Risiko

Moral Hazard

- Das Problem des *moralischen Risikos* (nachvertraglich): Hier kommt es zu opportunistischem Verhalten des Versicherungsnehmers nach erfolgtem Vertragsabschluss. Dies ist darauf zurückzuführen, dass die Versicherungsgesellschaft nicht ohne Weiteres in der Lage ist, das Verhalten des Kunden über die gesamte Vertragslaufzeit zu beobachten. Wenn einmal Versicherungsschutz besteht, werden Versicherungsnehmer tendenziell höhere Risiken eingehen, verglichen mit der Situation vor Vertragsschluss, als die vollen Kosten einer Erkrankung oder eines Unfalls von dem Individuum selbst zu tragen waren. Das Unternehmen trägt mithin neben dem vereinbarten Risiko zusätzlich ein moralisches Risiko. Versicherungsnehmer werden also in der Gesamtheit der Tendenz nach mehr Leistungen in Anspruch nehmen, als sie Prämien bezahlt haben. Die Versicherungsgesellschaft wird daraufhin die Tarife anheben, womit der Versicherungsschutz für vertragstreue Kunden (gute Risiken) zu teuer wird. Es setzt auch hier eine Negativauslese ein, die letztendlich den Markt zusammenbrechen lässt.

Aus dem vermeintlichen Versagen des Marktmechanismus wird

auch hier eine staatliche Aufgabe abgeleitet, die lange Zeit in Deutschland im Wesentlichen von den gesetzlichen Krankenkassen (GKV) – mit Pflichtmitgliedschaft aufseiten der Versicherten und Kontrahierungszwang aufseiten der Versicherungen – wahrgenommen wurde. Aus dem Nebeneinander von gesetzlichen und privaten Krankenkassen (PKV) sowie der Kostenexplosion im Gesundheitswesen ergab sich jedoch weit reichender Reformbedarf. Im Rahmen der Diskussion reichten die Änderungsvorschläge von gleichen Pro-Kopf-Beiträgen in der GKV (»Kopfpauschale«) über eine Bürgerversicherung (alle Einkommensarten werden zur Finanzierung der GKV herangezogen) bis zu einer PKV für alle mit Versicherungs- und Kontrahierungszwang. Das Vorhandensein von asymmetrischen Informationen spricht jedoch nicht von vornherein für eine staatliche Krankenversicherung, da die Informationsprobleme damit nicht verschwinden. Die beschriebenen Schwierigkeiten lassen sich grundsätzlich auch durch einen weniger intensiven Eingriff des Gesetzgebers in den Versicherungsmarkt in den Griff kriegen.

Erhalt und Schaffung von Wettbewerb im privaten Sektor

Schließlich soll der Staat noch Hüter des Wettbewerbs im privaten Sektor sein. Wettbewerb ist eine der Säulen des marktwirtschaftlichen Systems. Auch Sicht des einzelnen Unternehmens ist Wettbewerb jedoch zumeist etwas lästiges, dem man sich gerne entzöge, zum Beispiel durch Zusammenschlüsse oder Absprachen (Kartellbildung). Aufgabe des Staates ist es, den Konsumenten zu schützen, indem wettbewerbswidriges Verhalten von Marktteilnehmern aufgedeckt und sanktioniert wird. In Deutschland erfolgt Wettbewerbsschutz auf der Grundlage des Gesetzes gegen Wettbewerbsbeschränkungen (GWB). Das Kartellamt ist die zuständige Behörde, die etwa Zusammenschlüsse von Unternehmen untersagen darf. Seit einigen Jahren spielt die Musik in der Wettbewerbspolitik jedoch auf europäischer Ebene. Wichtige Entscheidungen werden durch die EU-Kommission getroffen. Sie gilt als entscheidender Treiber für die Liberalisierung in vielen Sektoren.

Kartellamt

Firma	Produkt	In Millionen €
Thyssen-Krupp	Aufzüge, Rolltreppen	479,7 (Jahr 2007)
Hoffmann La Roche	Vitamine	462,0 (Jahr 2001)
Siemens	Schaltsysteme	418,6 (Jahr 2007)
ENI	Synthetikkautschuk	272,3 (Jahr 2006)
Lafarge	Gipsplatten	249,6 (Jahr 2002)
BASF	Vitamine	236,9 (Jahr 2001)
Arkema	Acrylglas	219,1 (Jahr 2006)
Arjo Wiggins Appleton	Durchschreibpapier	184,3 (Jahr 2001)
Solvay	Bleichmittel	167,1 (Jahr 2006)
Shell	Synthetikkautschuk	160,9 (Jahr 2006)

Abbildung:
Die zehn höchsten
Kartellstrafen der
EU-Kommission
(Quelle: Handels-
blatt vom
22. Februar 2007)

In Deutschland sorgte die EU-Kommission zuletzt für Aufsehen, als sie das VW-Gesetz in Teilen für nicht vereinbar mit EU-Recht erklärte. Auch mit einer Reihe hoher Strafen für Preisabsprachen stellte die EU-Kommission unter Beweis, dass das europäische Wettbewerbsrecht durchaus scharfe Zähne hat.

1.3.2 Öffentliche Aufgaben, Ausgaben und Einnahmen

Warum nehmen die Staatsausgaben meist zu?

Der Staat – repräsentiert durch die Gebietskörperschaften (Bund, Länder, Gemeinden) und die Sozialversicherungen – sieht sich also für eine Fülle von Aufgaben zuständig. Aufgaben ziehen in der Regel Ausgaben nach sich. 2006 gab der deutsche Staat etwa 1 Billion (1.000 Mrd.) Euro aus, wovon knapp 60 Prozent auf die Gebietskörperschaften und gut 40 Prozent auf die Sozialversicherungen entfielen. Die nachfolgende Grafik soll verdeutlichen, wofür der Staat (hier: Bund) sein Geld ausgibt und wie sich im Verlauf der letzten 40 Jahre die Ausgabenstruktur verändert hat, wobei der Bedeutungszuwachs von Ausgaben für Soziales (Renten, Arbeitsmarkt) besonders augenfällig ist.

Staatsquote

Die Staatsquote erhöhte sich in Deutschland zwischen 1950

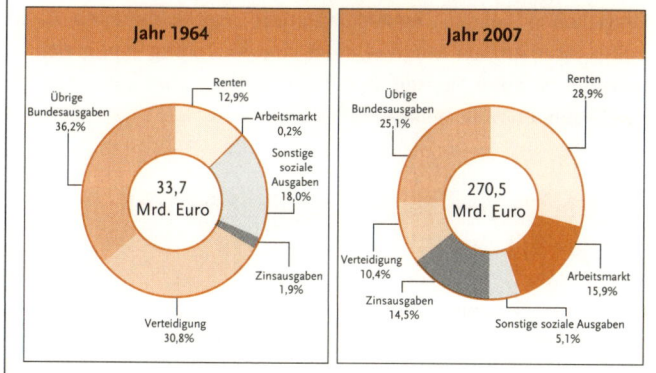

Abbildung:
Die Entwicklung
der Ausgaben-
struktur des
Bundeshaushaltes
(Quelle: BMF)

und heute von 31 Prozent auf knapp unter 50 Prozent. Für diesen Anstieg gibt es eine Vielzahl von Erklärungsversuchen, die von einem gewandelten Staatsverständnis bis zu einer zunehmenden Bevölkerungskonzentration reichen. Der volkswirtschaftliche Forschungszweig »Ökonomische Theorie der Politik« (Neue Politische Ökonomie) sieht dagegen im Zusammenspiel von politischem Prozess, der staatlichen Bürokratie und dem Wirken von Lobbygruppen die Hauptursache für diese Entwicklung. Dabei wird unterstellt, dass die wirtschaftspolitischen Entscheidungsträger genauso wie private Haushalte und Unternehmen eigennützige Ziele verfolgen. Die Kernargumente der Neuen Politischen Ökonomie lauten in diesem Zusammenhang wie folgt:

Kernargumente der Neuen Politischen Ökonomie

- Im Wettbewerb der Parteien und Politiker gäbe es eine Tendenz, ausgabenwirksame Programme zu beschließen, um so die Gunst der Wähler zu gewinnen. Die damit verbundenen Kosten würden verschleiert (z. B. in Form einer erhöhten Kreditaufnahme), um keinen nachhaltigen Widerstand zu erzeugen.
- Die staatliche Bürokratie habe generell ein Interesse an wachsenden Etats, da für das einzelne Ministerium oder die einzelne Behörde damit ein Bedeutungszuwachs verbunden ist. Der Wettstreit der Behörden um Mittel führt langfristig zu einem Ausgabenwachstum.
- Lobby- oder Interessengruppen wetteifern um staatliche Subventionen. Aufgrund ihres Informationsvorsprungs gegenüber

staatlichen Stellen, aber auch aufgrund ihrer finanziellen Macht oder ihrer großen Mitgliedschaft sind sie häufig erfolgreich in diesem Streben. In der Konsequenz führt dies ebenfalls zu wachsenden Staatsausgaben.

Die Steuern als Haupteinnahmequelle des Staates

Dem Staat steht eine Reihe von Finanzierungsquellen zur Verfügung. An erster Stelle sind die Steuern zu nennen. Dabei handelt es sich um Geldleistungen an den Staat, die nicht an eine konkrete staatliche Gegenleistung geknüpft sind. Sie wandern sozusagen in einen großen Topf, aus dem der Staat seine Ausgaben bestreitet. Entgegen anders lautenden Gerüchten gibt es keine Zweckbindung. Selbst bei der Mineralölsteuer, wo dies manchmal unterstellt wird, ist dies nicht der Fall.

Sozialversicherungs-
beiträge

Volumenmäßig stark ins Gewicht fallen zudem die Sozialversicherungsbeiträge (Zahlungen an Arbeitslosen-, Renten-, Kranken und Pflegeversicherung). Hier besteht im Gegensatz zu den Steuern eine – wenngleich in der Praxis manchmal eingeschränkte – Äquivalenz zwischen Beiträgen und Leistungsempfang. Wer etwa einen absolut höheren Arbeitslosenversicherungsbeitrag gezahlt hat, bekommt im Versicherungsfall auch eine höhere Zahlung von der Bundesanstalt für Arbeit. Gleiches gilt für die Gesetzliche Rentenversicherung.

Gebühren

Hinzu kommen vor allem auf kommunaler Ebene Gebühren (Passgebühren, Museumseintritt), Beiträge (Anliegerbeiträge, Kurtaxe) sowie sonstige hoheitliche Abgaben (Bußgelder). Des Weiteren erzielt der Staat Erwerbseinnahmen wie Dividenden aus Beteiligungen an Aktiengesellschaften (z. B. Deutsche Telekom, Volkswagen). Allerdings ist es aus ordnungspolitischer Sicht umstritten, ob der Staat sich hier nicht besser heraushalten sollte.

Staatliche
Zuweisungen

Eine weitere Einnahmequelle von Gebietskörperschaften sind staatliche Zuweisungen. Baut eine Gemeinde etwa ein neues Hallenbad, beteiligt sich in der Regel das Bundesland daran. Oder der Bund beteiligt sich an bestimmten Ausgaben der Länder und Gemeinden wie dem Hochschulbau oder dem Ausbau von

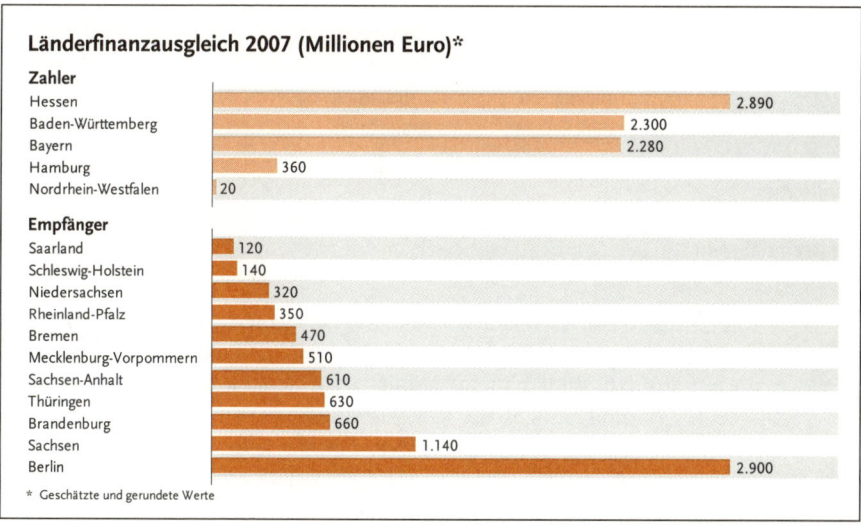

Länderfinanzausgleich 2007 (Millionen Euro)*

Zahler

Hessen	2.890
Baden-Württemberg	2.300
Bayern	2.280
Hamburg	360
Nordrhein-Westfalen	20

Empfänger

Saarland	120
Schleswig-Holstein	140
Niedersachsen	320
Rheinland-Pfalz	350
Bremen	470
Mecklenburg-Vorpommern	510
Sachsen-Anhalt	610
Thüringen	630
Brandenburg	660
Sachsen	1.140
Berlin	2.900

* Geschätzte und gerundete Werte

Kindertagesstätten. Finanzströme von oben nach unten werden als vertikaler Finanzausgleich bezeichnet. Eine deutsche Besonderheit ist der horizontale Länderfinanzausgleich. Wohlhabende Bundesländer müssen einen Teil ihres Steueraufkommen an die ärmeren Bundesländer abtreten (siehe hierzu auch Abschnitt 3.3 dieses Buches). Dieser Mechanismus gilt als leistungsfeindlich, bestraft er doch die Anstrengungen zum Ausschöpfen der eigenen Steuerquellen – sowohl bei den reichen Bundesländern, die einen Großteil der zusätzlichen Einnahmen in den Finanzausgleichstopf werfen müssen, als auch bei den ärmeren Ländern, die entsprechend weniger Geld aus dem Topf erhalten.

Wenn die Gesamteinnahmen nicht ausreichen, um alle Ausgaben zu bestreiten, muss der Staat an den Kapitalmarkt gehen und Kredit aufnehmen. Dies erfolgt in erster Linie über die Emission von Wertpapieren (Bundesanleihen). Dieser Aspekt wurde bereits ausführlich in Abschnitt 1.2.5 (»Zinsbildung, Zinsstruktur und Anleihemarkt«) behandelt, wobei der Analyseschwerpunkt auf die Perspektive des Anlegers gelegt wurde.

Noch ein paar Bemerkungen zu den Steuern. 2007 nahmen Bund, Länder und Gemeinden 500 Mrd. Euro an Steuern ein. Der Löwenanteil entfiel auf die Einkommensteuer, gefolgt von der Um-

Abbildung:

Das große Geben und Nehmen – Länderfinanzausgleich (Quelle: Hessisches Finanzministerium; Frankfurter Allgemeine Zeitung vom 17. Januar 2008)

Staatliche Kreditaufnahme

Zwangsabgaben	Erwerbseinnahmen	Kreditaufnahme
• Steuern	• Dividenden	• Wertpapieremissionen
• Sozialabgaben	• Zinsen	• Bankdarlehen
• Gebühren	• Mieten	
• Beiträge		

Abbildung:
Klassifikation der
Staatseinnahmen

Nicht fiskalische
Gründe für Steuern

satz- und Mineralölsteuer. Steuern dienen dem Staat dabei nicht nur als Einnahmequelle (Fiskalzweck), sondern werden auch

- zur Konjunktursteuerung (Steuersenkungen zur Konjunkturstimulierung in der Rezession) und
- zu Umverteilungszwecken eingesetzt (im Rahmen der progressiven Einkommensteuer steigt der Durchschnittssteuersatz mit wachsendem Einkommen) oder sollen
- beim Umweltschutz mitwirken (Ökosteuern zur Eindämmung umweltschädlichen Verhaltens).

Sie stellen damit eine finanzpolitische Mehrzweckwaffe dar, die sich aber im Aufgabendickicht leicht verheddern kann. Ein Beispiel: Mit der Einführung der Ökosteuer 1999 (u.a. auf den Mineralöl- und Stromverbrauch) sollen umweltschädliche Aktivitäten verringert werden. Die Mittel wurden gleichzeitig für eine Senkung der Lohnnebenkosten verplant. Angenommen, die Steuer ist umweltpolitisch erfolgreich und dämmt den Sprit- und Stromverbrauch ein. Dann führt dies zu einem Wegbrechen der Einnahmen, womit die Mittel für den ursprünglich vorgesehenen Zweck, nämlich als Zuschuss zur Gesetzlichen Rentenversicherung, fehlen. Mehrere Ziele mit einem Instrument zu verfolgen, kann sich damit als schwierig erweisen.

Grenzen
der Besteuerung

Die Besteuerung ist nicht beliebig ausdehnbar. Der Steuer- und Abgabenstaat stößt dort an seine Grenzen, wo die Belastung ökonomische Aktivitäten geradezu erdrückt (insbesondere in Verbindung mit staatlichen Transferzahlungen) oder Ausweich- und Vermeidungsreaktionen provoziert. Manche wünschen sich deshalb heute auch den »Zehnt« aus dem Mittelalter zurück, was natürlich illusorisch erscheint.

Das Gewicht der Hauptsteuern in Deutschland 2007	
1. Steuern vom Einkommen	183 Mrd. Euro
• Lohnsteuer	122 Mrd. Euro
• Solidaritätszuschlag	11 Mrd. Euro
• Körperschaftsteuer	17 Mrd. Euro
2. Grundsteuer	11 Mrd. Euro
3. Gewerbesteuer	34 Mrd. Euro
4. Erbschaftsteuer	4 Mrd. Euro
5. Umsatzsteuer	166 Mrd. Euro
6. Versicherungssteuer	11 Mrd. Euro
7. Mineralölsteuer	39 Mrd. Euro
8. Tabaksteuer	15 Mrd. Euro

Abbildung:
Das Gewicht der Hauptsteuern in Deutschland 2007 (Quelle: BMF)

Wer trägt eigentlich die Steuern?

Herauszufinden, wer eine Steuer an das Finanzamt abführt, ist vergleichsweise einfach. Festzustellen, wer eine Steuer letztendlich trägt, wem also effektiv Mittel entzogen werden, ist dagegen deutlich schwieriger. Bei der Umsatzsteuer führt der Verkäufer einer Ware den Steuerbetrag an den Staat ab. Es liegt aber die Vermutung nahe, dass der Käufer der Ware zumindest einen Teil der Steuer in Form eines höheren Preises zu tragen hat. Es findet also eine Steuerüberwälzung statt. Steuerüberwälzungen sorgen dafür, dass häufig nicht mehr genau erkennbar ist, wer eigentlich belastet wird. Eines kann aber mit Sicherheit gesagt werden: Steuern werden immer von natürlichen Personen getragen. Eine Steuer auf Mineralöl belastet nicht den Sprit, sondern in erster Linie den Autofahrer.

Steuerüberwälzungen

Anhand der Körperschaftsteuer (KSt) soll im Folgenden kurz skizziert werden, wie schwierig es sein kann, die Wirkungen einer Steueränderung genau abzuschätzen. Eine Erhöhung der KSt wird gerne damit begründet, Unternehmen stärker an der Finanzierung staatlicher Leistungen zu beteiligen. Da die KSt am Gewinn von Kapitalgesellschaften anknüpft, reduziert sie diesen, was entweder

Körperschaftsteuer

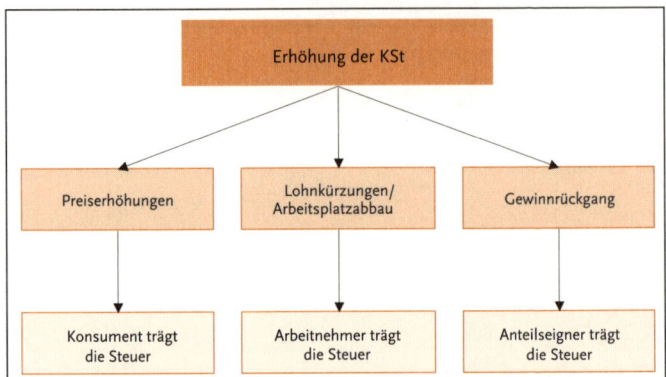

Abbildung:
Steuerüber-
wälzung: Wer trägt
die KSt?

die Dividende schmälert oder zulasten der einbehaltenen Gewinne und damit der Aktienkurse geht (andere Rechtsformen sollen hier nicht berücksichtigt werden). Beides belastet nicht das Unternehmen, sondern die Anteilseigner. Letztendlich wird also nicht der Unternehmensgewinn belastet, sondern private Erträge.

Die betroffenen Unternehmen können aber auch versuchen, die ihnen auferlegte Steuer zumindest teilweise zu überwälzen. Sie können versuchen, sofern es die Konkurrenzsituation zulässt, die Produktpreise zu erhöhen. In diesem Fall wird die KSt von den Kunden getragen. Es kann aber auch versucht werden, die KSt auf die Belegschaft abzuwälzen, sei es in Form von Lohnkürzungen oder der Verlagerung von Arbeitsplätzen ins Ausland. Fazit: Es ist vielfach nicht genau zu erkennen, wer durch eine Steuer letztlich in seinem ökonomischen Handlungsspielraum eingeschränkt wird.

Wenn die Steuern nicht reichen: die öffentliche Verschuldung

Öffentliche Verschuldung ist kein Phänomen der Moderne, sondern seit Jahrhunderten eine offensichtlich unvermeidbare Begleiterscheinung staatlichen Handelns. Darüber, in welchem Ausmaß Kreditaufnahme des öffentlichen Sektors ökonomisch zu rechtfertigen ist, streiten sich die Gelehrten indes auch schon lange. Als relativ unproblematisch wird die Kreditfinanzierung staatlicher Investitionen (z. B. Infrastruktur) angesehen. Dem liegt die Idee zugrunde, dass Investitionen entweder direkt Erträge abwerfen (also rentabel im privatwirtschaftlichen Sinne sind) oder allgemein wachstumsfördernd sind und so über einen Umweg sich ebenfalls selbst finanzieren. Diesem Argument folgend sollen regelmäßige staatliche Ausgaben (z. B. Beamtengehälter) über Steuern bezahlt werden, außerordentliche Ausgaben über Kredite. Letzteres wird auch damit begründet, dass staatliche Investitionen (z. B. in den Brückenbau) über mehrere Generationen Nutzen stiften, die Rückzahlung über Kredite ebenfalls über mehrere Generationen gestreckt werden kann, sodass eine Äquivalenz zwischen Inanspruchnahme und Finanzierung der staatlichen Leistung hergestellt werden kann. Im Angelsächsischen wird hierfür der Begriff »pay as you use« verwendet. Dieser Ansatz hat übrigens auch im Grundgesetz seinen Niederschlag gefunden. Artikel 115 GG erlaubt es dem Bund ausdrücklich, zur Finanzierung öffentlicher Investitionen auf das Instrument der Kreditaufnahme zurückzugreifen.

»pay as you use«

Eine weitere Gruppe von Rechtfertigungsansätzen der Staatsverschuldung bezieht sich weniger auf das zu finanzierende Objekt, sondern auf die Situation des Finanzbedarfs. Typischerweise geht die Staatsverschuldung in Krisen (z. B. Naturkatastrophen) oder Kriegszeiten in die Höhe, weil sich der Staat auf diese Weise relativ rasch Geld besorgen kann und nicht das schwierige Prozedere von Steuererhöhungen durchlaufen muss. Seit die Konjunktursteuerung so richtig in Mode gekommen ist (siehe Abschnitt 2.1.1 dieses Buches), dient die Verschuldungspolitik auch gesamtwirtschaftlichen Zielen. In einer Rezession, wenn der Staat zur Konjunkturbelebung aufgerufen ist, soll er die hierfür notwendigen Mittel nicht via Steuern dem privaten Sektor entziehen und damit seine eigene Aktivitäten konterkarieren, sondern sich das Geld auf dem Kapitalmarkt besorgen (Deficit Spending). Allerdings gilt die konjunkturbedingte Verschuldungserlaubnis als Einfallstor für eine beständig steigende Staatsverschuldung.

Deficit Spending

Eine steigende Staatsverschuldung erzeugt jedoch unerwünschte Nebenwirkungen. Die Finanzierung über Kreditaufnahme ist nur scheinbar kostenlos. Sie verschiebt Belastungen in die Zukunft und engt damit den Handlungsspielraum späterer Generationen ein, die über Gebühr mit Zins- und Tilgungszahlungen belastet werden. Zudem führt die Staatsverschuldung bereits in der Gegenwart zu einem steigenden Zinsniveau in einem Währungsraum und verdrängt damit private Investitionen, die sich bei einem erhöhten Zins nicht mehr rechnen. Fachleute sprechen hier von einem Crowding-Out-Effekt. Und nicht zu vergessen: Übermäßige Staatsverschuldung ist häufig ein Vorbote von Inflation. Um sich seiner Schulden zu entledigen, greift der Staat häufig ganz gerne auf die Notenpresse zurück, wie ein Blick in die Geschichte zeigt.

Crowding-Out-Effect

Bei der Beurteilung, ob die Verschuldungspolitik eines Staates besorgniserregend ist oder nicht, wird als Maßstab häufig der Finanzierungssaldo herangezogen, der wie folgt definiert ist:

Abbildung:
Finanzierungs-
saldo des Staates
(Deutschland)
(Quelle: Statisti-
sches Bundesamt
2008)

Finanzierungssaldo des Staates = Budgetdefizit/Bruttoinlandsprodukt

Um die Mitgliedsländer der Europäischen Währungsunion zur Schuldendisziplin anzuhalten, wurde im Europäischen Stabilitäts-

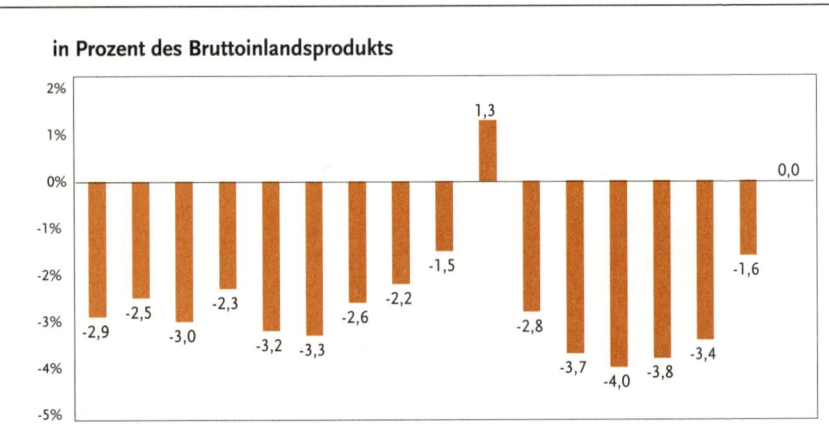

in Prozent des Bruttoinlandsprodukts

1991: -2,9 | 1992: -2,5 | 1993: -3,0 | 1994: -2,3 | 1995: -3,2 | 1996: -3,3 | 1997: -2,6 | 1998: -2,2 | 1999: -1,5 | 2000: 1,3 | 2001: -2,8 | 2002: -3,7 | 2003: -4,0 | 2004: -3,8 | 2005: -3,4 | 2006: -1,6 | 2007: 0,0

In der Abgrenzung für das Verfahren bei einem übermäßigen Defizit, d.h. einschließlich der Swap-Erträge und 1995 ohne Vermögenstransfers im Zusammenhang mit der Übernahme der Schulden der Treuhandanstalt und der Wohnungswirtschaft der ehemaligen DDR.
2000: inklusive UMTS-Erlöse

pakt eine sogenannte 3-Prozent-Regel eingeführt. Demnach liegt die Obergrenze für die Neuverschuldung bei drei Prozent des BIP. Beim Überschreiten sind Sanktionen vorgesehen. Zudem wurde vereinbart, dass der gesamte Schuldenstand nicht mehr als 60 Prozent des BIP überschreiten dürfe. Mit 1,5 Billionen Euro lag Deutschland 2007 trotz der Konsolidierungsanstrengungen der letzten Jahre immer noch über diesem Wert.

1.3.3 Die Krise der gesetzlichen Sicherungssysteme: einige abschließende Bemerkungen

Rund zwei Drittel der Staatsausgaben in Deutschland dienen im weitesten Sinne sozialen Zwecken. Ein erheblicher Teil davon entfällt auf die gesetzlichen Sicherungssysteme, Tendenz weiter steigend. Die Sicherungseinrichtungen kommen dabei seit einigen Jahren von mehreren Seiten unter Druck. An erster Stelle ist sicherlich der demografische Wandel zu nennen, der über sinkende Geburtenraten und eine zunehmende Lebenserwartung eine Schieflage zwischen Beitragszahlern und Leistungsempfängern erzeugt. Besonders betroffen hiervon sind die auf dem Generationenvertrag aufbauende Gesetzliche Rentenversicherung wie auch die Gesetzlichen Krankenversicherungen, die zusätzlich unter steigenden Behandlungskosten ächzen.

Demografischer Faktor

Daneben hat aber auch der Strukturwandel in der Arbeitswelt, nicht zuletzt eine Folge der fortschreitenden Globalisierung, die Zahl sozialversicherungspflichtiger Stellen sinken und im Gegenzug die Zahl prekärer Beschäftigungsverhältnisse (400-Euro-Jobs, Teilzeitarbeit, »Scheinselbstständige« usw.) steigen lassen. Auf die beschriebenen Veränderungen sind die gesetzlichen Sicherungssysteme nicht vorbereitet gewesen. Ohne auf die Reformvorschläge im Detail eingehen zu können, gilt es doch unter den meisten Fachleuten als unumstritten, dass die private Vorsorge immer stärker an Bedeutung gewinnen muss, da sowohl die Gesetzliche Renten- als auch die Gesetzliche Krankenversicherung wohl in

Strukturwandel in der Arbeitswelt

Zukunft nicht viel mehr als eine Basisversorgung garantieren können. Mit der Riester-Rente zur privaten Altersvorsorge wurde bereits ein wichtiger Schritt vollzogen. Weitere dürften folgen. Auf die Bedeutung der privaten Vorsorge wird in Band 1 dieser Reihe genauer eingegangen.

2 Konjunktur und Wachstum

2.1 Eine Frage der Perspektive: Konjunkturzyklus und Potenzialwachstum

2.1.1 Konjunktur und Wachstum: Klärung der Begriffe

Der materielle Wohlstand einer Gesellschaft hängt von der Versorgung mit Waren und Dienstleistungen ab. Es scheint in der Natur des Menschen zu liegen, dass er stets nach einem höheren Lebensstandard strebt, also nach einer noch besseren Güterversorgung (Ausnahmen bestätigen auch hier die Regel). Wirtschaftliches Wachstum steht für eine Zunahme der Güterproduktion in einer Volkswirtschaft. Neben der allgemeinen Verbesserung der Lebensverhältnisse – dem Primärzweck des Wirtschaftswachstums – dient es darüber hinaus in der Regel der Erhöhung der Beschäftigung sowie der Entschärfung von Verteilungskonflikten. Letzteres hat damit zu tun, dass die Verteilung von Zuwächsen meist leichter gelingt als der Eingriff in Besitzstände. Als Beispiele mögen hier die Verteilungskämpfe zwischen Arbeitnehmern und Arbeitgebern genügen. Hinzu kommt, dass sich Verschuldungsprobleme des Staates in einer wachsenden Wirtschaft leichter lösen lassen. Schlüsselgrößen sind hier die Defizit- und Schuldenstandsquote, ausgedrückt als Verhältnis von Haushaltsdefizit und öffentlicher Gesamtverschuldung im Verhältnis zur Wirtschaftsleistung eines Landes. Die Quoten sinken, wenn das Wirtschaftswachstum größer ist als die Zunahme der Verschuldungsgrößen. Der Europäische Stabilitätspakt sieht etwa eine Obergrenze für das jährliche staatliche Etatdefizit von drei Prozent des Bruttoinlandsprodukts und für die Gesamtverschuldung von 60 Prozent des Bruttoinlandsprodukts vor.

Wirtschaftswachstum ist trotz gelegentlicher Kritik – insbesondere mit Argumenten des Umwelt- und Ressourcenschutzes – dem Ziel nach weitgehend unumstritten. Schwieriger ist dagegen die exakte Bestimmung dessen, was unter Wirtschaftswachstum eigentlich zu verstehen ist. Im Kern geht es dabei um den Unterschied zwischen Konjunktur und Potenzialwachstum. Vielfach werden beide Begriffe undifferenziert in einen Topf geworfen und mit Wirtschaftswachstum gleichgesetzt, obwohl sie für durchaus unterschiedliche Sachverhalte stehen, deren Unterscheidung sowohl für Wirtschaftspolitiker wie für Finanzinvestoren von Bedeutung ist.

»Wir steigern das Bruttoinlandsprodukt«

Gemeinsamer Anknüpfungspunkt ist der Begriff des Bruttoinlandsprodukts (BIP). Es steht für den Wert aller in einem Jahr in einer Volkswirtschaft erzeugten Waren und Dienstleistungen. Das BIP nimmt zu, wenn die gesamtwirtschaftliche Nachfrage, bestehend aus privaten Konsumausgaben (C), Bruttoinvestitionen (I), Konsumausgaben des Staates (G) und Außenbeitrag (Ex – Im), steigt (in Klammern: prozentuale Verwendung des deutschen BIP von 2,4 Bio. Euro 2007):

Wichtige Unterscheidung von Konjunktur und Potenzialwachstum

$$BIP = C + I + G + Ex - Im)$$
$$(56,8\% \quad 18,3\% \quad 18,0\% \quad 6,9\%)$$

Die gesamtwirtschaftliche Güternachfrage ist im Zeitablauf spürbaren Schwankungen unterworfen, wobei die Bruttoinvestitionen und der Außenbeitrag am volatilsten sind und somit am stärksten zu den BIP-Ausschlägen beitragen. Diese eher kurzfristigen Schwankungen der gesamtwirtschaftlichen Nachfrage werden als Konjunktur bezeichnet. Da sie in gewisser Regelmäßigkeit auftreten, spricht man auch von Konjunkturzyklus. In der Hochkonjunktur (Boom) sorgt die zunehmende Nachfrage für eine starke Auslastung der vorhandenen Produktionskapazitäten (Produktionspotenzial), im umgekehrten Fall einer ausgeprägten Konjunkturschwäche (Rezession) besteht eine deutliche Unterauslastung der gesamtwirtschaftlichen Kapazitäten. Auf- und Abschwung ste-

Konjunkturzyklus

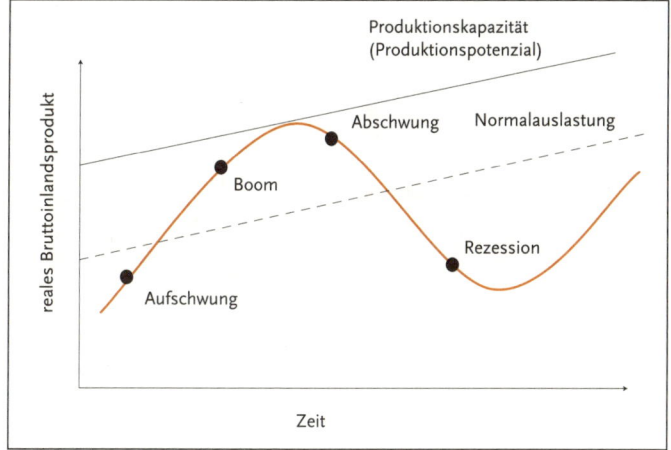

Abbildung:
Konjunktur und Produktions-potenzial

hen entsprechend für eine zunehmende bzw. abnehmende Auslastung der gesamtwirtschaftlichen Produktionskapazitäten.

Konjunktur steht mithin für Veränderungen im Auslastungsgrad des Produktionspotenzials. Das Produktionspotenzial seinerseits markiert damit zumindest in der kurzen Frist die natürliche Obergrenze für das tatsächlich zu erreichende BIP. Eine darüber hinausgehende Nachfrage kann nicht mehr oder nur unter besonders starken Anstrengungen (Überstunden, längere Maschinenlaufzeiten) befriedigt werden. Ein solcher Produktionsüberhang mündet fast zwangsläufig in steigende Preise, sprich Inflation, da in einer solchen konjunkturellen Lage der Preisüberwälzungsspielraum der Unternehmen sowie der Lohnverhandlungsspielraum der Arbeitnehmer in der Regel relativ groß sind.

Die Konjunkturpolitik – etwa in Gestalt der Geldpolitik der Notenbank oder der Fiskalpolitik des Staates – ist daher bestrebt, allzu starke Nachfrageschwankungen zu vermeiden, da sowohl mit einer Überauslastung als auch mit einer Unterauslastung negative Begleiterscheinungen verbunden sind. Im Falle der Überauslastung wird das wirtschaftspolitische Ziel der Preisniveaustabilität verfehlt, im Falle der Unterauslastung steigt in der Regel die Arbeitslosigkeit an. Über- und Unterauslastung beziehen sich jeweils auf eine Normalauslastung des Produktionspotenzials, bei der keine inflationären Effekte auftreten.

Konjunktur als Veränderungen im Auslastungsgrad des Produktions-potenzials

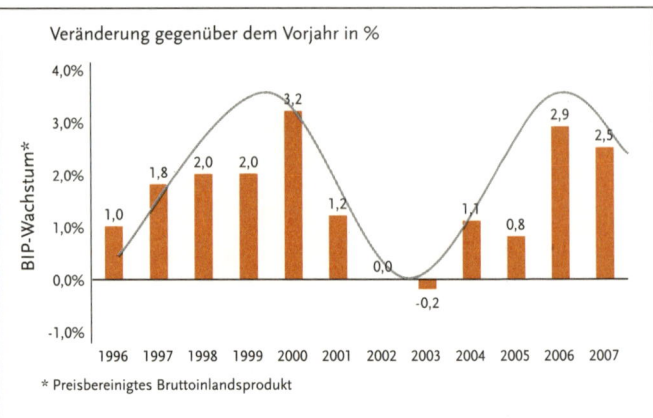

Abbildung:
Konjunkturzyklus
in Deutschland
(Quelle: Statisti-
sches Bundesamt
2008)

Konjunkturpolitik zielt also auf die Beeinflussung der gesamtwirtschaftlichen Nachfrage ab. Kurz: Konjunkturpolitik ist Nachfragepolitik. Sie soll eine möglichst hohe Auslastung des Produktionspotenzials gewährleisten, ohne dass inflationäre Effekte
entstehen. Die Lücke zwischen tatsächlicher Güternachfrage (BIP)
und Produktionspotenzial wird dabei als Produktionslücke (Out-
put Gap) bezeichnet.

Das Bruttoinlandsprodukt

Das BIP ist die zentrale Größe der Volkswirtschaftlichen Ge-
samtrechnung. Es gilt als Maßstab für die wirtschaftliche Leistungsfähigkeit einer Volkswirtschaft. Berechnet wird es, indem
man die Produktionswerte der einzelnen Wirtschaftssektoren
zusammenfasst (und noch einige rechnerische Korrekturen
vornimmt, etwa die Korrektur um im Inland produzierte Vor-
leistungen). Man spricht in diesem Zusammenhang von der
Entstehungsrechnung des BIP. Fast 70 Prozent entfallen dabei
auf den Dienstleistungssektor. Dazu kommen 26 Prozent in der
Industrie sowie 4 Prozent im Baugewerbe. Der Anteil der Land-
und Forstwirtschaft sowie Fischerei ist mit unter einem Prozent
verschwindend gering.

In einem zweiten Schritt wird analysiert, für welche Zwecke die
produzierten Güter eingesetzt bzw. nachgefragt werden. Man
bezeichnet dies als die Verwendungsseite des BIP und unter-

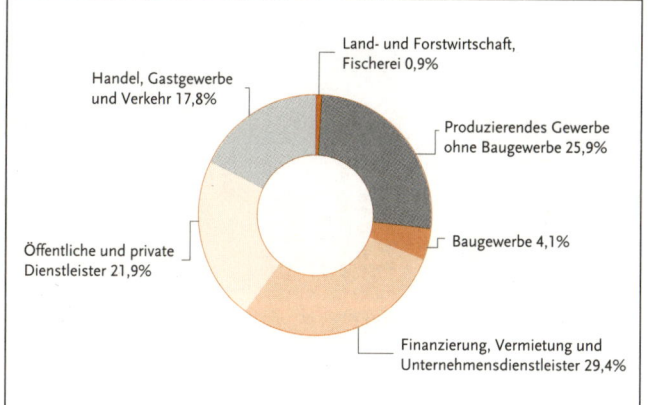

Handel, Gastgewerbe und Verkehr 17,8%

Land- und Forstwirtschaft, Fischerei 0,9%

Produzierendes Gewerbe ohne Baugewerbe 25,9%

Öffentliche und private Dienstleister 21,9%

Baugewerbe 4,1%

Finanzierung, Vermietung und Unternehmensdienstleister 29,4%

Abbildung: Entstehung des deutschen Bruttoinlandsprodukts 2007 (Quelle: Statistisches Bundesamt 2008)

teilt es in private Konsumausgaben, staatliche Konsumausgaben (»Eigenverbrauch des Staates«), private und staatliche Investitionen sowie den Außenbeitrag, welcher die Differenz zwischen Güterimporten und -exporten darstellt. Es ist deshalb die Rede vom *Brutto*inlandsprodukt, weil es die *Brutto*investitionen (also einschließlich Abschreibungen) enthält.

In einem dritten Schritt geht es um die Verteilungsrechnung. Ihr liegt die Frage zugrunde, wem die Früchte des Produktionsprozesses zufließen. Es geht im Kern um die Frage der Einkommensverteilung, wobei das Volkseinkommen in die beiden Kategorien Arbeitnehmerentgelte (Lohnquote) sowie Unternehmens- und Vermögenseinkommen (Gewinnquote) aufgeteilt wird. Diese beiden Quoten, die sich definitionsgemäß zu eins ergänzen, werden gerne herangezogen, wenn es um Fragen der Verteilungsgerechtigkeit geht. Eine hohe Lohnquote gilt meist als Indiz für eine gerechte Einkommensverteilung, eine hohe Gewinnquote weise hingegen auf eine große Ungleichheit hin. Es wird aber häufig unterschlagen, dass ein Haushalt sowohl Gewinneinkommen (wozu auch Miet- und Zinseinkünfte zählen) als auch Lohneinkommen beziehen kann. Für die personelle Einkommensverteilung sind die Gewinn- und Lohnquote daher nicht unbedingt aussagekräftig.

Lohn- und Gewinnquote

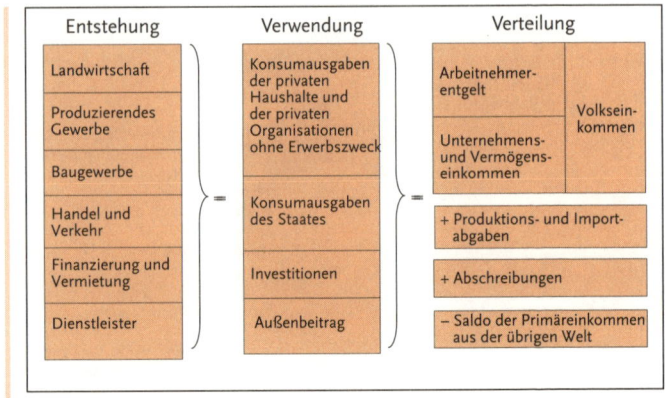

Das Produktionspotenzial einer Volkswirtschaft

Das Produktionspotenzial als die Gesamtheit der volkswirtschaft-lichen Produktionskapazitäten hängt von der quantitativen und qualitativen Ausstattung eines Landes mit den Produktionsfakto-ren Arbeit, Sachkapital, natürliche Ressourcen sowie technischem und organisatorischem Wissen ab. Berücksichtigt werden müssen zudem die allgemeinen Rahmenbedingungen wie Rechtsordnung, Steuersystem, Marktrigiditäten usw.

Streng genommen dürfte von Wirtschaftswachstum nur dann gesprochen werden, wenn eine Steigerung des Produktionspoten-zials gemeint ist – und nicht bei einer Zunahme des tatsächlichen BIP. Das Wachstum des Produktionspotenzials gibt den längerfris-tigen wirtschaftlichen Entwicklungstrend (»Trendwachstum«) an, der sich unabhängig von kurzfristigen konjunkturellen Schwan-kungen erreichen lässt. Es entspricht damit der jahresdurch-schnittlichen tatsächlichen BIP-Zunahme über einen gesamten Konjunkturzyklus hinweg.

Um das Produktionspotenzial zu steigern, sind Investitionen in die Produktionsfaktoren notwendig. Wachstumspolitik muss also die Voraussetzungen für Investitionen schaffen und setzt damit primär an den Angebotsbedingungen einer Volkswirtschaft an.

Dazu zählt insbesondere das Angebot an Arbeitskräften und an Sachkapital. Wachstumspolitik ist Angebotspolitik. Sie zielt nicht auf kurzfristige Wirkungen ab, sondern setzt auf eine langfristige Erhöhung der Produktionsmöglichkeiten und damit des Wohlstands einer Gesellschaft. Darüber hinaus kommt es aber auch darauf an, die Produktionsfaktoren effizient einzusetzen.

Unterstützende Faktoren	Bremsende Faktoren
Unternehmensinvestitionen	Staatliches Haushaltsdefizit
Staatliche Investitionen	Abgabenquote
Bevölkerung im erwerbsfähigen Alter	Arbeitslosenquote
Humankapital	

Abbildung:
Bestimmungsfaktoren des Potenzialwachstums (Quelle: Sachverständigenrat 2002)

In der Praxis erweist sich die rechnerische Erfassung des Produktionspotenzials als äußerst schwierig, da es sich hierbei um eine fiktive Größe handelt, die sich in der Realität weder beobachten noch messen lässt. In der Bundesrepublik schätzen die Deutsche Bundesbank und der *Sachverständigenrat zur Begutachtung der gesamtwirtschaftlichen Entwicklung (SVR)* dieses auf der Grundlage unterschiedlicher Verfahren. Unabhängig von dem zugrunde liegenden Verfahren lässt sich für Deutschland in den 1990er-Jahren ein spürbarer Rückgang des Trendwachstums konstatieren, welches inzwischen deutlich unter zwei Prozent liegt.

Nochmals zur Verdeutlichung: Bei Vollauslastung der Kapazitäten kann die tatsächliche Wirtschaftsleistung höchstens um die Wachstumsrate des Produktionspotenzials (= Trendwachstum) zunehmen. Bei Unterauslastung ist ein deutlich höherer BIP-Zuwachs möglich, nämlich Ausschöpfen der bislang nicht ausgelasteten Kapazitäten zuzüglich der Wachstumsrate des Produktionspotenzials.

Bei Vollauslastung der Kapazitäten kann die tatsächliche Wirtschaftsleistung höchstens um die Wachstumsrate des Produktionspotenzials (=Trendwachstum) zunehmen

Es hat sich aber in der Realität gezeigt, dass tatsächliche Produktion, sprich BIP, und potenzielle Produktion, sprich Produktionspotenzial, sich im Trend durchaus ähnlich entwickeln. Veränderungen des realen BIP können daher durchaus auch als Näherungsgröße für Wirtschaftswachstum genommen werden. Unternehmen werden ihre Produktionskapazitäten nur dann erweitern, wenn sie mit einem wachsenden Auslastungsgrad rechnen.

Aus Sicht von Finanzinvestoren spielt der Auslastungsgrad eine wichtige Rolle. Ist dieser sehr hoch, drohen die Gefahr der konjunkturellen Überhitzung und in der Folge Inflation und Zinserhöhungen, was sich in den Vermögenswerten entsprechend widerspiegelt (etwa in Kursverlusten am Rentenmarkt). Im Euroraum liegt das Potenzialwachstum bei rund zwei Prozent. Wenn das tatsächliche BIP dauerhaft spürbar stärker zunimmt, sind Inflationsgefahren vorprogrammiert. Ausgenommen davon sind Phasen, in denen zuvor eine sehr geringe Auslastung herrschte. In diesem Fall ist ein Hineinwachsen in höhere Kapazitäten möglich, ohne dass es unmittelbar zu erhöhtem Preisdruck kommt.

USA

Zum Vergleich: In den USA liegt das Potenzialwachstum mindestens einen Prozentpunkt höher als im Euroraum. Dies ist unter anderem auf die wachsende US-Bevölkerung zurückzuführen, während im Euroraum die Bevölkerung stagniert. Die demografische Entwicklung hinterlässt sichtbare Spuren in den Wachstumschancen einer Volkswirtschaft. Günstige demografische Bedingungen, wie derzeit in China – hier steht eine große aktive Bevölkerung relativ wenigen Alten (aufgrund der geringen Lebenserwartung in der Vergangenheit) und relativ wenigen Jüngeren (eine Folge der Ein-Kind-Politik) gegenüber – sind ein Wachstumsmotor. In ab-

China

sehbarer Zeit werden aber auch in China die negativen Folgen des demografischen Wandels zu beobachten sein. Längerfristig orientierte Finanzinvestoren werden in ihren Anlageentscheidungen die Bevölkerungsverhältnisse genau anschauen, sind sie doch ein gewichtiger Treiber der wirtschaftlichen Entwicklung.

2.1.2 Angebots- oder Nachfragepolitik: der nicht ausgestandene Konflikt zwischen Neoklassikern und Keynesianern

Unter Ökonomen besteht Uneinigkeit darüber, wie die Wirtschaftspolitik auf gesamtwirtschaftliche Fehlentwicklungen (Anstieg der Arbeitslosigkeit, Inflation, Wachstumsschwäche, außenwirtschaftliche Ungleichgewichte) reagieren soll. Zwei »Schulen« stehen sich hier gegenüber:

- Das auf der (neo-)klassischen Wirtschaftstheorie basierende Konzept der Angebotspolitik empfiehlt dem Staat, sich weitgehend aus dem Wirtschaftsgeschehen herauszuhalten. Zeitweilig auftretende Ungleichgewichte werden durch die Selbstheilungskräfte des Marktes korrigiert. Der Staat solle erst gar nicht versuchen, den Konjunkturverlauf zu beeinflussen, sondern sich darauf beschränken, wachstumsfreundliche Rahmenbedingungen zu schaffen. Das Hauptaugenmerk der Angebotstheorie (*Supply Side Economics*) richtet sich demnach in erster Linie auf die langfristige Entwicklung des Produktionspotenzials, sprich auf günstige Investitionsbedingungen. **Neoklassiker**

- Das auf den Arbeiten des britischen Ökonomen John Maynard Keynes beruhende Konzept der Nachfragepolitik sieht dagegen eine aktive wirtschaftspolitische Rolle des Staates vor. Im Falle einer Rezession soll der Staat nach Meinung der Keynesianer mit zusätzlicher eigener Güternachfrage – ergänzt um eine expansive Geldpolitik der Notenbank – die Konjunktur wieder in Schwung bringen (*Demand Management*). Ansonsten kann es zu einer sich selbst verstärkenden Abwärtsspirale aus schrumpfender Wirtschaft und zunehmender Arbeitslosigkeit kommen. Zu warten, bis sich der Markt wieder von selbst ins Gleichgewicht bringt, kann inakzeptabel hohe volkswirtschaftliche Kosten mit sich bringen. Die Keynesianer konzentrieren sich auf die kurz- bis mittelfristige Konjunkturbeeinflussung. **Keynesianer**

Zunächst erscheinen die Unterschiede der beiden Konzeptionen rein akademischer Natur zu sein, über die sich die Gelehrten trefflich streiten, die aber für den Finanzinvestor nicht von Belang sind. Dem ist aber nicht so. Ob die Wirtschaftspolitik eines Landes eher keynesianisch orientiert ist oder eher zurückhaltend im Sinne der Angebotstheorie agiert, kann für Anlageentscheidungen nämlich sehr wohl eine Rolle spielen, wie anhand der folgenden Beispiele kurz skizziert werden soll. **Konsequenzen für Anlageentscheidungen**

Beispiel 1: Konjunkturprogramme zur Stärkung der gesamtwirtschaftlichen Nachfrage setzen häufig an der Bautätigkeit an, da hiervon größtmögliche Verstärkungseffekte – in der Sprache der Ökonomen: Multiplikatorwirkungen – erhofft werden. Unternehmen, die in diesem Sektor tätig sind, werden davon überdurchschnittlich profitieren. Für die Branchenallokation im Bereich Aktien kann dies durchaus von Bedeutung sein.

Beispiel 2: Eine dauerhaft sehr expansiv ausgerichtete Geld- und Fiskalpolitik führt regelmäßig zu steigender Inflation und zunehmender Staatsverschuldung. Steigende Zinsen und damit Kursverluste bei bereits im Umlauf befindlichen Rentenpapieren sind die wahrscheinliche Folge.

Beispiel 3: Trotz sich abzeichnender Konjunkturkrise verzichten Staat und Notenbank auf geld- und fiskalpolitische Gegenmaßnahmen. Dies kann dazu führen, dass eine Volkswirtschaft in eine deflationäre Abwärtsspirale gerät. Ein solches Umfeld ist für realwirtschaftliche Anlagen (Aktien, Immobilien) eher ungünstig, während festverzinsliche Papiere aufgrund sinkender Zinsen zunächst profitieren.

Schon diese wenigen Beispiele zeigen, dass es durchaus lohnenswert ist, einen zweiten, genaueren Blick auf die grundlegenden wirtschaftspolitischen Konzeptionen zu richten.

Wurzeln, Grundannahmen und Empfehlungen der neoklassischen Angebotspolitik

Klassiker

• **Historische Grundlage:** Die klassische Volkswirtschaftslehre (»Nationalökonomie«), die untrennbar mit Namen wie Adam Smith (1723 – 1790), David Ricardo (1772 – 1823) oder John Stuart Mill (1806 – 1873) verbunden ist, entwickelte die theoretischen Eckpfeiler des marktwirtschaftlichen Wirtschaftssystems. Die »unsichtbare Hand«, die Angebot und Nachfrage in Einklang bringt, sorgt für ein Gleichgewicht am Markt. Staatliche Eingriffe werden weitestgehend abgelehnt. Die Ideen

Neoklassiker

der Klassiker wurden später von den Neoklassikern wie Alfred Marshall (1842 – 1924) oder Vilfredo Pareto (1848 – 1924) im Rahmen der Mikroökonomie formalisiert und weiterentwickelt. In der zweiten Hälfte des 20. Jahrhundert erlebte die klassische

Wirtschaftstheorie dann nach der Blütezeit des Keynesianismus eine Renaissance. Friedrich von Hayek (1899 – 1992) und Milton Friedman (1912 – 2006) waren dabei prägend. Friedman gilt als Begründer des modernen Monetarismus (siehe Kapitel 1.2), welcher der Geldpolitik eine zentrale Rolle bei der Inflationsbekämpfung zuweist. Die Angebotstheorie, die vor allem vom amerikanischen Präsidenten Ronald Reagan (»Reaganomics«) und der britischen Premierministerin Margaret Thatcher (»Thatcherism«) in den 1980er-Jahren in die Praxis umgesetzt wurde, vereinigt Ideen der neoklassischen und monetaristischen Theorie.

Monetarismus

- **Inhärente Stabilität des privaten Sektors:** Die Überlegenheit des privatwirtschaftlich organisierten Marktsystems bei der Lösung von ökonomischen Problemen ist das Credo der Neoklassik. Die Marktkräfte sorgen demnach dafür, dass auf allen Märkten mittel- bis langfristig Gleichgewichtssituationen eintreten, sofern sich die Marktkräfte ausreichend frei entfalten können. Dies gilt auch für Volkswirtschaften als Ganzes. Ungleichgewichte sind höchstens vorübergehende Phänomene. Staatliche Eingriffe (beispielsweise in den Preismechanismus) werden aus neoklassischer Warte äußerst skeptisch beurteilt, da sie den Marktmechanismus stören.

- **»Jedes Angebot schafft sich seine Nachfrage« (Say´sches Theorem):** Wenn Güter produziert werden, entsteht Einkommen in gleicher Höhe. Dieses Einkommen kann für Konsumausgaben verwendet (damit wird es unmittelbar nachfragewirksam) oder gespart werden. Im zweiten Fall werden die Ersparnisse über den Kapitalmarkt an den Unternehmenssektor transferiert und zur Finanzierung von Investitionen verwendet. Auch in diesem Fall wird das Einkommen nachfragewirksam. Restriktionen von der Nachfrageseite können damit auf Dauer nicht entstehen. Überproduktion ist höchstens vorübergehender Natur. Es besteht eine Unendlichkeit der Bedürfnisse.

Say´sches Theorem

- **Der Schumpeter´sche Pionierunternehmer:** Der Ökonom Josef Alois Schumpeter (1883 – 1959) rückte die Rolle des Unternehmers in den Vordergrund. Sollte es Sättigungstendenzen auf einzelnen Märkten geben, werden innovative Pionierunternehmer mit neuen Produkten neue Märkte erschließen. Alte

Schöpferische
Zerstörung

Industrien verschwinden, neue entstehen. Schumpeter spricht von »schöpferischer Zerstörung«. Eine Marktwirtschaft befindet sich damit in einem permanenten Strukturwandel. Lohn des Pionierunternehmers sind vorübergehende Monopolgewinne, die im Lauf der Zeit durch Nachahmer aber wegkonkurriert werden. Kleine Randnotiz: Für Aktieninvestoren sind diese Unternehmen, solange sie sich noch in der Aufbauphase befinden, möglicherweise »Hauptgewinne«.

Wirtschaftspolitische
Empfehlung
der Klassiker

Aus diesen Überlegungen lässt sich eine Reihe von wirtschaftspolitischen Empfehlungen ableiten:

- Der Staat soll sich möglichst weit aus dem wirtschaftlichen Geschehen heraushalten. Insbesondere Eingriffe in den Konjunkturverlauf haben häufig zyklusverstärkende Effekte und bewirken damit das Gegenteil von dem ursprünglich angestrebten Ziel.
- Wichtigste Aufgabe des Staates ist stattdessen die Schaffung eines geeigneten Ordnungsrahmens, da dadurch das Potenzialwachstum gesteigert werden kann. Dazu zählen etwa ein investitionsfreundliches Steuersystem, der Abbau von (Über-)Regulierungen, die Privatisierung von staatlichen Aufgaben oder eine leistungsfähige Infrastruktur. Staatliche Aufgaben sollten schwerpunktmäßig investiv und nicht konsumtiv sein.
- Den einzelnen Institutionen werden klare Aufgaben zugewiesen: Die Geldpolitik der Notenbank ist für die Preisniveaustabilität verantwortlich, die Lohnpolitik der Tarifpartner für hohe Beschäftigung sowie die staatliche Fiskalpolitik für die Versorgung mit öffentlichen Gütern.

Das Gegenkonzept: die keynesianische Nachfragesteuerung

Ausgangspunkt:
Weltwirtschaftskrise

- **Historische Grundlagen:** Keynes entwickelte seinen Gegenentwurf zu der damals vorherrschenden neoklassischen Theorie vor dem Hintergrund der Großen Weltwirtschaftskrise (1929 bis 1933). Angesichts der Unfähigkeit des marktwirtschaftlichen Systems, in ein Vollbeschäftigungsgleichgewicht zurückzukehren, stellte er einen zentralen Baustein der Neoklassik infrage. Er forderte ein aktives Eingreifen des Staates, um der allgemeinen Nachfrageschwäche entgegenzuwirken. Vor allem in der Zeit nach dem Zweiten Weltkrieg kam das keynesianische Konzept der Konjunktursteuerung so richtig in Mode. Auf theoretischer Ebene wurde es unter anderem von John R. Hicks (1904 – 1989) weiterentwickelt, der zusammen mit A. H. Hansen das bekannte IS-LM-Modell schuf und als Hauptvertreter der »Postkeynesianer« gilt.

Postkeynesianer

- **Inhärente Instabilität des privaten Sektors:** Wirtschaftliche Instabilitäten sind ein dem kapitalistischen Wirtschaftssystem innewohnender Bestandteil. Gleichgewichtsstörungen werden nicht immer automatisch durch die Marktkräfte beseitigt. Verantwortlich dafür sind zum einen Marktunvollkommenheiten (Lohn- und Preisstarrheiten), zum anderen instabile Verhaltensweisen der privaten Wirtschaftssubjekte. Letztere verursachen über eine schwankende Investitionstätigkeit Ausschläge im Konjunkturverlauf.

- **Gesamtwirtschaftliche Güternachfrage im Mittelpunkt:** Im Gegensatz zum Say'schen Theorem bestimmt bei den Keynesianern die Güternachfrage die Produktionshöhe. Oder anders formuliert: Jede Nachfrage schafft sich ihr Angebot. Eine sinkende Güternachfrage führt demgegenüber zu Produktionseinschränkungen und in der Folge zu steigender Arbeitslosigkeit.

Jede Nachfrage schafft sich ihr Angebot

- **Zentrale Rolle der Fiskalpolitik (Fiscal Policy):** In der keynesianischen Konzeption genießt die Bekämpfung der Arbeitslosigkeit Priorität gegenüber anderen wirtschaftspolitischen Zielen. Der staatlichen Fiskalpolitik fällt dabei eine zentrale Rolle zu. Sie hat die Aufgabe, mittels kurzfristiger Einnahme- und Ausgabevariationen die Gesamtnachfrage so zu steuern, dass die Beschäftigung zunimmt. Im Idealfall wird Vollbeschäftigung erreicht. Der öffentliche Haushalt wird damit ganz in den Dienst der gesamtwirtschaftlichen Stabilisierungspolitik gestellt. In Abgrenzung zu den Monetaristen werden die Keynesianer deshalb auch als Fiskalisten bezeichnet.

Folgende wirtschaftspolitische Handlungsempfehlungen werden daraus abgeleitet:

- Staatliche Eingriffe in den Wirtschaftsablauf sind im keynesianischen Konzept aufgrund von Marktversagen zwingend nötig. Starke Konjunkturausschläge sollen im Rahmen der antizyklischen Wirtschaftspolitik verhindert oder zumindest gedämpft werden.

- Der Staat steht in der beschäftigungspolitischen Verantwortung. Ein Anstieg der Arbeitslosigkeit erfordert staatliche Gegenmaßnahmen. Den Entscheidungsträgern wird ein relativ großer (diskretionärer) Handlungsspielraum eingeräumt.

- Vorübergehende staatliche Defizite infolge von Ausgabensteigerungen oder Steuersenkungen sind hinzunehmen. Der Budgetausgleich soll über den gesamten Zyklus hinweg erfolgen, sprich im Aufschwung und Boom sollen die zuvor gemachten Schulden zurückgezahlt werden.

Nach der Dominanz der monetaristischen Gegenrevolution hat in den letzten Jahren keynesianisches Gedankengut vor allem in der wirtschaftspolitischen Praxis wieder Boden gutgemacht. Insbesondere in den USA wird in konjunkturellen Schwächephasen inzwischen wieder ganz unverblümt nach der helfenden Hand des Staates und der Notenbank gerufen. Negative Begleiterscheinungen wie hohe Inflationsraten und eine überbordende Staatsverschuldung, die die keynesianische Nachfragesteuerung in den siebziger und achtziger Jahren des vorherigen Jahrhunderts diskreditierten, scheinen hingegen als nicht allzu problematisch angesehen zu werden. Dis Diskussion über die Einflussnahme des Staates auf den Konjunkturverlauf dürfte also noch weitergehen.

2.1.3 Bekämpfung von Arbeitslosigkeit: eine zentrale makroökonomische Frage

Arbeitslosigkeit stellt in der Bundesrepublik Deutschland seit Jahrzehnten das wichtigste wirtschaftspolitische Problem dar. 2007 waren im Durchschnitt 3,8 Millionen Personen bei der Bundesagentur für Arbeit als arbeitslos registriert. Dies entspricht einer Arbeitslosenquote von rund neun Prozent. Dank einer guten Konjunkturentwicklung, günstiger Wetterverhältnisse und den zuvor durchgeführten Strukturreformen verringerte sich die Arbeitslosigkeit gegenüber dem Vorjahr um etwa 700.000. Neben den registrierten Arbeitslosen gibt es jedoch zusätzlich noch einen erheblichen Teil »versteckter« Arbeitsloser, die nicht in den offiziellen Statistiken erfasst sind (Stille Reserve). Mit anderen Worten: Das im Stabilitäts- und Wachstumsgesetz formulierte Ziel eines hohen Beschäftigungsstandes wird seit langem deutlich verfehlt.

Stille Reserve

Vollbeschäftigung bzw. ein hoher Beschäftigungsstand gilt als *unmittelbares* Ziel der Wirtschaftspolitik. Die Begründung hierfür liegt in den Nachteilen, die bei einem niedrigen Beschäftigungsstand bzw. hoher Arbeitslosigkeit entstehen:

Negative Auswirkungen einer hohen Arbeitslosigkeit

- **Gesamtwirtschaftliche Wachstumseinbuße:** Bei Arbeitslosigkeit wird das volkswirtschaftliche Produktionspotenzial nicht voll-

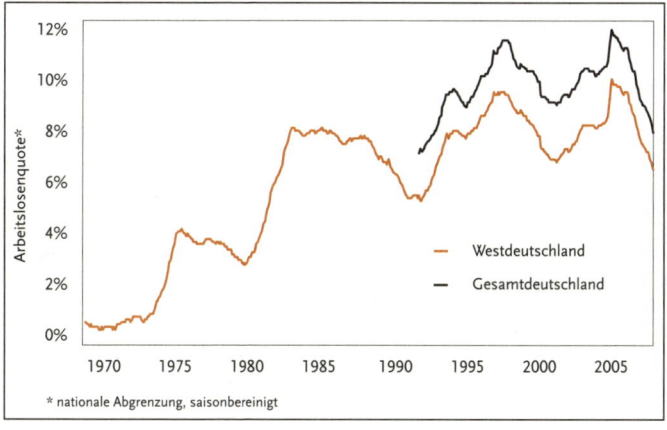

Abbildung:
Entwicklung der Arbeitslosenquote in Deutschland – saisonbereinigt (Quelle: Reuters EcoWin Februar 2008)

135

ständig ausgeschöpft. Eine Gesellschaft büßt dadurch dauerhaft materiellen Wohlstand ein. Umgekehrt sorgt ein Beschäftigungsaufbau für eine konjunkturelle Belebung, da damit in der Regel eine wachsende Kaufkraft verbunden ist.

- **Beeinträchtigung der sozialen Sicherungssysteme und der öffentlichen Haushalte:** Die Sozialsysteme und staatlichen Haushalte kommen bei hoher Arbeitslosigkeit von zwei Seiten unter Druck: Einerseits nehmen die Ausgaben für Arbeitslosenhilfe, Sozialhilfe usw. zu. Andererseits vermindern sich bei einem Rückgang der Beschäftigung die Steuereinnahmen und Beitragszahlungen in die Sozialkassen.
- **Verschlechterung der individuellen Einkommenssituation:** Mit dem Verlust des Arbeitsplatzes verschlechtert sich in der Regel der Lebensstandard in den betroffenen Haushalten. Damit verbunden sind häufig aber auch psychische Probleme bei den Betroffenen (Statusverlust, verringertes Selbstwertgefühl) sowie negative gesellschaftliche Folgen.
- **Politische Instabilität:** Massenarbeitslosigkeit kann im Extremfall zu einer Bedrohung demokratischer Regierungssysteme führen. Als einer der Hauptgründe für den Zusammenbruch der Weimarer Republik und die Machtübernahme der Nationalsozialisten 1933 in Deutschland gilt der starke Anstieg der Arbeitslosigkeit Anfang der dreißiger Jahre.

Arbeitslosigkeit liegt vor, wenn das Erwerbspersonenpotenzial (»alle arbeitswilligen und arbeitsfähigen Personen«) die Zahl der tatsächlich Erwerbstätigen übersteigt. Die Erfassung des Erwerbspersonenpotenzials, also des gesamten Arbeitsangebots einer Volkswirtschaft, erweist sich in der Praxis als schwierig, da es nicht direkt messbar ist, sondern höchstens geschätzt werden kann. Damit ist aber auch die Zahl der tatsächlich Arbeitslosen nicht direkt zu ermitteln. Aus diesem Grund bedient man sich in den europäischen Ländern der sogenannten registrierten Arbeitslosenquote als Indikator für die Lage am Arbeitsmarkt. Sie setzt in Deutschland die bei der Bundesagentur für Arbeit gemeldeten Arbeitslosen ins Verhältnis zu den gesamten Erwerbspersonen (= Erwerbstätige und registrierte Arbeitslose):

> Registrierte Arbeitslosenquote = (Zahl der registrierten Arbeits-
> losen/Erwerbspersonen) x 100

Allerdings sind nicht alle tatsächlich Arbeitslosen auch in der Statistik erfasst. Zu der Stillen Reserve werden Personen gezählt, die unfreiwillig nicht erwerbstätig, aber dennoch nicht registriert sind (z. B. Teilnehmer an ABM-Maßnahmen, Teilnehmer an Fortbildungsmaßnahmen, Vorruhestand, Kurzarbeit). Die offizielle Arbeitslosenquote unterschätzt damit den tatsächlichen Grad der Arbeitslosigkeit. Durch die unterschiedliche Erfassung der Arbeitslosigkeit in den verschiedenen Ländern sind Arbeitslosenquoten international nicht ohne Weiteres vergleichbar.

Arten von Arbeitslosigkeit

Arbeitslosigkeit kann sehr unterschiedliche Ursachen haben. Die gebräuchlichste Differenzierung ist die nach der Dauer:

- **Friktionelle Arbeitslosigkeit (»Sucharbeitslosigkeit«):** Diese Form der Arbeitslosigkeit hat einen kurzfristigen Charakter (unter drei Monaten). Sie tritt auf, wenn bei Arbeitsplatzwechsel vorübergehend keine Beschäftigung besteht. Friktionelle Arbeitslosigkeit entsteht beispielsweise bei Suchprozessen nach einer neuen Stelle. Sie liegt damit in der Natur des Arbeitsmarktes und bedarf keiner wirtschaftspolitischer Interventionen. Hilfestellungen von öffentlicher Seite sollte sich im Wesentlichen auf die Bereitstellung von Informationen über freie Stellen und Vermittlungtätigkeiten beschränken, sofern sich dies nicht von privater Seite effizienter organisieren lässt (z. B durch private Arbeitsvermittler).

- **Saisonale Arbeitslosigkeit:** Darunter versteht man Schwankungen in der Beschäftigungshöhe, die jahreszeitliche Ursachen haben und damit auch kurzfristiger Natur sind. Diese Schwankungen können sowohl in der Produktion (Landwirtschaft, Baugewerbe) als auch in der jahreszeitlich schwankenden Güternachfrage (Tourismus, Weihnachtsgeschäft) begründet sein. Eine ursachengerechte Bekämpfung ist hier praktisch ausgeschlossen.

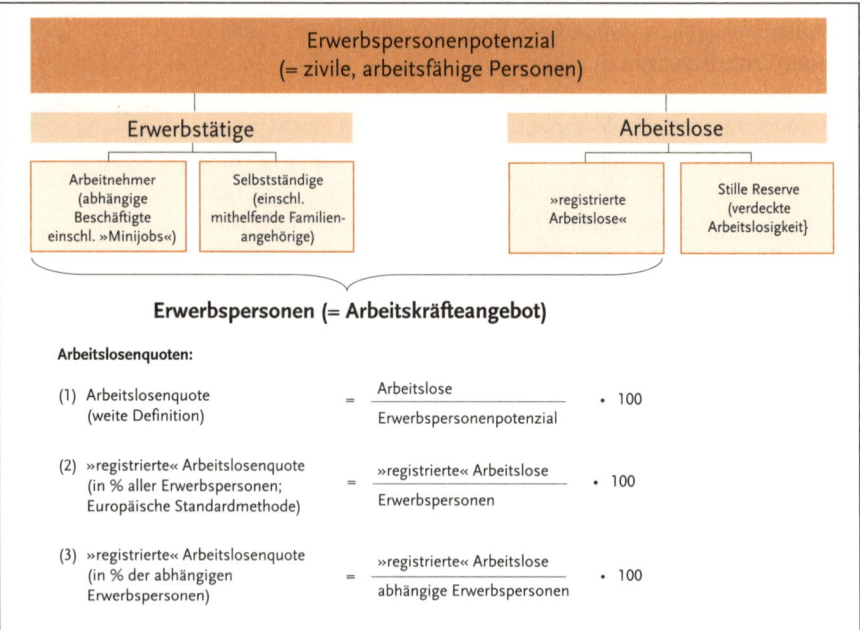

Abbildung:
Erwerbspersonen-
potenzial
und Arbeitslosen-
quote

- **Konjunkturelle Arbeitslosigkeit:** Zurückführen ist diese Art der Arbeitslosigkeit auf eine zu geringe gesamtwirtschaftliche Güternachfrage. In konjunkturellen Abschwungphasen bzw. in der Rezession werden die volkswirtschaftlichen Produktionskapazitäten nicht mehr vollständig ausgelastet. Die Nachfrage nach Arbeitskräften lässt nach, es wird vermehrt zu Kurzarbeit übergegangen und die Zahl der Entlassungen nimmt zu. Konjunkturelle Arbeitslosigkeit ist jedoch nur ein vorübergehendes Phänomen als Folge eines Nachfrageeinbruchs. Mit Erholung der Wirtschaft bildet sie sich (meist mit zeitlicher Verzögerung) wieder zurück. Zur Bekämpfung konjunktureller Arbeitslosigkeit sind alle Maßnahmen geeignet, die die gesamtwirtschaftliche Nachfrage, sprich das tatsächliche BIP, stimulieren. An erster Stelle sind eine expansive Geld- und Fiskalpolitik zu nennen (vergleiche das Konzept der keynesianischen Nachfragepolitik).
- **Verfestigte oder strukturelle Arbeitslosigkeit:** Arbeitslosigkeit ist

in Deutschland zum überwiegenden Teil auf strukturelle Ursachen zurückzuführen. Im Gegensatz zur konjunkturellen Arbeitslosigkeit gilt diese Form der Arbeitslosigkeit als zählebig. Sie verschwindet nicht im Zuge eines Konjunkturaufschwungs. Einerseits versteht man darunter die Formen von Arbeitslosigkeit, die entstehen, wenn Angebot und Nachfrage auf dem Arbeitsmarkt nicht zusammenpassen (Mismatch Unemployment). Es liegt also kein allgemeines Ungleichgewicht auf dem Arbeitsmarkt vor, sondern Ungleichgewichte auf regionalen, beruflichen, branchenmäßigen und/oder personenspezifischen Teilarbeitsmärkten. Anders formuliert: Arbeitslose und offene Stellen finden aufgrund von Merkmalsunterschieden (Qualifikation, regionale Verteilung) nicht zueinander. Gründe hierfür sind Strukturveränderungen in der Volkswirtschaft (z. B führt der Wandel von der Industrie- zur Dienstleistungsgesellschaft zu einer veränderten Arbeitskräftenachfrage) oder persönliche Eigenschaften von Arbeitslosen (z. B unzureichende regionale Mobilität, Qualifikationsmängel usw.). Andererseits kann es in einer gesamten Volkswirtschaft infolge dauerhaft zu geringen Wirtschaftswachstums zu lang anhaltender Arbeitslosigkeit kommen (*Growth Gap Unemployment*). Übersteigt beispielsweise der Produktivitätsfortschritt den Zuwachs des Produktionsvolumens, so entsteht sogenannte technologische Arbeitslosigkeit. Der zugrunde liegende Rationalisierungsprozess ist nicht zuletzt häufig die Folge zu hoher Lohnkosten, weswegen auch von lohnkosteninduzierter Arbeitslosigkeit (klassische Arbeitslosigkeit) gesprochen wird. Die allgemeine Wachstums-

Mismatch Unemployment

Technologische Arbeitslosigkeit

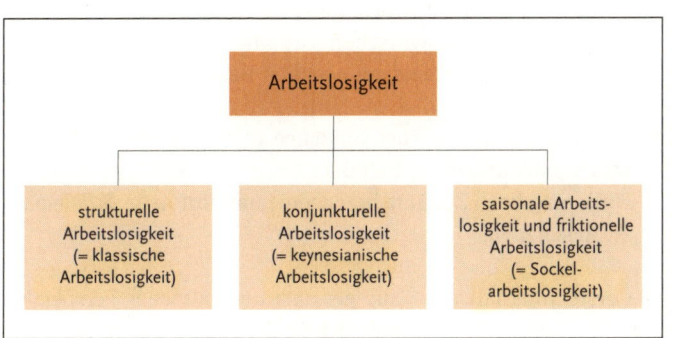

Abbildung:
Arten von Arbeitslosigkeit

schwäche einer Volkswirtschaft ist in der Regel auf ein ganzes Bündel von Ursachen zurückzuführen (z. B Kapitalmangel, demografische Faktoren).

Ansatzpunkte zum Abbau der strukturellen Arbeitslosigkeit

In strukturschwachen oder einseitig ausgerichteten Wirtschaftsräumen tritt häufig das Problem sogenannter regionaler Arbeitslosigkeit auf. Ist die Unterbeschäftigung auf eine ungünstige räumliche Lage zurückzuführen, kann durch Infrastrukturmaßnahmen (z. B. bessere Verkehrsanbindung) der Standortnachteil zumindest verringert und so die Schaffung neuer Arbeitsplätze erleichtert werden. Bei einer Strukturschwäche, die auf eine einseitige Branchenstruktur zurückzuführen ist, kann durch eine gezielte Ansiedlungspolitik die Abhängigkeit von einem Wirtschaftssektor verringert werden. Neben diesen Maßnahmen, die darauf abzielen, »Arbeitsplätze zu den Menschen zu bringen«, ist die Verringerung von regionalen Arbeitsmarktungleichgewichten auch durch eine Förderung der Mobilität möglich. Regionale Mobilität wird beispielsweise durch steuerliche Absetzbarkeit von Fahrtkosten, doppelter Haushaltsführung sowie durch Umzugsbeihilfen von staatlicher Seite gefördert. Problematisch ist dabei jedoch, dass ohnehin wirtschaftlich schwache Regionen unter Umständen weiter ausgedünnt werden, während in prosperierenden Räumen durch Einpendler und Zuwanderer zusätzliche Ballungskosten auftreten.

Branchenspezifische Arbeitslosigkeit ist eine Folge des Strukturwandels in der Volkswirtschaft. Grundsätzlich gibt es zwei Strategien, um damit verbundene negative Beschäftigungseffekte zu verringern:

- Erhalt strukturschwacher Branchen durch Subventionen oder Schutzmaßnahmen (z. B Zölle),
- Förderung von »Zukunftsbranchen«, um dort neue Arbeitsplätze zu schaffen.

Die erste Alternative ist aus gesamtwirtschaftlicher Perspektive zwar der falsche Weg, erfreut sich in der Praxis jedoch nach wie

Regionale Arbeitslosigkeit

Branchenspezifische Arbeitslosigkeit

140

vor großer Beliebtheit. Die hierfür gebundenen Finanzmittel erhöhen die allgemeine Steuerbelastung und stehen nicht für produktivere Zwecke zur Verfügung. Dauerhafte Subventionen stellen damit ein Wachstumshemmnis dar, welches langfristig die Probleme am Arbeitsmarkt noch verschärft. Statt einzelne Branchen gezielt zu unterstützen, wäre es aus volkswirtschaftlicher Sicht sinnvoller, die Rahmenbedingungen insgesamt wachstumsfreundlicher zu gestalten. Sozial unerwünschte Folgen des (regionalen und) sektoralen Strukturwandels sind aus ökonomischer Sicht sinnvoller durch direkte Transferzahlungen zu bekämpfen.

Die strukturelle Arbeitslosigkeit schlägt sich in Deutschland indes vor allem bei den Langzeitarbeitslosen – Personen, die länger als ein Jahr arbeitslos sind – und der hohen Zahl gering qualifizierter Arbeitsloser nieder. Der Sachverständigenrat zur Begutachtung der gesamtwirtschaftlichen Entwicklung weist in seinen Jahresgutachten regelmäßig auf Ansatzpunkte hin, die zu einem Abbau der verfestigten Arbeitslosigkeit beitragen sollten. Als Vorschläge werden genannt:

Langzeitarbeitlose

Vorschläge des Sachverständigenrats

- **Stärkung der Nachfrage nach Arbeit:** Die Nachfrage der Unternehmen nach Arbeitskräften hängt entscheidend vom Lohnniveau (einschließlich Lohnzusatzkosten) und der Lohnstruktur ab. Reformansätze haben daher sowohl an den überwiegend tarifvertraglich geregelten Löhnen als auch an der Abgabenbelastung des Arbeitseinkommens anzusetzen. Angesichts der herrschenden Arbeitslosigkeit sollten die Bruttolöhne in geringerem Ausmaß steigen als die Arbeitsproduktivität, um so Spielraum für zusätzliche Beschäftigung zu schaffen. Darüber hinaus bedarf es einer Lockerung der Flächentarifverträge (z. B vermehrte Öffnungsklauseln, Abschaffung der Allgemeinverbindlichkeitserklärung), um besser auf betriebsspezifische Anforderungen reagieren zu können. Durch eine stärkere Lohndifferenzierung könnte vor allem im Niedriglohnbereich der Rationalisierungsdruck gemindert werden. Die hohe Belastung der Arbeitseinkommen mit Steuern und Sozialabgaben treibt einen immer größeren Keil zwischen die Arbeitskosten der Unternehmen und den für die Arbeitnehmer relevanten Nettolöhne. Sozialabgaben stellen aus ökonomischer Sicht eine Steuer auf den Faktor Arbeit dar und führen damit zu einer verringerten

Nachfrage. Mit einer Verringerung der Abgabensätze für Arbeit wären positive Beschäftigungseffekte wahrscheinlich.

- **Senkung der Anspruchslöhne und Ausbau des Niedriglohnbereichs:** Beschäftigungsprobleme treten besonders bei gering qualifizieren Arbeitnehmern auf. Zum einen wirkt sich gerade in diesem Sektor die Belastung des Arbeitseinkommens mit Sozialabgaben relativ stark aus, was die Arbeitsnachfrage dämpft (die Substitutionsmöglichkeiten durch den Produktionsfaktor Kapital sind hier besonders hoch). Zum anderen ist der Anreiz für Personen mit niedrigem Bruttoeinkommen zur Aufnahme eines regulären Beschäftigungsverhältnisses angesichts der hohen Abgabenbelastung und des geringen Abstands zu Lohnersatzleistungen eher gering. Um die Arbeitsanreize im Niedriglohnsegment zu erhöhen und die Lohnkosten zu senken, wird vom SVR eine Senkung bzw. Befristung der Lohnersatzleistungen gefordert. Die flächendeckende Einführung von Mindestlöhnen ist aus Beschäftigungssicht negativ zu beurteilen.

- **Verbesserung der Abstimmungsmechanismen zwischen Angebot und Nachfrage am Arbeitsmarkt:** Durch den Abbau von Arbeitsmarktrigiditäten sollen zusätzliche Beschäftigungsimpulse geschaffen werden. Genannt wird unter anderem eine Lockerung des Kündigungsschutzes, der sich vor allem in Kleinbetrieben als Einstellungshemmnis herausgestellt hat. Die »Sozialauswahl« (nach Kriterien wie Alter, Betriebszugehörigkeit, Familienstand, usw.) bei betriebsbedingten Kündigungen erweist sich inzwischen insbesondere bei älteren Arbeitslosen als ein wichtiges Einstellungshindernis und erklärt zum Teil den hohen Anteil an Langzeitarbeitslosen in dieser Gruppe. Bei Neueinstellungen soll die Möglichkeit geschaffen werden, freiwillige Abfindungsregeln an Stelle von Kündigungsschutzbestimmungen zu vereinbaren.

Kündigungsschutz

Reformen am Arbeitsmarkt verheißen jedoch nicht unbedingt rasche Erfolge. Die hierdurch beabsichtigten Wirkungen für Wachstum und Beschäftigung erfordern eine »Politik des langen Atems«. Dies steht jedoch häufig im Widerspruch zu eher kurzfristigen Interessen der Politiker, deren Perspektive in erster Linie auf den nächsten Wahltag ausgerichtet ist. Reformen am Arbeitsmarkt werden zudem durch den starken Einfluss der Interessengruppen der Arbeitgeber und Arbeitnehmer erschwert, denen im Rahmen der deutschen Arbeitsmarktordnung eine starke Stellung einge- räumt wird.

2.2 Zur Bedeutung von Konjunkturindikatoren

2.2.1 Konjunkturzyklus und Vermögenspreise

Der Konjunkturverlauf ist nicht nur ein Thema für (Wirtschafts-) Politiker, Notenbanker oder Tarifpartner. Speziell Finanzinvestoren sollten die Konjunktur stets im Blick behalten, ist sie doch neben den Zinsen der wichtigste gesamtwirtschaftliche Bestimmungsfaktor für die Kursentwicklung an den Wertpapiermärkten.

Beispiel Aktienmärkte: In wirtschaftlichen Boomphasen steigen die Unternehmensgewinne, was sich in der Regel positiv in den Kursen niederschlägt.

Beispiel Rentenmärkte: In einer Rezession nimmt der Inflationsdruck gewöhnlich ab, was zu sinkenden Renditen und damit steigenden Kursen bei Staatsanleihen führt.

Kapitalmärkte laufen der Konjunktur voraus

Allerdings ist zu bedenken, dass die Kapitalmärkte der Konjunktur in der Regel vorauslaufen. Wenn also, um auf das Beispiel Aktienmarkt zurückzugreifen, die Konjunkturbelebung bereits für jedermann sichtbar ist, sind die Aktien meist schon teuer. Wer jetzt erst investiert, könnte zu spät dran sein. Oder in der Sprache der Analysten: Der Aufschwung ist in den Kursen bereits eingepreist. Der vorausschauende Aktieninvestor sollte deshalb am Übergang vom Abschwung in den nächsten Aufschwung sein Depot bereits aufgefüllt haben. Die entscheidende Frage lautet damit, wie sich die Konjunktur zukünftig entwickeln wird. Gerade die Vorhersage konjunktureller Wendepunkte gilt als eine der Königsdisziplinen unter den Makroökonomen in den Analyseabteilungen der großen Investmenthäuser. In diesem Zusammenhang kommt eine Vielzahl von Konjunkturindikatoren zum Einsatz, auf die in den nächsten beiden Abschnitten etwas näher eingegangen wird.

Selbst für Anleger, die nicht die Wahl zwischen einzelnen Asset-

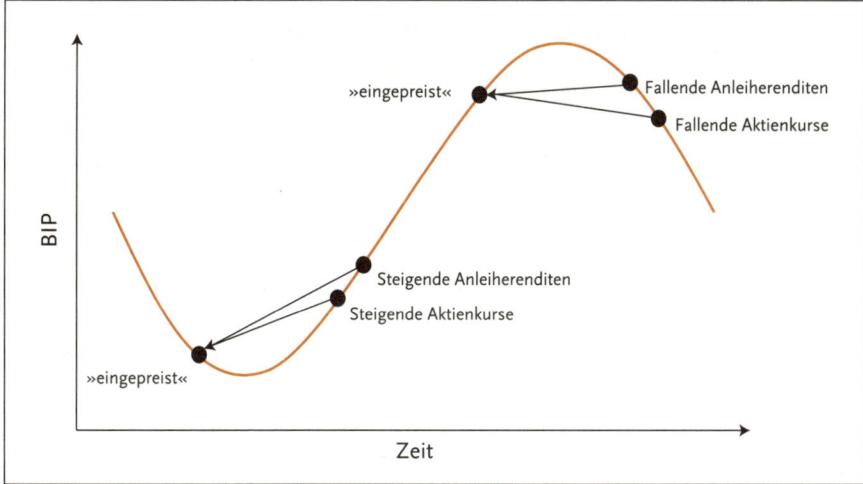

Abbildung:
Konjunkturzyklus
und Vermögens-
preise

Klassen wie Aktien oder Renten haben, kann der Konjunkturverlauf für die Portfoliostrukturierung eine wichtige Rolle spielen. So
wird ein Aktienfondsmanager, der aufgrund von Anlagerichtlinien
vollständig in Aktien investiert sein muss, bei seiner Branchen-
und Titelauswahl (konjunktur-)zyklische Aspekte berücksichtigen. Er wird im Abschwung auf defensive, sprich wenig kon-
junktursensitive Titel setzen. Dazu zählen etwa Stromversorger
oder Pharmaunternehmen, deren Produkte keinen allzu starken
Nachfrageschwankungen ausgesetzt sind. Im Aufschwung wird er
dagegen auf Zykliker wie Automobil- oder Investitionsgüterunter-
nehmen setzen.

Aktienauswahl

Der klassische Konjunkturverlauf mit seinen Auf- und Ab-
schwüngen wird aber immer mal wieder von Phasen unterbro-
chen, in denen die normalen Gesetzmäßigkeiten nicht mehr zu
gelten scheinen. Solche Perioden stellen für Investoren eine besondere Herausforderung dar. Zwei Beispiele:

Anomale Phasen

- *Stagflation* der 1970er-Jahre: Das Zusammentreffen wirtschaftlicher Stagnation und Inflation belastete sowohl Aktien (aufgrund geringer BIP-Zuwächse) als auch festverzinsliche Anleihen (aufgrund steigender Inflation). Die Situation war
  untypisch, da normalerweise wirtschaftlicher Aufschwung und
  Inflation bzw. Stagnation und Disinflation Hand in Hand ge-

hen. Doch durch die Ölpreisschocks wurde die Konjunktur abgewürgt und die Inflation nach oben getrieben.

- *New Economy* der 1990er-Jahre: Kräftiges BIP-Wachstum bei niedriger Inflation war das Kennzeichen der Wirtschaftsentwicklung ab Mitte der 1990er-Jahre. Von diesem Umfeld profitierten sowohl Aktien als auch Anleihen. Ermöglicht wurde dies vor allem durch eine kräftige Zunahme der Produktivität infolge neuer Informations- und Kommunikationstechnologien (IT-Boom). Die schnell zunehmende Güternachfrage traf dadurch auf ein wachsendes Güterangebot, was den Aufwärtsdruck auf die Preise nachhaltig dämpfte. Die alten Gesetze der Ökonomie schienen außer Kraft gesetzt. In diesem Umfeld baute sich eine Aktienblase auf, die Anfang 2000 platzte. Damit wurde der Weg geebnet zur Rückkehr in den normalen Konjunkturzyklus.

2.2.2 Konjunkturindikatoren: Grundbegriffe

Nahezu jeden Tag werden irgendwelche wirtschaftlichen Kennzahlen von irgendwo in der Welt veröffentlicht. Manche davon lösen teilweise regelrechte Beben an den Finanzmärkten aus. Vor Bekanntgabe der amerikanischen Arbeitsmarktdaten am ersten Freitag eines Monats etwa scheinen die Marktteilnehmer manchmal geradezu in eine Schockstarre zu verfallen, um unmittelbar danach eine hektische Betriebsamkeit zu entfalten, sprich Wertpapiere zu verkaufen oder neue Positionen aufzubauen. Entsprechend kommt es an solchen Tagen immer wieder zu heftigen Ausschlägen an den Finanzmärkten. Andere Konjunkturzahlen werden dagegen nur mit einem Schulterzucken zur Kenntnis genommen. Damit stellt sich Frage, welche Eigenschaften ein Konjunkturindikator aufweisen muss, damit er Finanzmarktrelevanz erlangt.

Als die wichtigsten Merkmale gelten:

- **Regionaler Bezug:** Wegen der Bedeutung der US-Wirtschaft und des US-Finanzmarktes finden Konjunkturzahlen aus den USA die größte Beachtung.

- **Genauigkeit:** Bei Befragungen spielt beispielsweise die Größe und Repräsentativität einer Stichprobe eine wichtige Rolle.
- **Revisionsanfälligkeit:** Manche Zahlen wie das US-BIP werden nach der ersten vorläufigen Bekanntgabe in der Regel noch mehrmals revidiert. Dies schmälert ihre Bedeutung für die Finanzmärkte.
- **Aktualität:** Je aktueller Wirtschaftsdaten sind, desto stärker werden sie normalerweise beachtet.
- **Konjunkturphase:** Je nach Konjunkturphase rücken unterschiedliche Indikatoren in den Vordergrund. In einer Rezession bei unterausgelasteten Kapazitäten sind Inflationszahlen eher von nachrangiger Bedeutung, während sie in Boomphasen in den Vordergrund rücken.

Die Interpretation statistischer Daten ist für den Nicht-Fachmann oft kein ganz einfaches Unterfangen. Zum besseren Verständnis sind folgende Begriffe – ohne Anspruch auf Vollständigkeit – wichtig:

Wichtige Begriffe für die Interpretation statistischer Daten

- **Vergleichszeitraum:** Konjunkturdaten werden in der Regel als prozentuale Veränderung gegenüber einem Vergleichszeitraum angegeben, etwa gegenüber dem Vormonat (month-on-month, mom), dem Vorquartal (qoq) oder dem Vorjahr (yoy). In den USA ist zudem die Anwendung von Jahresraten gebräuchlich (Annualisierung). Dabei wird die Veränderung etwa gegenüber dem Vorquartal aufs Jahr hochgerechnet. Das heißt, es wird so getan, als ob der Zuwachs im betrachteten Zeitraum ein ganzes Jahr angehalten hätte. Liegt das BIP-Wachstum im 2. Quartal etwa bei einem Prozent, liegt die annualisierte Veränderungsrate bei rund vier Prozent.
- **Saison-/Kalendertagbereinigung:** Ein erheblicher Teil der Konjunkturindikatoren wird durch jahreszeitliche Entwicklungen (Wetter, Ferienzeiten, Feiertage) beeinflusst. Arbeitsmarktdaten dienen hier als Paradebeispiel, da die Beschäftigung im Winter aufgrund ungünstigerer Witterungsbedingungen traditionell sinkt (z. B. am Bau oder im Tourismus). Dadurch kann es bei Monatsvergleichen zu spürbaren Verzerrungen kommen, die die Aussagekraft der Zahlen stark beeinträchtigen. Gleiches gilt für die Lage der Feiertage. Ob Ostern im März oder April liegt,

wirkt sich unmittelbar auf das quartalsweise ermittelte BIP aus.

- **Nominale versus reale Größen:** Nominale Größen sind im Gegensatz zu realen Größen nicht preisbereinigt. Ein Anstieg des nominalen BIP kann entweder auf eine größere Menge an Gütern und Dienstleistungen zurückgeführt werden und/oder auf steigende Preise. Aussagekräftiger ist daher das reale BIP, welches sich auf Mengeneffekte beschränkt.

- **Revision:** Konjunkturdaten müssen teilweise nach ihrer Veröffentlichung nochmals angepasst werden. Je größer die Revisionsanfälligkeit, desto geringer ist in der Regel die Bedeutung für die Finanzmärkte.

- **Zeitliche Lage im Konjunkturzyklus:** Unterschieden werden vorlaufende, gleichlaufende und nachlaufende Konjunkturindikatoren, je nach zeitlichem Bezug zum Konjunkturzyklus. Die größte Bedeutung für die Finanzmärkte haben die vorlaufenden Indikatoren (Frühindikatoren).

- **Index:** Eine Reihe von Wirtschaftszahlen wird nur als Veränderung zu einem nach bestimmten Kriterien festgelegten Basiswert (Index) ermittelt. Dieses Verfahren wird beispielsweise in der Inflationsmessung angewendet.

2.2.3 Die wichtigsten Konjunkturindikatoren im Überblick

Market Mover

An den Finanzmärkten genießen die Konjunkturindikatoren aus den USA nach wie vor die mit Abstand größte Aufmerksamkeit. Sie gelten als Market Mover, die die Aktien-, Anleihe- und Devisenmärkte weltweit beeinflussen. Auf große Beachtung unter den Marktteilnehmern stoßen vor allem die der Konjunktur vorlaufenden Frühindikatoren. Von ihnen verspricht man sich Hinweise

Big Picture

darauf, wie das Makroökonomische Bild (Big Picture) zukünftig aussehen wird. Vor allem für die Asset Allocation (Portfolio-Strukturierung nach den großen Asset-Klassen Aktien, Renten, Geldmarkt und Rohstoffe) ist dies von zentraler Bedeutung.

Wichtigste Wirtschaftsdaten aus den USA				
Indikator	Quelle	Konjunktur-bezug	Erscheinungs-häufigkeit	Bemerkung
Bruttoinlands-produkt, BIP *(Gross Domestic Product, GDP)*	Department of Commerce, Bureau of Economic Analysis	Gleichlauf	Quartalsweise	Umfassendste Größe zur Erfassung der Wirtschafts-leistung. Revisionsanfällig-keit. Annualisierter Wert.
Industrie-produktion/ Kapazitätsaus-lastung *(Industrial Production/ Capacity Utilization)*	Federal Reser-ve Board	Gleichlauf	Monatlich	Neben dem BIP der wichtigste realwirtschaft-liche Indikator. Schwankt erheblich im Konjunktur-verlauf.
Auftragseingänge für langlebige Güter *(Durable Goods Orders)*	Department of Commerce, Census Bureau	**Vorlauf**	Monatlich	Schwankungsanfällig wegen unregelmäßig anfallender Großaufträge.
Arbeitsmarkt-bericht *(Employment Situation)*	Department of Labor, Bureau of Labor Statistics	Gleichlauf	Monatlich	Gilt als bedeutendster Kon-junkturindikator überhaupt. Wichtigste Bestandteile sind die Veränderung der Beschäftigtenzahlen und die Arbeitslosenquote.
ISM-Einkaufs-managerindex für das verarbeitende Gewerbe *(ISM Manufacturing Survey)*	Institute for Supply Management	**Vorlauf**	Monatlich	Basiert auf Befragungen. Die 50-Punkte-Marke gilt als Trennlinie zwischen wach-sender und schrumpfender Industrie.
ISM-Einkaufs-managerindex für das nichtverar-beitende Gewerbe *(ISM Non-Manu-facturing Business Survey)*	Institute for Supply Management	**Vorlauf**	Monatlich	Basiert auf Befragungen. Die 50-Punkte-Marke gilt als Trennlinie zwischen wachsender und schrump-fender Tätigkeit im Bau- und Dienstleistungssektor.
Verbraucherver-trauen *(Consumer Confidence Index)*	Conference Board	**Vorlauf**	Monatlich	Basiert auf Befragung unter Konsumenten.

Indikator	Quelle	Konjunktur-bezug	Erscheinungs-häufigkeit	Bemerkung
Persönliche Einkommen und Ausgaben *(Personal Income and Spending)*	Department of Commerce, Bureau of Economic Analysis	Gleichlauf	Monatlich	Persönliche Ausgaben repräsentieren mehr als zwei Drittel des US-BIP. Einkommen ist wichtig für die Prognose zukünftigen Konsums.
Einzelhandelsumsätze *(Retail Sales)*	Department of Commerce, Census Bureau	Gleichlauf	Monatlich	Ca. 40 Prozent der Konsumausgaben. Schwankungsanfälliger Indikator.
Verbraucherpreise *(Consumer Price Index)*	Department of Labor, Bureau of Labor Statistics	Nachlauf	Monatlich	Große Beachtung findet die um volatile Komponenten (Energie-, Nahrungsmittelpreise) bereinigte Kernrate.

Abbildung:
Konjunktur-indikatoren USA

Die Konjunkturindikatoren für den Euroraum leiden teilweise noch unter einer vergleichbar kurzen Datenhistorie, schließlich ist der Euro erst 1999 eingeführt worden. Die größte Beachtung unter den Wirtschaftsdaten des Euroraums findet immer noch der Ifo-Geschäftsklimaindex. Dabei handelt es sich um eine Kennzahl, die sich nur auf ein Mitgliedsland – nämlich Deutschland – bezieht. Allerdings entfällt auf Deutschland immerhin knapp ein Drittel der gesamten Wirtschaftsleistung des Euroraums. Hinzu kommt, dass Deutschland wegen seiner ausgeprägten industriellen Struktur und der hohen Exportquote als besonders zyklische Volkswirtschaft gilt. Das heißt nichts anderes, als dass sich konjunkturelle Veränderungen hierzulande besonders ausgeprägt bemerkbar machen.

Trotz des großen europäischen Binnenmarktes ist der Einfluss der US-Ökonomie immer noch beträchtlich. Meist läuft die Euroland-Konjunktur einige Monate hinter den US-Vorgaben her, was sich auch in den Frühindikatoren widerspiegelt (siehe unten stehende Abbildung mit ISM- und Ifo-Index, den wichtigsten Frühindikatoren aus beiden Wirtschaftsräumen). Dies erklärt auch die Aufmerksamkeit, die Wirtschaftsdaten aus den USA zuteil wird.

Wichtigste Konjunkturdaten aus dem Euroraum

Indikator	Quelle	Konjunk-turbezug	Erscheinungs-häufigkeit	Bemerkung
Bruttoinlands-produkt	Eurostat	Gleichlauf	Quartalsweise	Umfassendste Größe zur Erfas-sung der Wirtschaftsleistung. Zusätzlich saison- und kalender-tagbereinigter Ausweis.
Industrieproduk-tion	Eurostat	Gleichlauf	Monatlich	Veröffentlichung erfolgt erst nach Bekanntgabe der nationalen Daten.
Arbeitslosen-quote	Eurostat	Nachlauf	Monatlich	Erfassung basiert auf den Emp-fehlungen der Internationalen Arbeitsorganisation (ILO).
Einkaufsmanager-index Verarbeiten-des Gewerbe	Reuters	**Vorlauf**	Monatlich	Basiert auf Befragungen. Die 50-Punkte-Marke gilt als Trenn-linie zwischen wachsender und schrumpfender Industrie.
Einkaufsmana-gerindex Dienst-leister	Reuters	**Vorlauf**	Monatlich	Basiert auf Befragungen. Die 50-Punkte-Marke gilt als Trenn-linie zwischen wachsender und schrumpfender Tätigkeit im Dienstleistungssektor.
Verbraucher-vertrauen	Europäische Kommission	**Vorlauf**	Monatlich	Beruht auf der Befragung von rund 33.000 Konsumenten.
Inflationsrate	Eurostat	Nachlauf	Monatlich	Dabei handelt es sich um einen nach einheitlichen Kriterien erfassten Preisindex (»Harmonisierter Verbraucher-preisindex«, HVPI).
Deutschland: Ifo-Geschäfts-klimaindex	Ifo-Institut	**Vorlauf**	Monatlich	Befragung von rund 7.000 Unter-nehmen. Komponenten: Beurtei-lung der aktuellen Geschäftslage und der Geschäftsaussichten.
Deutschland: ZEW-Konjunk-turerwartungen	Zentrum für Europäische Wirtschafts-forschung	**Vorlauf**	Monatlich	Befragung von Finanzanalysten zu den Konjunkturerwartungen.
Frankreich: INSEE-Geschäfts-klima	INSEE	**Vorlauf**	Monatlich	Befragung von rund 4.000 Unter-nehmen zum Geschäftsklima.

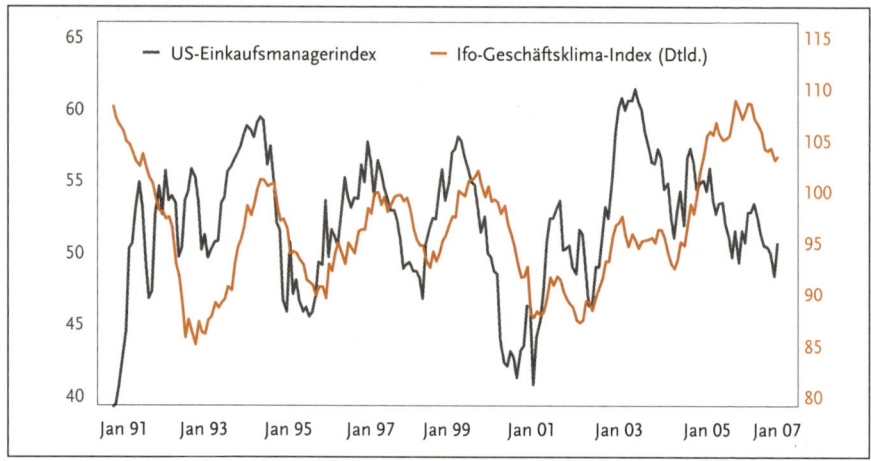

| US-Einkaufsmanagerindex | Ifo-Geschäftsklima-Index (Dtld.) |

Abbildung:
Konjunktur-Früh-
indikatoren: USA
laufen voraus
(Quelle: Data-
stream)

2.2.4 Informationsquellen: Woher kann volkswirtschaftliches Research bezogen werden?

Es gibt eine auf den ersten Blick schier unerschöpfliche Menge an Artikeln, Analysen und Studien zu Konjunkturthemen oder ganz allgemein zu volkswirtschaftlichen Fragestellungen. Diese stammen aus ganz unterschiedlichen Quellen. Um dem Leser einen ersten Einblick zu verschaffen, habe ich im Folgenden eine kleine Auswahl an Informationsquellen zusammengestellt. Damit der verfügbare Rahmen aber nicht gesprengt wird, beschränkt sie sich im Wesentlichen auf deutschsprachige Quellen. Es wird kein Anspruch auf Vollständigkeit erhoben.

Tagespresse
Neben der einschlägigen Wirtschaftspresse (Handelsblatt, Financial Times Deutschland, Börsenzeitung) verfügen auch alle großen Tageszeitungen über einen ausführlichen Wirtschaftsteil. Besonders hervorzuheben ist in diesem Zusammenhang sicherlich die Frankfurter Allgemeine Zeitung.

Wirtschaftsmagazine

Zu nennen sind hier unter anderem die Wirtschaftswoche oder Capital.

Forschungsinstitute

- Ifo-Institut (www.cesifo-group.de)
- Institut für Weltwirtschaft (www.ifw-kiel.de)
- Deutsches Institut für Wirtschaftsforschung DIW (www.diw.de)
- Zentrum für Europäische Wirtschaftsforschung ZEW (www.zew.de)
- Rheinisch-Westfälisches Institut für Wirtschaftsforschung RWI (www.rwi-essen.de)
- Hamburgisches Weltwirtschaftsinstitut HWWI (www.hwwi.de)

Research-Abteilungen der Großbanken

- Allianz Dresdner Economic Research (www.group-economics.allianz.de)
- Commerzbank (www.commerzank.de) (→ Research)
- Deutsche Bank Research (www.dbresearch.de)
- DZ-Bank (www.dzbank.de) (→ Research)
- HypoVereinsbank (www.hypovereinsbank.de) (→ Research)
- WestLB (www.westlb.de) (→ Märkte & Analysen)
- WGZ-Bank (www.egzbank.de) (→ Finanzmarkt Research)
- Credit Suisse (www.credit-suisse.com) (→ Marktdaten & Research)
- UBS (www.ubs.com) (→ Wealth Management Research)

Zentralbanken

- Deutsche Bundesbank (www.bundesbank.de) (→ Volkswirtschaft)
- EZB (www.ecb.de) (→Economic Research)
- Österreichische Nationalbank (www.oenb.at) (→ Geldpolitik und Volkswirtschaft)
- Schweizerische Nationalbank (www.snb.ch) (→ Geldpolitik, Statistik)
- Bank für Internationalen Zahlungsausgleich BIZ (www.bis.org)

Statistikbehörden

- Statistisches Bundesamt (www.destatis.de)
- Eurostat (http://epp.eurostat.cec.eu.int)

Sonstige

- Sachverständigenrat zur Begutachtung der gesamtwirtschaftlichen Entwicklung (»5 Wirtschaftweise«) (www.sachverstaendigenrat-wirtschaft.de)

Literatur

Bernhard Baumohl (2007): Die Geheimnisse der Wirtschaftsindikatoren, München.

Ulrich Kater u.a. (2006): Die 100 wichtigsten Konjunkturindikatoren – weltweit, Wiesbaden.

Conrad Mattern (2005): Fundamentalanalyse im Portfoliomanagement. Indikatoren analysieren und nutzen, Stuttgart.

WGZ-Bank (2004): Überblick wichtiger Wirtschaftsdaten, Düsseldorf.

2.3 Ökonomie natürlicher Ressourcen

2.3.1 Umwelt und Ökonomie

Ökonomische Ursachen von Umweltproblemen

Fragen des Umweltschutzes haben in den vergangenen Jahren in der Wirtschaftspolitik stark an Bedeutung gewonnen. Waldsterben, Treibhauseffekt oder Zerstörung der Ozonschicht sind Stichworte, die in der öffentlichen Diskussion inzwischen eine wichtige Rolle spielen. Aus ökonomischer Perspektive liegt der Kern der Umweltprobleme darin, dass natürliche Ressourcen wie freie Güter in Anspruch genommen werden, obwohl tatsächlich Knappheit vorherrscht. Der Preismechanismus, der in der Ökonomie für die effiziente Nutzung knapper Güter sorgt, wird in diesem Fall außer Kraft gesetzt. Es findet deshalb sehr häufig eine Übernutzung (Überfischung, Überweidung usw.) statt. Anzustreben ist jedoch eine nachhaltige Nutzung der Umwelt. Unter Nachhaltigkeit (Sustainability) versteht man eine Inanspruchnahme natürlicher Ressourcen in Einklang mit ihrer natürlichen Regenerationsfähigkeit. Der Begriff der Nachhaltigkeit entstammt ursprünglich der Forstwirtschaft und bedeutet, dass nur so viel Holz dem Wald entnommen werden soll wie im selben Zeitraum nachwächst.

Freie Güter

Sustainability

In Kapitel 1.3 haben wir erfahren, dass Marktversagen – u. a. hervorgerufen durch sogenannte externe Effekte – eines der zentralen Argumente für staatliches Eingreifen in den Marktmechanismus darstellt. Ein wichtiges Anwendungsgebiet der Theorie externer Effekte ist die Umweltpolitik. Externe Effekte sind nicht durch den Preismechanismus erfasste Drittwirkungen ökonomischer Aktivitäten privater Wirtschaftssubjekte. Im Bereich der Umweltökonomie stehen negative externe Effekte (= externe Kosten) im Vordergrund. Konsum- und Produktionsaktivitäten beeinträchtigen in diesem Fall die wirtschaftliche Situation anderer Wirtschaftssubjekte.

Negative externe Effekte

Die Problematik soll an einem Beispiel illustriert werden. Eine

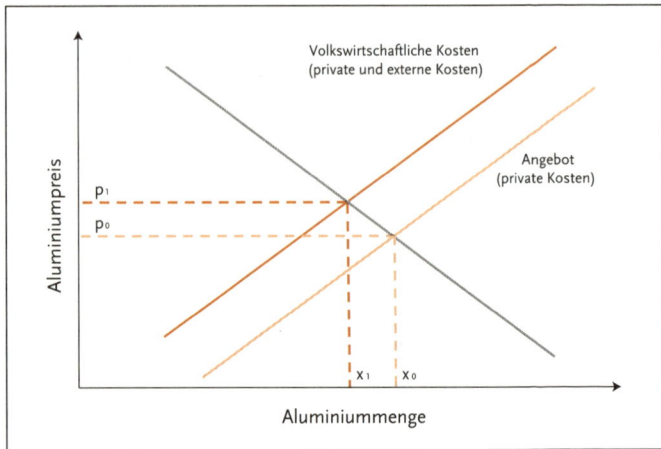

Abbildung:
Externe Kosten

Aluminiumfabrik emittiert bei der Produktion Luftschadstoffe, welche die Gesundheitsrisiken für die in der Umgebung lebenden Menschen erhöhen. Es liegen externe Kosten vor, da das Aluminiumunternehmen für Erkrankungen und gestiegene Gesundheitsrisiken keine Ausgleichszahlungen vornimmt. Wie wirkt sich diese negative Externalität auf das Marktergebnis aus?

Das Aluminiumunternehmen berücksichtigt in seiner Kalkulation nur die internen, betriebswirtschaftlichen Kosten (Löhne, Rohstoffe, Gebäudekosten usw.), die in oben stehender Grafik in der Angebotsfunktion zum Ausdruck kommen. Am Markt ergibt sich daraus bei gegebener Nachfrage ein Gleichgewicht bei einer verkauften Menge an Aluminium von x_0 bei einem Preis von p_0. Diese Preis-Mengen-Kombination ist aus Sicht des betreffenden Unternehmens rational, da sie den maximalen Gewinn ermöglicht. Die externen, volkswirtschaftlichen Kosten in Form gestiegener Gesundheitsrisiken bleiben dabei jedoch unberücksichtigt.

Sähe sich der Aluminiumhersteller gezwungen, diese externen Kosten ebenfalls in seine Kalkulation einzubeziehen, würde sich die Angebotskurve nach oben verschieben, da von jeder produzierten Einheit Aluminium negative Wirkungen auf Dritte ausgehen, die bislang nicht im Preis enthalten waren. In der Grafik stellt die Differenz zwischen den beiden Angebotskurven die Kosten der Luftverschmutzung dar. Unter Berücksichtigung der volkswirtschaftlichen Kosten (private und externe Kosten) ergibt sich ein neues Gleichgewicht bei der niedrigeren Menge x_1 und dem höheren Preis p_1. Aus gesamtwirtschaftlicher Perspektive ist die Kombination optimal. Eine weitergehende Reduzierung der umweltbelastenden Aktivität ist aus ökonomischer Sicht nicht angebracht, da die Nutzenverluste aus der verringerten Nachfrage größer wären als der Nutzenzuwachs infolge der verringerten Emissionstätigkeit.

Anders formuliert: Die Nichtberücksichtigung externer Kosten macht ein Produkt billiger, was in einer – aus volkswirtschaftlicher Sicht – zu hohen Nachfrage mündet. Es wird eine zu große Menge zu einem zu niedrigen Preis abgesetzt. Dadurch werden in diesen Sektor Produktionsfaktoren in einer ineffizient großen Menge gelenkt. Aufgabe der Umweltpolitik ist es deshalb, die externen Kosten in den Marktmechanismus zu integrieren. Dieses Vorgehen wird als Internalisierung externer Effekte bezeichnet.   Internalisierung

Das Problem fehlender Eigentumsrechte

Ein Grundproblem in der Umweltökonomie ist das Fehlen von Eigentumsrechten. Die Umwelt wird als ein frei zugängliches Gut genutzt, welches von jedem Wirtschaftssubjekt unentgeltlich in Anspruch genommen werden kann. Es existiert mithin keine Ausschlussmöglichkeit nicht zahlungsbereiter Nutzer. Gleichzeitig herrscht aber Rivalität im Konsum, d. h. in der Umweltnutzung besteht sehr wohl eine Konkurrenzsituation.

Bezogen auf das Beispiel der Aluminiumfabrik: Das Unternehmen nimmt die Atmosphäre unentgeltlich als Schadstofflager für seine Emissionen in Anspruch. Die Anwohner, die saubere Luft zum Atmen benötigen, stehen damit in einer konkurrierenden Beziehung zu dem Aluminiumunternehmen, können dieses jedoch nicht an seiner umweltbeeinträchtigenden Aktivität hindern.

Eine effiziente Nutzung wäre dann möglich, wenn eine der beiden Nutzergruppen – Aluminiumunternehmen oder Anwohner – ein Eigentumsrecht an der Luft übertragen bekäme. Dieser auf den ersten Blick ungewöhnliche Ansatz geht auf den amerikanischen

Coase-Theorem

Ökonomen *Ronald Coase* zurück. Nach dem sogenannten Coase-Theorem spielt es dabei unter Effizienzgesichtspunkten keine Rolle, wem das Eigentumsrecht zugewiesen wird. Grundsätzlich sind folgende Ausgestaltungsmöglichkeiten denkbar:

- Laissez-faire-Regel *(Victim-Pays-Principle)*: Danach wird dem Schädiger (hier: Aluminiumfabrik) das Recht auf uneingeschränkte Nutzung der Umwelt eingeräumt. Die Geschädigten (hier: Anwohner) werden ihm jedoch Kompensationszahlungen zur Reduzierung seiner umweltschädigenden Aktivitäten anbieten. Ab einer bestimmten Höhe der angebotenen Kompensation wird der Schädiger im eigenen Interesse auf sein unbegrenztes Nutzungsrecht verzichten.
- Verursacherprinzip *(Polluter-Pays-Principle)*: In diesem Fall wird das Eigentumsrecht dem Geschädigten übertragen. Der Schädiger muss für die von ihm verursachten Schäden haften. Damit ist er gezwungen, die externen Kosten in seiner Kalkulation zu berücksichtigen.

Transaktionskosten

Die Zuweisung von Eigentumsrechten ist mithin die Voraussetzung, dass die beiden Parteien miteinander in Verhandlungen treten können. Allerdings besteht in der umweltpolitischen Praxis das Problem, dass vielfach eine große Gruppe von Schädigern und Geschädigten einander gegenüberstehen, was wegen der damit verbundenen Transaktionskosten (z. B. für Verhandlungen, Überwachung usw.) eine Lösung von vornherein erschwert. Auf dem Coase-Theorem basierende Lösungsansätze zur Internalisierung externer Effekte spielen gegenwärtig insbesondere im Zusammenhang mit Umweltzertifikaten sowie im Bereich internationaler Umweltprobleme eine wichtige Rolle. Im nationalen Rahmen dominieren dagegen weiterhin Lösungsansätze, bei denen der Staat eine zentrale Rolle spielt (z. B. Ökosteuern, Subventionen, Ordnungsrecht).

Prinzipien der Umweltpolitik

Umweltpolitik orientiert sich in der Praxis an verschiedenen Grundprinzipien. Im Kern geht es jedoch häufig darum, wer die

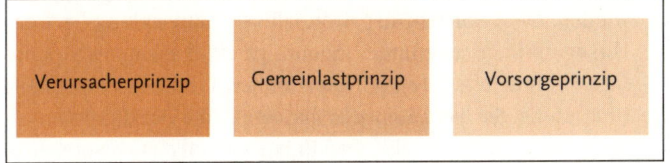

Abbildung:
Prinzipien
der Umweltpolitik

Kosten des Umweltschutzes zu tragen hat – mithin weniger eine Frage der Effizienz umweltpolitischer Maßnahmen, sondern vielmehr eine verteilungspolitische Frage.

- Das Verursacherprinzip steht im Zentrum der Umweltpolitik. Bei seiner Anwendung sind Kosten der Umweltbelastungen dem Verursacher aufzuerlegen. Bisher externe Kosten werden dadurch zu internen Kosten. Allerdings stößt die Anwendung dieses Prinzips auf Grenzen. Zum einen ist der Verursacher nicht immer eindeutig zu identifizieren (z. B. wegen kumulativer Wirkungen oder komplexer Wirkungsketten in der Entstehung von Umweltschäden). Zum anderen ist in vielen Fällen eine exakte Zurechnung nicht möglich (weil die Ursache bereits in der Vergangenheit liegt oder der Verursacher sich im Ausland befindet). Und schließlich stößt die administrative Umsetzung immer wieder an technische oder finanzielle Grenzen. Darüber hinaus bedarf es einer Klärung der schwierigen Frage nach dem »eigentlichen« Verursacher. Ist es bei einem unter starken Emissionen gefertigten Produkt der Hersteller oder der Käufer? Mit der Beantwortung dieser Frage sind wichtige Konsequenzen für den Einsatz umweltpolitischer Instrumente verbunden.

  Verursacherprinzip

- Wegen der Probleme in der Anwendung des Verursacherprinzips kommt häufig das Gemeinlastprinzip zum Tragen. Die Kosten von Umweltschäden werden in diesem Fall von der öffentlichen Hand und damit von der Allgemeinheit finanziert. Ein typischer Fall ist die Altlastensanierung, wenn der Verursacher nicht mehr auszumachen oder zu belangen ist. Grundproblem beim Gemeinlastprinzip ist indes der fehlende Anreiz zu umweltschonendem Verhalten, da dem Verursacher aus seinem Verhalten keine Kosten entstehen.

  Gemeinlastprinzip

- Beim Vorsorgeprinzip geht es um präventive Umweltpolitik. Durch geeignete Maßnahmen und Rahmenbedingungen soll das Auftreten von Umweltschäden bereits im Vorfeld verhindert

  Vorsorgeprinzip

werden. Dem Konzept der nachhaltigen Entwicklung liegt das Vorsorgeprinzip zugrunde. Allerdings ist diese umweltpolitische Leitlinie eher unscharf im Hinblick auf die instrumentelle Umsetzung. Sie dient vielmehr als allgemeine Handlungsanweisung. In der umweltpolitischen Praxis kommt das Vorsorgeprinzip beispielsweise in Umweltverträglichkeitsprüfungen zur Anwendung.

Instrumente der Umweltpolitik

Zur konkreten Umsetzung der Umweltpolitik stehen grundsätzlich verschiedene Instrumente zur Verfügung. In der Regel wird dabei zwischen ordnungsrechtlichen (Auflagen, Verbote, Haftungsrecht) und marktwirtschaftlichen Instrumenten (Umweltabgaben, Umweltlizenzen) differenziert. Im Folgenden werden die wichtigsten Instrumente kurz erläutert:

Umweltauflagen

- *Umweltauflagen* als ordnungsrechtliche Instrumente dominieren nach wie vor die Umweltpolitik. Hierunter fallen Verbote, Gebote, Produktionsstandards, Emissionsgrenzwerte, Produktnormen usw. Seine Stärke hat das Ordnungsrecht vor allem in der unmittelbaren Gefahrenabwehr (z.B. Verbot lebensbedrohlicher Substanzen). Die ökologische Zielgenauigkeit gilt als hoch. Größter Nachteil des Ordnungsrechts ist jedoch die mangelnde ökonomische Effizienz. Umweltpolitische Ziele werden in der Regel nicht mit den geringsten Kosten erreicht, da alle Emittenten über einen Kamm geschoren werden. Die jeweils individuell entstehenden Kosten der Emissionsvermeidung bleiben unberücksichtigt. Außerdem besteht bei rechtlich vorgegebenen Normen (z.B. Emissionsgrenzwerten), die sich jeweils

Abbildung:
Instrumente
der Umweltpolitik

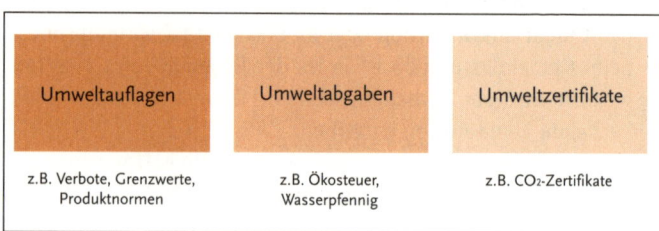

Umweltauflagen	Umweltabgaben	Umweltzertifikate
z.B. Verbote, Grenzwerte, Produktnormen	z.B. Ökosteuer, Wasserpfennig	z.B. CO_2-Zertifikate

am Stand der Technik zum Zeitpunkt der Normfestsetzung orientieren, kein Anreiz, über die gesetzlichen Anforderungen hinauszugehen. Auf Dauer wird dadurch der umwelttechnische Fortschritt nur unzureichend gefördert.

- **Umweltabgaben:** Dieses Internalisierungskonzept geht auf den Ökonomen *Arthur C. Pigou* zurück und wird daher häufig auch als Pigou-Steuer bezeichnet. Grundgedanke ist, den Verursacher einer umweltschädigenden Aktivität mit einer Abgabe oder Steuer in Höhe der beim Geschädigten anfallenden Kosten zu belasten. Aus externen Kosten werden so beim Verursacher interne Kosten, wodurch die Produktion des Gutes verteuert wird. Im Idealfall sorgt die Abgabe damit für ein Produktionsniveau, welches der effizienten Menge x_1 in oben stehender Grafik entspricht. Durch Umwelt- oder Ökosteuern soll das Verhalten der Wirtschaftssubjekte in eine umweltfreundliche Richtung gelenkt werden. Für den Emittenten (z. B. das Aluminiumwerk aus dem ursprünglichen Beispiel) stellt sich jetzt die Frage, ob es für ihn günstiger ist, die Steuer zu bezahlen oder in Vermeidungstechnologie (z. B. Filter) zu investieren. Damit fördern Umweltabgaben auch den technischen Fortschritt. Unter volkswirtschaftlichen Aspekten gelten Umweltsteuern prinzipiell als geeignetes Instrument zur Eindämmung und Vermeidung von Umweltschäden, da sie im Vergleich zu den ordnungsrechtlichen Instrumenten eine kostengünstigere Erreichung eines bestimmten Umweltschutzniveaus erlauben. Hauptproblem ist dabei jedoch die Festsetzung des »richtigen« Abgabesatzes. Nur wenn der Gesetzgeber in etwa ermessen kann, wie hoch die Schäden durch die Emissionen sind, kann er auch die adäquate Abgabenhöhe festlegen. Hinzu kommt, dass durch die Besteuerung dem privaten Sektor Liquidität entzogen wird, der an anderer Stelle der Kompensation bedarf. Langfristig, wenn die umweltbelastenden Aktivitäten nachlassen, verkleinert sich die Bemessungsgrundlage. Damit sind Ökoabgaben unter fiskalischen Gesichtspunkten eine unsichere Einnahmequelle. Schließlich können im nationalen Rahmen erhobene Umweltabgaben – wie übrigens strenge Umweltauflagen ebenso – die internationale Wettbewerbsfähigkeit der heimischen Wirtschaft beeinträchtigen.

Umweltabgaben

161

Umweltzertifikate

- **Umweltzertifikate (bzw. Umweltnutzungsrechte):** Während bei Umweltabgaben der Staat den Preis für die Umweltnutzung festlegt, dient bei Umweltzertifikaten die Menge an zulässigen Emissionen in einer bestimmten Region als Steuerungsinstrument. Der Staat legt zu Beginn fest, welche Emissionsmenge unter ökologischen oder nachhaltigen Aspekten in einem festgelegten Zeitraum noch zu tolerieren ist. Diese Emissionsmenge wird anschließend gestückelt und in Zertifikaten verbrieft. Potenzielle Emittenten sind nun verpflichtet, eine ausreichende Zahl an »Verschmutzungsrechten« zu erwerben. Darüber hinausgehende Emissionen sind verboten. Es bildet sich nun ein Markt, auf dem sich durch Angebot und Nachfrage ein Preis für diese Umweltzertifikate herausbildet. Emittenten mit nicht benötigten Verschmutzungsrechten treten als Anbieter, Emittenten mit Bedarf an zusätzlichen Zertifikaten als Nachfrager auf. Mit zunehmender Knappheit wird der Preis steigen. Das einzelne Wirtschaftssubjekt muss nun kalkulieren, ob es kostengünstiger ist, in Vermeidungstechnologie zu investieren oder weitere Zertifikate zu erwerben. Die angestrebte Umweltqualität wird mit diesem Marktmechanismus bei einer Minimierung der volkswirtschaftlichen Kosten erreicht. Unter Ökonomen erfreut sich dieser Ansatz deshalb auch großer Beliebtheit. Zu den praktischen Umsetzungsproblemen zählt die Frage nach der Erstvergabe der Zertifikate (Gratisverteilung nach bisherigen Emissionen oder Versteigerung?). Damit verbunden sind unter Umständen jedoch Wettbewerbsprobleme, da die Lizenzen Marktzutrittsschranken für junge Unternehmen darstellen können. Hinzu treten Probleme der räumlichen Abgrenzung der Emissionsregion. In der umweltpolitischen Praxis gewinnt die Zertifikatslösung zunehmend an Bedeutung. In der EU erfolgt gegenwärtig die Umsetzung des Kyoto-Protokolls zur Begrenzung der Treibhausgasemissionen auf Basis von Umweltzertifikaten.

2.3.2 Besonderheiten internationaler Umweltpolitik

Das Kooperationsproblem

Umweltprobleme sind aus ökonomischer Perspektive die Folge negativer externer Effekte. Durch *staatliche Eingriffe* in den Marktmechanismus (Regulierungen, Umweltsteuern) kann eine übermäßige Beeinträchtigung der natürlichen Lebensgrundlagen im nationalen Rahmen jedoch prinzipiell verhindert werden. Eine solche übergeordnete Instanz fehlt dagegen auf internationaler Ebene. Grenzüberschreitende Umweltprobleme, die in den letzten Jahren stark an Bedeutung gewonnen haben (z. B. Meeresverschmutzung, Treibhauseffekt, Ozonloch) können daher nur auf dem Wege zwischenstaatlicher Verhandlungen gelöst werden. Die beteiligten Länder, unabhängig ob Verursacher oder Geschädigter, müssen bei der Lösung internationaler Umweltprobleme zusammenarbeiten.

Diese Kooperation erweist sich in der Praxis jedoch häufig als sehr schwierig, da Umweltressourcen in der Regel die Eigenschaften öffentlicher Güter aufweisen. Eine verbesserte Umweltqualität (z. B. Eindämmung der globalen Erwärmung) kommt der Bevölkerung in allen Ländern zugute, unabhängig davon, ob sich das betreffende Land an der Emissionsminderung beteiligt. Ein einzelnes Land kann nicht von den positiven Wirkungen von Umweltschutzmaßnahmen *ausgeschlossen* werden. Damit besteht ein erhöhter Anreiz, sich als »umweltpolitischer Trittbrettfahrer« zu verhalten. Trittbrettfahrer

Die Neigung zu einem solchen Verhalten wird noch verstärkt, wenn erhebliche Unsicherheit über Ursachen und Folgen einzelner Umweltprobleme bestehen. In diesem Fall stehen den konkreten Kosten in der Gegenwart (Einbau von Filteranlagen, Emissionsvermeidungsmaßnahmen usw.) unsichere Erträge in der Zukunft gegenüber. Politische Entscheidungsträger, deren Zeithorizont nicht zuletzt durch kurzfristige Wahltermine beeinflusst wird, haben daher in der Regel auch nur begrenztes Interesse an der Lösung solch langfristiger Probleme.

Das Ozonschutzabkommen als Musterfall internationaler Umweltkooperation

In den siebziger Jahren wurde festgestellt, dass insbesondere durch den Ausstoß von Fluorchlorkohlenwasserstoffen (FCKW) die die Erde umgebende Lufthülle (Ozonschicht) beschädigt wird. Sie hat die Aufgabe, die Erde vor zu starker Sonneneinstrahlung zu schützen. Eine zu große Menge an gefährlicher UV-Strahlung kann bei Lebewesen zu erheblichen Schädigungen (z. B. Hautkrebs) führen. Mit der Entdeckung eines »Ozonlochs« über der Antarktis Mitte der achtziger Jahre kam das Thema auf die Agenda der internationalen Politik.

Die Ozonschicht weist die ökonomischen Eigenschaft eines öffentlichen Gutes auf. Sie stiftet der Bevölkerung aus allen Ländern Schutz vor UV-Strahlung (Nicht-Rivalität) und niemand kann von der »Nutzung« ausgeschlossen (Nicht-Ausschluss) werden. Wegen der gleichmäßigen Ausbreitung der FCKW-Moleküle in der Atmosphäre spielt es für den Erhalt der Ozonschicht keine Rolle, wo Vermeidungsmaßnahmen ergriffen werden. Daraus folgt aber auch, dass Maßnahmen zu ihrem Schutz nur auf kollektiver Basis sinnvoll sind.

Nicht-Rivalität und Nicht-Ausschluss

1987 wurde ein Abkommen (Montrealer Protokoll) unterzeichnet, welches einen konkreten Fahrplan zur Rückführung ozonschädlicher Emissionen vorsieht. Dieser Fahrplan wurde in den Folgejahren noch mehrmals verschärft, d. h. die Ausstiegsfristen wurden verkürzt. Für die Industrieländer wurde letztlich ein Ausstieg aus der FCKW-Produktion bis 1996 beschlossen und auch weitgehend realisiert.

Montrealer Protokoll

Welche Faktoren haben den Abschluss dieses weit reichenden Abkommens begünstigt?

- Die naturwissenschaftlichen Ursache-Wirkungs-Zusammenhänge konnten mit großer Sicherheit geklärt werden. FCKW wurden neben anderen, verwandten Stoffen als Hauptverursacher identifiziert. Wegen der bereits erfolgten Ausdünnung der Ozonschicht wurde eine hohe Dringlichkeit allgemein akzeptiert.
- Zum Zeitpunkt der Unterzeichnung des Montrealer Protokolls entfielen 75 Prozent der weltweiten FCKW-Produktion auf le-

diglich 10 Industriestaaten, was die Verhandlungen von vornherein erleichterte.
- Während der Verhandlungen nahmen die USA, die allein für 40 Prozent der Emissionen verantwortlich waren, eine Führungsrolle ein.
- Durch die Entwicklung von Ersatzstoffen blieben die Folgen des Ausstiegs für die FCKW-Industrie überschaubar.
- Durch die Einrichtung eines sog. »ozone fund« konnten Vermeidungsmaßnahmen in den Entwicklungsländern gefördert werden. Ohne finanzielle Unterstützung wäre eine Beteiligung dieser Länder unwahrscheinlich gewesen. Zusätzlich wurde ein Sanktionsmechanismus bei Vertragsbruch eingerichtet.

Durch das Ozonschutzabkommen wurde die vormals freie Nutzung der Atmosphäre als FCKW-Endlager beendet. Es wurden faktisch gemeinschaftliche Eigentumsrechte an der Ozonschicht geschaffen. Mit der Unterzeichnung und Ratifizierung des Montrealer Protokolls haben sich die Mitgliedstaaten verpflichtet, die Ozonschicht ausschließlich im vertraglich vereinbarten Rahmen zu nutzen. Die Möglichkeiten zur Durchführung von Sanktionen und zur Gewährung zeitlich befristeter Ausnahmeregelungen schufen darüber hinaus für noch außenstehende Staaten einen Anreiz zum Beitritt.

Infolge des Abkommens sind die FCKW-Emissionen zwar rapide verringert worden. Wegen ihrer langen Lebensdauer dauert es jedoch vermutlich noch geraume Zeit, bis sich die Ozonschicht wieder vollständig regeneriert hat. Die beschlossenen Maßnahmen hätten im Rückblick früher ergriffen werden müssen. Dennoch gilt das Abkommen zum Schutz der Ozonschicht als das bislang weitreichendste Umweltschutzabkommen auf globaler Ebene.

Ein Modell für die Klimaschutzpolitik?

Der sinkende Ozongehalt in der Stratosphäre und der von Menschenhand verursachte Treibhauseffekt sind zweifellos die bedeutendsten globalen Umweltprobleme der Gegenwart. Beide Phänomene sind auf menschliche Eingriffe in die Atmosphärenchemie zurückzuführen, welche zu ungewollten Veränderungen der Lebensbedingungen auf der Erde führen: Der vor allem durch FCKW-Emissionen bewirkte Ozonabbau in der Stratosphäre führt zu einer Zunahme der für Lebewesen gefährlichen UV-B-Strahlung, während die gestiegene atmosphärische Treibhauskonzentration die Ursache von Klimaveränderungen auf der Erde ist.

Sowohl die Schädigung der Ozonschicht als auch die Erhöhung des CO_2-Gehalts in der Troposphäre sind aus menschlicher Perspektive sehr langsam ablaufende Prozesse, die erst wegen ihrer kumulativen Natur eine Bedrohung darstellen. Im Frühstadium wurden ihre Auswirkungen durch normale klimatische Schwankungen überdeckt, was zu einer beträchtlichen wissenschaftlichen Unsicherheit beitrug. Langfristig konnten die hochkomplexen Zusammenhänge jedoch in ausreichendem Maße erforscht und bewertet werden.

Wegen der langen atmosphärischen Lebensdauer der betreffenden Substanzen kommt es im globalen Maßstab zu einem relativ gleichmäßigen Rückgang der Ozonkonzentration und zu einem gleichmäßigen Anstieg des CO_2-Gehalts. Aus ökologischer Sicht spielt der Emissionsort in beiden Fällen keine Rolle. Die Verursacher der Gefährdung sind weltweit angesiedelt. Aus ökonomischer Sicht sind die im Ausgangszustand fehlenden Eigentumsrechte die wichtigste Gemeinsamkeit: Weder die Atmosphäre als Ganzes noch Teile von ihr befinden sich im Besitz einzelner Staaten. Die Lösung dieser Umweltprobleme erfordert daher zwischenstaatliche Zusammenarbeit.

Trotz der genannten Gemeinsamkeiten ist der politische Prozess in beiden Fällen bisher sehr unterschiedlich verlaufen: Das Ozonregime gilt als Musterfall einer internationalen Kooperation in Umweltfragen, wohingegen das Klimaschutzregime in seiner gegenwärtigen Form bestenfalls als Ausgangspunkt für ein wirkungsvolles Abkommen zur Eindämmung des von Menschenhand hervorgerufenen Zusatztreibhauseffektes angesehen werden kann. Die unterschiedliche vertragliche Ausgestaltung beruht auf einer teilweise anderen Ausgangssituation der Ozonproblematik im Vergleich zur Treibhausproblematik.

Im Gegensatz zur Schädigung der Ozonschicht, die auf den Einsatz einer einzigen Stoffklasse (FCKW) mit relativ wenigen

Fehlende Eigentums-
rechte

Verwendungszwecken zurückzuführen ist, wird der Treibhauseffekt durch mehrere Substanzen (Kohlendioxid, Methan, Lachgas) mit unterschiedlichen Verursachungsquellen ausgelöst. Durch die Vielfalt der Ursachen sind an den Verhandlungen zwangsläufig viele heterogene Interessen beteiligt, die eine Einigung erschweren.

Aufgrund der Unsicherheiten im Hinblick auf den zeitlichen Eintritt, die Intensität und räumliche Verteilung der Wirkungen des Treibhauseffektes sind die Betroffenen in einer schlechteren Verhandlungsposition als im Falle der Ozonproblematik. Ein breiter wissenschaftlicher Konsens und eine nach der Entdeckung des antarktischen Ozonlochs sensibilisierte Öffentlichkeit sorgten dafür, dass dem Schutz der Ozonschicht in der politischen Arena entsprechende Aufmerksamkeit zuteil wurde. Beim Treibhauseffekt bestehen nach wie vor wissenschaftliche Unsicherheiten, die einer durchgreifenden Klimapolitik bislang noch im Wege stehen. Speziell von der US-Regierung wird dieses Argument immer wieder angeführt. Auch die Zunahme klimatischer Extremereignisse (Hochwasser, Dürreperioden) in den vergangenen Jahren lässt sich nicht eindeutig den durch die globale Erwärmung verursachten Klimaveränderungen zuschreiben, sodass der öffentliche Druck zugunsten eines umfassenden Abkommens zwar in einzelnen Ländern teilweise beträchtlich zugenommen hat, global aber bislang noch zu keinem entscheidenden Durchbruch geführt hat.

Ferner unterscheiden sich die beiden Umweltprobleme in Bezug auf die Art und das Ausmaß der jeweils notwendigen Vermeidungsmaßnahmen. FCKW, die in einem aufwendigen industriellen Prozess erst produziert werden müssen, können »einfach« verboten werden. Durch den Umstieg auf umweltfreundliche Substitute und die insgesamt relativ geringe Bedeutung der FCKW für die betroffenen Volkswirtschaften war der Ausstieg aus der FCKW-Produktion zu begrenzten Kosten möglich. Die Treibhausgase fallen hingegen als Nebenprodukte einer Vielzahl von Prozessen (Energieerzeugung, Brandrodung, Viehzucht, Reisanbau usw.) an, die nicht verboten werden können. Die Lösung der Treibhausproblematik erfordert daher die Schaffung von Anreizen zur Vermeidung oder umweltfreundlichen Umgestaltung dieser Prozesse. Damit sind allerdings erhebliche Kosten verbunden: Allein eine

Unterschiedliche Vermeidungsmaßnahmen

substanzielle Verminderung des CO_2-Ausstoßes in der Energieerzeugung – beispielsweise durch den Ausbau der Kernkraft, durch die verstärkte Nutzung regenerativer Energiequellen oder durch umfangreiche Energiesparmaßnahmen – verlangt beträchtliche Investitionen, da hiervon die ganze Wirtschaftsstruktur moderner Volkswirtschaften betroffen ist. Entsprechend schwierig ist auch die politische Umsetzung.

Die bisher angeführten Gründe betrafen insbesondere die Entscheidungsprozesse auf nationaler Ebene. Da sowohl die Lösung des Ozonproblems als auch die Lösung der Treibhausproblematik zwischenstaatliche Zusammenarbeit voraussetzen, sind darüber hinaus die unterschiedlichen Bedingungen auf internationaler Ebene zu berücksichtigen. Die zwischenstaatlichen Verhandlungen im Ozonfall wurden dadurch begünstigt, dass nur vergleichsweise wenige Verursacherländer mit ähnlichen Interessen beteiligt waren. Keines der Länder durfte erwarten, aus der Zerstörung der Ozonschicht einen Vorteil zu ziehen. Im Treibhausfall ist demgegenüber eine Vielzahl von Ländern mit divergierenden Interessen beteiligt. Eine Reihe von Ländern könnte vom Treibhauseffekt sogar profitieren bzw. nur unwesentlich betroffen sein; eine Beteiligung dieser Länder an einem weit reichenden internationalen Abkommen ist daher aus eigennützigen Gründen eher unwahrscheinlich. Durch die Beteiligung von Industrie-, Schwellen- und Entwicklungsländern sind im Treibhausfall zusätzlich massive globale Verteilungskonflikte zu erwarten, die sich nachteilig auf die Aussichten für eine Lösung auswirken. Zudem sind auch die Kontrollmöglichkeiten in den beiden Fällen sehr unterschiedlich: Während FCKW auf einen oligopolistisch strukturierten Markt mit einer kleinen Zahl multinationaler Unternehmen produziert wurde, verteilt sich der weltweite Treibhausgasausstoß auf eine unübersehbare Zahl von Emissionsquellen. Die dadurch höheren Durchsetzungskosten erschweren zusätzlich die politische Einigung. Dennoch ist davon auszugehen, dass in den kommenden Jahren die globale Klimaschutzpolitik deutlich an Bedeutung gewinnen wird, zumal wenn die direkt oder indirekt zurechenbaren Folgen (Gletscherschmelze, Anstieg der Meeresspiegel usw.) nicht mehr zu übersehen sind.

Globale Verteilungskonflikte

2.3.3 Ein neuer Markt: der EU-Emissionshandel

Grundregeln des Emissionshandels

Die Idee des Emissionshandels stammt von John Dales (»Pollution, Property and Prices«) aus dem Jahr 1968. Ausgangspunkt ist die von einer Regulierungsbehörde für eine bestimmte Region festgelegte Obergrenze für eine noch zulässige Schadstoffmenge (Emissionen). Die mengenmäßige Festlegung berücksichtigt in der Regel ökologische wie ökonomische Aspekte. Anschließend werden die Schadstoffmengen in sogenannten Emissionszertifikaten verbrieft. Der Besitzer eines solchen Papiers ist berechtigt, eine bestimmte Menge an Schadstoffen zu emittieren. Mit anderen Worten: Er erhält das Recht, die Umwelt zu verschmutzen. Die Erstausstattung mit Emissionszertifikaten kann entweder entgeltfrei – orientiert etwa an dem Schadstoffausstoß der Vergangenheit – oder über eine Versteigerung erfolgen.

Emissionszertifikate

Damit die Emissionszertifikate ihre Wirkung voll entfalten können, ist zusätzlich ein funktionierender Sekundärmarkt erforderlich. Unternehmen, die überzählige Emissionszertifikate besitzen (etwa weil sie in Vermeidungsmaßnahmen investiert haben), treten als Verkäufer auf, während Unternehmen mit einem Mangel an Verschmutzungsrechten (weil sie vielleicht die Produktion ausgedehnt haben) als Nachfrager an den Markt treten. Der Emissionspreis ergibt sich dann aus dem Zusammenspiel von Angebot und Nachfrage. Im Idealfall sorgt dieser Mechanismus dafür, dass Umweltschutzziele effizient erreicht werden. Ein potenzieller Emittent ist stets mit der Frage konfrontiert, ob es für ihn günstiger ist, in Vermeidungsmaßnahmen zu investieren oder Emissionszertifikate zu erwerben. Der Handel sorgt dafür, dass die Verschmutzungsrechte schließlich in die Hände derjenigen Emittenten gelangen, für die Vermeidungsmaßnahmen am teuersten wären. Oder in der Sprache der Ökonomen: Es findet eine effiziente Allokation der Verschmutzungsrechte statt.

Sekundärmarkt

Erstmals in die Praxis umgesetzt wurde die Idee des Emissionshandels 1990 in den USA im Rahmen des Clear Air Act Amend-

Clear Air Act Amendments

ments. Der Ausstoß von Schwefeldioxid (SO_2) wurde für das Entstehen von Saurem Regen, welcher wiederum das auch hierzulande bekannte Waldsterben auslöste, verantwortlich gemacht. Die Hauptverursacher – namentlich die Energieversorger – wurden auf Grundlage eines flexiblen Handelssystems zur Verringerung ihrer SO_2-Emissionen verpflichtet. Dies war eine grundlegende Abkehr vom bis dato in der Umweltpolitik dominierenden Ordnungsrecht auf Basis zulässiger Grenzwerte.

Ausgestaltung des EU-Emissionshandels

Aber erst im Rahmen der Verhandlungen zum Klimaschutz wurden Emissionszertifikate als umweltpolitisches Instrument so richtig bekannt. Als Hauptgrund für die Klimarisiken wurde der zu hohe Treibhausgasausstoß (insbesondere Kohlendioxid) identifiziert. In dem 1997 vereinbarten und 2005 in Kraft getretenen Klimaschutzprotokoll von Kyoto wurde die Einführung eines CO_2-Emissionshandelssystems ausdrücklich vorgesehen. Die Europäische Union war Vorreiter auf diesem Gebiet und führte 2005 ein solches System ein. Die Kernbestandteile des europäischen Emissionshandelssystems (EHS) :

Europäisches Emissionshandelssystem

- Festlegung nationaler CO_2-Obergrenzen und Zuteilung der Rechte an die Anlagenbetreiber (Nationaler Allokationsplan)
- Handelsobjekt: Emissionsberechtigung (*EU-Allowance*, kurz: EUA).
- Primärausstattung der Emittenten erfolgte für den Zeitraum 2005 bis 2007 kostenlos. Unternehmen, die ihr Quantum überschreiten, müssen am Ende der Periode Strafe bezahlen und die Emissionsrechte nachkaufen.
- Verbuchung erfolgt über ein elektronisches Konto bei der nationalen Regulierungsbehörde (z. B. Deutsche Emissionshandelsstelle DEHSt). Hier wird der Eigentumsübergang festgehalten.
- Marktteilnehmer sind neben den originären Haltern des EUAs (v. a. Unternehmen aus dem Energiesektor und Basisindustrien Zement, Glas, Papier usw.), unter anderem Kreditinstitute, Privatpersonen, Umweltorganisationen usw.
- Durchführung des Handels erfolgt über Börsen (z. B. EEX in

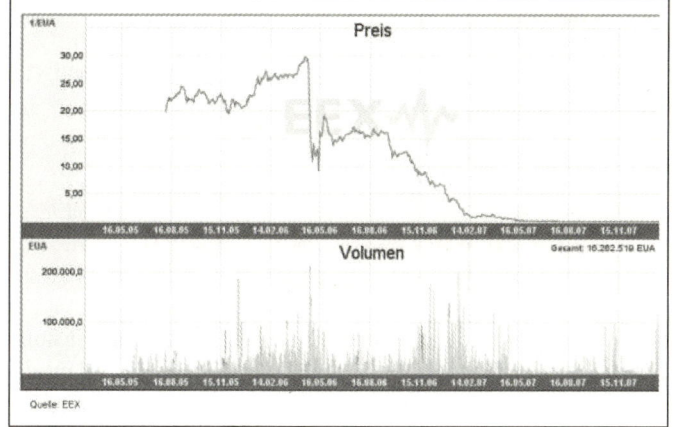

Abbildung:
Preisentwicklung
im Zertifikate-
handel
(Quelle: EEX)

Leipzig mit Spot- und Terminhandel), außerbörslich am OTC-Markt oder bilateral zwischen zwei Marktteilnehmern.

In der Anfangsphase des Emissionshandels waren relativ große Preisschwankungen zu beobachten. Wesentlichen Einfluss auf die Preisentwicklung hatten neben politischen Entscheidungen (zulässige Emissionsmenge eines Landes) Fundamentalfaktoren wie das Wetter oder die Brennstoffpreise (steigende Öl- und Gaspreise bewirken einen verstärkten Ausstoß von CO_2-intensiver Kohle). Anfangsphase

Am 30. April 2008 trat die zweite Phase des Emissionshandels in Kraft. Die Übertragbarkeit von einer auf die nächste Periode wurde erheblich eingeschränkt. Zudem wird die Gesamtmenge an Emissionszertifikaten in den kommenden Jahren Schritt für Schritt heruntergefahren. Weiterhin werden die Zertifikate vermehrt versteigert statt ausschließlich kostenlos zugeteilt. Ergänzt wird der EU-Emissionshandel durch zwei weitere Zertifikatetypen: Zweite Phase

- Certified Emission Reduction: EU-Unternehmen, die in Entwicklungsländern Maßnahmen zur Verminderung von Treibhausgasen durchführen (Clean Development Mechanism), erhalten dafür zusätzliche Emissionsrechte.
- Emissions Reduction Unit: Seit 2008 können Unternehmen auch Schadstoffrechte für Projekte in anderen Industrieländern, die nicht der EU angehören, erhalten (Joint Implementation).

Literatur

Heymann, Eric (2007): EU-Emissionshandel (2007), in: Deutsche Bank Research, 25. Januar 2007.

2.3.4 In Kürze: die wichtigsten Rohstoffmärkte

Selbst im Zeitalter der Informationsgesellschaft haben Rohstoffe
Commodities (Commodities) nichts von ihrer grundlegenden Bedeutung für die
wirtschaftliche Entwicklung eingebüßt. Die meisten der nachge-
fragten Güter sind auch heute nicht digitaler Natur, sondern basieren auf natürlichen Ressourcen, die anschließend weiterverar-
beitet werden. Rohstoffe haben in den letzten Jahren zudem auch
als Anlageklasse massiv an Bedeutung gewonnen. Mit Beginn des
21. Jahrhunderts konnten in den meisten Rohstoffklassen regelrechte Preisexplosionen beobachtet werden. Dies war nicht zuletzt
auf den Rohstoffhunger aufstrebender Länder wie China zurückzuführen, die im Zuge ihrer Industrialisierung verstärkt auf den
Weltmärkten als zusätzliche Nachfrager in Erscheinung traten.
Dem standen nach einer längeren Phase niedriger Rohstoffpreise
nur begrenzte Möglichkeiten zur Angebotsausweitung gegenüber,
was nicht zuletzt eine Folge unzureichender Investitionen in die
Förderkapazitäten war. Es kann nicht überraschen, dass in einem
solchen Umfeld die Preise deutlich zu steigen begannen.

Unterschieden werden üblicherweise folgende Kategorien von
Rohstoffen:

Energie
- **Energie:** Hierunter fallen insbesondere Rohöl, Erdgas, Kohle, der Kernbrennstoff Uran sowie die erneuerbaren Energien
(u.a. Sonnenenergie, Wasserkraft). Für das Funktionieren moderner Volkswirtschaften kommt diesen Primärenergieträgern
eine zentrale Bedeutung zu. Für den Endverbraucher muss die
Primärenergie in der Regel in Sekundärenergie umgewandelt
werden. Hierzu zählen z.B. Strom, Kraftstoffe oder Fernwär-
me. Das kurzfristige Angebot wird durch die vorhandenen Förderkapazitäten und die bekannten Rohstoffreserven bestimmt.

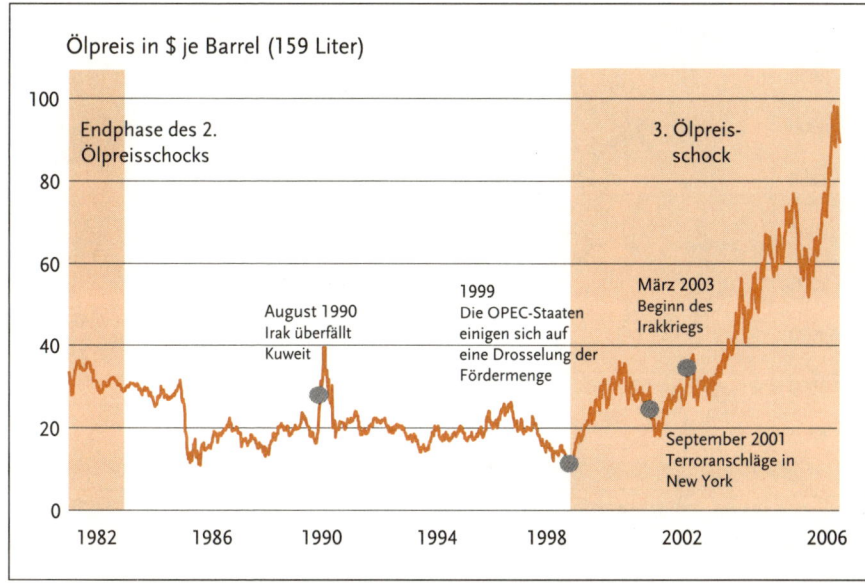

Ölpreis in $ je Barrel (159 Liter)

Endphase des 2. Ölpreisschocks

3. Ölpreis-schock

August 1990
Irak überfällt
Kuweit

1999
Die OPEC-Staaten
einigen sich auf
eine Drosselung der
Fördermenge

März 2003
Beginn des
Irakkriegs

September 2001
Terroranschläge in
New York

Langfristig determiniert die Preisentwicklung das Angebot, weil etwa durch einen starken Ölpreisanstieg die Exploration schwierig zugänglicher Vorkommen rentabel werden könnte. Die globale Nachfrage hängt in erster Linie von der weltweiten Wohlstandsentwicklung und dem demografischen Wandel ab. Längerfristig spielen zudem Fragen der Energieeffizienz eine wichtige Rolle, welche wiederum von technischen Innovationen sowie den politischen und rechtlichen Rahmenbedingungen (»Energiespargesetze«) abhängen.

- **Edelmetalle:** Zu dieser Kategorie zählen neben Gold und Silber auch die in der Industrie eingesetzten Platin und Palladium. Wegen der herausragenden Bedeutung des Goldes als Anlagemedium ist diesem Rohstoff ein gesonderter Abschnitt in diesem Buch gewidmet (2.3.5).

- **Industriemetalle:** Wie der Energieverbrauch korreliert auch die Nachfrage nach Industriemetallen stark mit der Konjunkturentwicklung. Ohne Aluminium, Kupfer, Zins oder Nickel sind moderne Produktionsprozesse, aber auch viele Produkte, nicht denkbar.

Abbildung:
Ölpreisentwicklung seit 1982 (Quelle: Datastream; Energy Information Administration (EIA); Internationale Energieagentur (IEA)

Edelmetalle

Industriemetalle

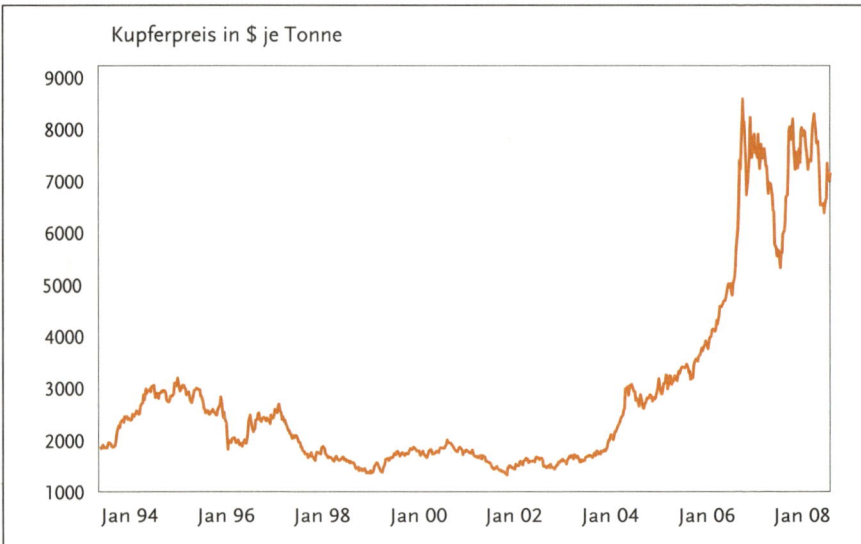

Kupferpreis in $ je Tonne

Abbildung:
Kupferpreisentwicklung seit 1994 (Quelle: Datastream)

Agrarrohstoffe

• **Agrarrohstoffe:** Eine der bemerkenswertesten Storys der jüngsten Zeit fand in der Landwirtschaft statt. In den achtziger und neunziger Jahren war das Thema Überproduktion (»Butterberge«, »Milchseen«) noch in aller Munde und das Symbol für eine verfehlte Agrarpolitik. In den Industrieländern nicht benötigte landwirtschaftliche Erzeugnisse wurden auf dem Weltmarkt häufig geradezu verschleudert. Mittlerweile wird immer klarer, dass wir uns auf einen Zustand der Knappheit hinbewegen. Eine wachsende und wohlhabender werdende Bevölkerung benötigt immer mehr Nahrungsmittel. Gleichzeitig bedrohen der Klimawandel und Industrialisierungstendenzen vielerorts die Anbaumöglichkeiten (Stichwort Wassermangel). Hinzu kommt, dass die Nahrungsmittelproduktion verstärkt mit der Kraftstoffgewinnung auf Pflanzenbasis (»Biosprit«) konkurrieren muss. In der Folge der skizzierten Entwicklungen gingen in den letzten Jahren die Preise für Weizen, Mais, Rinder, Schweine, Soja oder Baumwolle steil nach oben.

Wer an diesen Entwicklungen teilhaben will, ist nicht auf physische Investments angewiesen. Es gibt heute eine Vielzahl von Fi-

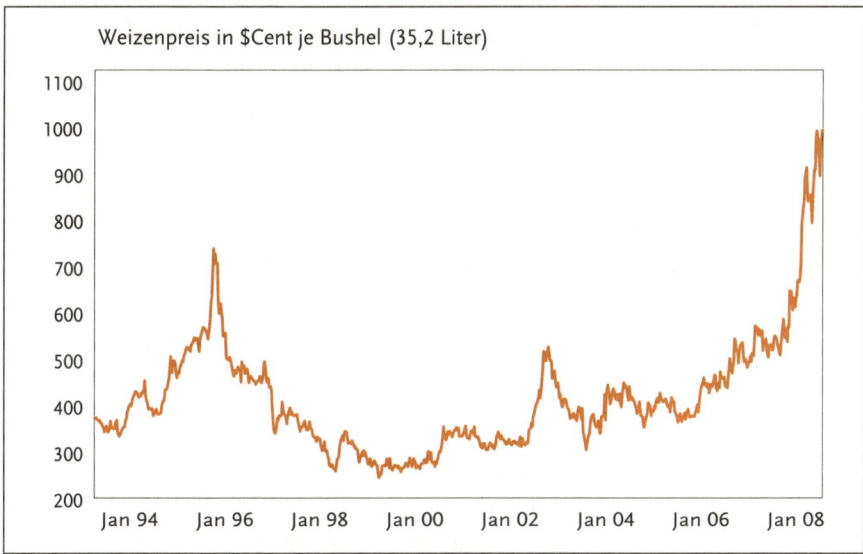

Weizenpreis in $Cent je Bushel (35,2 Liter)

Abbildung:
Weizenpreisent-
wicklung seit 1994
(Quelle: Data-
stream)

nanzanlagemöglichkeiten (Zertifikate, Fonds, Rohstoffaktien), mit deren Hilfe man in Commodities investieren kann. Sie basieren in der Regel auf Derivaten wie Futures oder Optionen. Attraktiv sind Rohstoffinvestments insbesondere aufgrund ihrer geringen Korrelation zu anderen Asset-Klassen wie Aktien oder Anleihen. Ein weiterer Vorteil ist, dass ein bodenloser Fall der Rohstoffpreise nahezu ausgeschlossen werden kann. Rohstoffe haben eine natürliche Preisuntergrenze – die Produktionskosten. Gerade Anleger, die sich vor Inflation fürchten, sind mit Rohstoffen meist gut beraten. Sie entwickeln sich tendenziell in die gleiche Richtung wie die Inflation.

2.3.5 Ein ganz besonderer Rohstoff: Gold

Zwei ungleiche Brüder: Geld und Gold

1896 wurde am Zusammenfluss des Klondike River und Yukon River erstmals Gold entdeckt. Bereits wenige Monate später kam es in Alaska zu einem legendären Goldrausch, in dessen Verlauf zehntausende Menschen in die unwirtliche Gegend zogen, um unter größten Entbehrungen nach dem begehrten Edelmetall zu suchen. Warum erlagen damals wie zu fast allen Zeiten so viele dem Lockruf des Goldes?

Gold stand schon immer für Reichtum und Wohlstand. Dabei ist der praktische Nutzen von Gold eher gering. Wegen seines faszinierenden Äußeren – Gold ist das einzige gelbe Edelmetall – wird es vor allem zu wertvollem Schmuck verarbeitet. Außerdem diente es in der Vergangenheit häufig als Zahlungsmittel und bis in die Gegenwart als Wertspeicher oder Anlagegegenstand. Die Geschichte von Geld und die von Gold sind untrennbar miteinander verbunden. Lange Zeit waren sie ein und dasselbe.

Bereits in der Antike wurden aus Gold (und aus Silber) Münzen hergestellt. Im Gegensatz zu unserem heutigen stoffwertlosen Münz- und Papiergeld hatte das damalige Edelmetallgeld einen inneren Wert – und nicht nur einen abstrakten, abgeleiteten Wert. Gold stiftete seinen Besitzern unmittelbaren Nutzen. Oder modern ausgedrückt: Es hatte einen eigenen Preis, der sich aus dem Zusammenspiel von Angebot und Nachfrage bildete. Genau genommen handelte es sich bei einer Goldmünze um nichts anderes als eine besondere Form des sogenannten Naturalgeldes. Gold hatte sich gegenüber Konkurrenten wie Weizen, Muscheln oder Olivenöl, die ebenfalls in bestimmten historischen Phasen als Naturalgeld dienten, aufgrund seiner herausragenden Eigenschaften durchgesetzt. Unter anderem ist Gold

Eigenschaften
- beliebig teilbar und zusammenfügbar,
- leicht zu transportieren, da schon in kleinen Mengen wertvoll,
- nicht herstellbar und damit nicht beliebig vermehrbar, sondern nur sehr selten in der Natur anzutreffen,
- im Zeitablauf nicht verderblich,

- schwer zu fälschen,
- genau abzuwiegen, wodurch der Tauschwert exakt zu bestimmen ist.

Wichtig erscheint mir in diesem Zusammenhang die Tatsache, dass Gold(-münzen) nicht durch staatliche Anweisung zu Geld wurde(n), sondern sich auf freien Märkten als Zahlungsmittel durchgesetzte(n). Geld ist damit im Sinne des berühmten Ökonomen Friedrich von Hayek keine (willentliche) Erfindung, sondern eine (spontane) Entdeckung.

Ab dem 17. Jahrhundert entwickelte sich aus der reinen Goldwährung der Goldhinterlegungsstandard. Er ist der Vorläufer unserer heutigen Papierwährungen. Sogenannte »Zettelbanken« **Zettelbanken** verwahrten aus zumeist praktischen Gründen das Gold und gaben den Besitzern einen Aufbewahrungsbeleg (»Hinterlegungsschein«). Dieser Aufbewahrungsbeleg, der im Geschäftsleben zunehmend als Zahlungsmittel akzeptiert wurde, ist eine Frühform des heutigen Papiergeldes, allerdings jederzeit in vollem Umfang durch Gold gedeckt und in Gold eintauschbar.

Aus den privaten Banken entstanden im Lauf der Zeit die Nationalbanken. Die Bank of England wurde 1844 zur ersten Notenbank modernen Typus. Ihr wurde unter strengen Auflagen von staatlicher Seite das Monopol zur Geldnotenausgabe übertragen. Das umlaufende Bargeld wurde zum allergrößten Teil durch Gold unterlegt, jedoch nicht zu 100 Prozent wie beim Goldhinterlegungsstandard.

Mit England im Zentrum entwickelte sich daraus in der Folgezeit das erste international gültige Währungssystem mit Papiergeld auf Goldbasis. Der klassische Goldstandard, wie das Währungsregime noch heute genannt wird, beruhte auf einer partiellen Golddeckung. Durch die strikte Politik der Währungsstabilität genossen die Notenbanken der beteiligten Länder (neben England auch alle anderen wichtigen europäischen Staaten) eine hohe Glaubwürdigkeit. Jede der am Goldstandard beteiligten Währungen repräsentierte lediglich einen nationalen Namen für eine bestimmte Goldmenge. Da im Jahr 1888 1 kg Gold 136,57 Britischen Pfund (GBP) und 2.790 Goldmark (GM) entsprach, errechnete sich daraus ein Wechselkurs von 1 GBP = 20,43 GM. Bis zum Ausbruch

Goldstandard

des Ersten Weltkriegs 1914 war dieses Weltwährungssystem über einen langen Zeitraum einer der Hauptgaranten für stabile Preise und kräftiges Wachstum.

Alle Versuche, den klassischen Goldstandard später wieder zu beleben, waren nicht von dauerhaftem Erfolg gekrönt. Im Gefolge der Weltwirtschaftskrise verbot die amerikanische Regierung 1933 sogar den Besitz von Gold. Dieses Gesetz wurde erst 1971 aufgehoben.

Bretton Woods Nach dem Zweiten Weltkrieg führten die Industrieländer in Bretton Woods ein Währungssystem auf Basis eines Gold-Devisen-Standards mit dem US-Dollar als Leitwährung ein. Alle wichtigen Währungen waren gegenüber dem US-Dollar im Wert festgeschrieben. Die Notenbanken der beteiligten Länder mussten Dollarreserven halten, um im Bedarfsfall den Wechselkurs der eigenen Währung zum US-Dollar zu stabilisieren. Die USA garantierten ihrerseits, Dollar jederzeit gegen Gold zu einem fixen Kurs von 35 US-Dollar je Feinunze einzulösen. 1971 wurde von der Nixon-Regierung einseitig die Goldeinlösepflicht gestoppt. Das Thema Golddeckung der Währungen war damit beendet. Seitdem gibt es keine natürlichen Obergrenzen für die Geldschöpfung mehr. Der Goldpreis bildet sich seit 1971 wieder frei am internationalen Goldmarkt. Im Zuge der ersten Goldpreishausse stieg der Kurs bis auf 871 Dollar je Feinunze Ende 1979.

Determinanten der Goldpreisentwicklung

Der Goldpreis wird üblicherweise in US-Dollar je Feinunze (= 31,1 Gramm) angegeben. Die Preisfeststellung erfolgt täglich an den Börsen in London und New York.

Das Goldangebot am Weltmarkt wird im Wesentlichen von folgenden Faktoren bestimmt:

- **Goldförderung:** Derzeit werden jedes Jahr weltweit rund 2.500 Tonnen abgebaut. Da viele leicht zugängliche Fördergebiete bereits ausgebeutet sind, steigen die Kosten der Goldproduktion. Für eine signifikante Zunahme der Goldförderung gibt es keine Indizien. Nach seriösen Schätzungen wurden bislang insgesamt 135.000 Tonnen Gold gefunden.

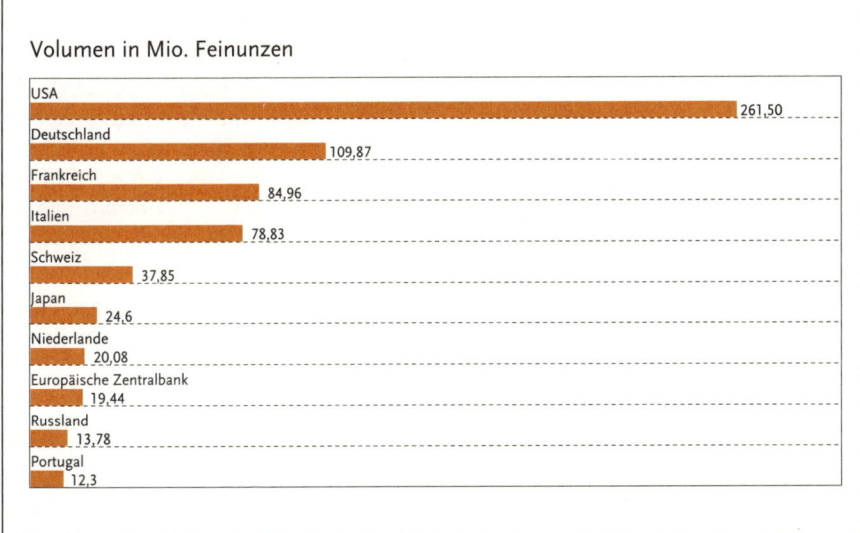

Volumen in Mio. Feinunzen

USA	261,50
Deutschland	109,87
Frankreich	84,96
Italien	78,83
Schweiz	37,85
Japan	24,6
Niederlande	20,08
Europäische Zentralbank	19,44
Russland	13,78
Portugal	12,3

- **Recycling:** Dabei handelt es sich um die Wiederverwertung industriell bereits genutzten Goldes oder alten Schmucks.
- **Goldverkäufe der Notenbanken:** Trotz Aufhebung der Golddeckung besitzen viele Notenbanken noch erhebliche Goldmengen. Werden davon größere Mengen auf den Markt geworfen, drückt dies den Goldpreis. Allerdings haben sich die großen Notenbanken darauf verständigt, keine größeren Goldverkäufe mehr vorzunehmen. Zudem treten Notenbanken aus den aufstrebenden Ländern verstärkt als Goldkäufer auf, um ihr Devisenportfolio stärker zu diversifizieren.

Abbildung: Goldreserven der Notenbanken in 2007 (Quelle: IWF)

Seine Attraktivität bezieht Gold nicht zuletzt aufgrund seiner natürlichen Knappheit. Im Gegensatz zu vielen anderen Märkten kann das Angebot nicht ohne Weiteres erhöht werden, selbst wenn der Preis in die Höhe schnellt. Oder um es in der Sprache der Ökonomen auszudrücken: Das Goldangebot ist sehr preisunelastisch.

Knappheit

Dem relativ starren Goldangebot steht eine im Zeitablauf erheblich variierende Goldnachfrage gegenüber. Die wesentlichen Bestimmungsgründe der Goldnachfrage:

Goldnachfrage

- **Industrielle Zwecke:** Gold kommt wegen seiner Korrosionsbeständigkeit etwa in der Elektroindustrie oder für Spezialbeschichtungen zum Einsatz. Zudem ist Gold immer noch ein beliebtes Zahnfüllmaterial. Bezogen auf die gesamte globale Nachfrage spielen diese Verwendungsarten jedoch nur eine nachgeordnete Rolle.
- **Schmuck:** Rund zwei Drittel des gesamten Goldbedarfs entfällt auf die Schmuckherstellung (2006: 2.279 Tonnen). Speziell im Nahen Osten und in aufstrebenden Ländern wie Indien oder China ist Goldschmuck äußerst beliebt. Im Jahr 2006 verbrauchte allein Indien 715 Tonnen Gold für Schmuck. Allerdings schwankt die Nachfrage nach Goldschmuck spürbar mit der Goldpreisentwicklung.
- **Wertaufbewahrungsmittel:** Gerade in Krisenzeiten oder in inflationären Phasen steigt die Goldnachfrage meist sprunghaft an, obwohl Gold keine laufenden Erträge abwirft. Als Finanzanlage dienen sowohl physisches Gold (Münzen, Barren) als auch Wertpapiere wie Goldzertifikate oder börsengehandelte Goldfonds (ETF). Letztere haben es Privatleuten in den letzten Jahren deutlich erleichtert, Gold ins Portfolio zu nehmen. Auch die Aktienkurse von Goldminenbetreibern korrelieren relativ stark mit der Goldpreisentwicklung, wenngleich hier auch noch andere Faktoren (Kosten der Goldförderung, Wechselkurse) in den Aktienkurs eingehen. Generell gilt: Wenn der Goldpreis steigt, nimmt auch die Nachfrage der Finanzinvestoren nach Gold zu.

Die Renaissance des Goldes

Rückblende: Nach der faktischen Freigabe des Goldpreises 1971, der bis zu diesem Zeitpunkt bei 35 US-Dollar festgeschrieben war, kam es in den Folgejahren zu einem beständigen Goldpreisanstieg. Dieser mündete Ende der siebziger Jahre in einer regelrechten Preisexplosion. In der Spitze mussten Ende 1979 für eine Feinunze 871 US-Dollar bezahlt werden. Diese Phase war charakterisiert durch den Zusammenbruch des Währungssystems von Bretton Woods mit einem anschließenden Dollar-Verfall, Ölpreiskrisen,

Krise 1979

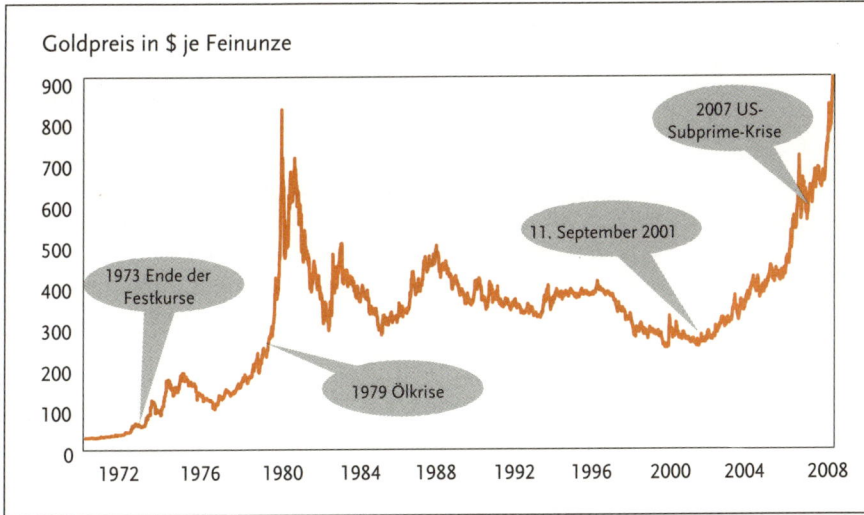

hohen Inflationsraten und geopolitischen Krisen (Vietnam, Afghanistan, Iran).

2007: Folgende Themen dominierten das Wirtschaftsgeschehen in diesem Jahr: US-Immobilienkrise, Dollarschwäche, Rekordstände beim Öl, wachsender Inflationsdruck. Hinzu kamen als geopolitische Themen die unsichere Lage im Nahen und Mittleren Osten (Irak, Iran) sowie die Bedrohung durch den internationalen Terrorismus. Auch wenn die Situation damals mit der von heute nicht eins zu eins übereinstimmt, so sind doch gewisse Parallelen unübersehbar. Vor diesem Hintergrund überwindet der Goldpreis Ende 2007 sein altes Rekordhoch. Dies verdeutlicht: Gold spielt in den Augen der Finanzinvestoren wieder eine bedeutende Rolle.

Damit drängt sich die Frage auf, ob es sich bei dieser Goldpreishausse um eine Manie handelt, die ein preisliches Überschießen nach sich zieht und die im Rahmen einer scharfen Korrektur wieder abgebaut wird, oder um die Folgen einer strukturellen Veränderung, die einen lang anhaltenden Preisaufschwung begründet.
 Der US-Ökonom Charles Kindleberger hat in einer Analyse

Abbildung:
Entwicklung des Goldpreises seit 1970 (Quelle: Datastream)

US--Subprime-Krise

Manie

(»Manias, Panics, and Crashes: A History of Financial Crises«) drei Voraussetzungen für eine Manie genannt:

- *Reichlich vorhandene Liquidität*, welche die Preise in die Höhe treibt. Dies ist seit Beginn dieses Jahrzehnts (in den USA vor allem ab 2001) unbestritten der Fall, wie ein Blick auf die niedrigen Realzinsen und das Geldmengenwachstum zeigt.
- Es muss einen *fundamentalen Wandel* (Fundamental Shift) in den ökonomischen Grundbedingungen geben. Im Falle von Gold könnten dies zunehmende Anreize für Abwertungswettläufe in einer (güter-)angebotsgetriebenen Welt sein genauso wie lang anhaltende geopolitische Risiken.
- Es muss Unsicherheit darüber bestehen, wie der fragliche Vermögensgegenstand »richtig« bewertet wird. Damit kann eine Ära neuen Denkens (»New Era Thinking«) eingeläutet werden. Für Gold könnte dies durchaus zutreffend sein.

Bei Gold könnte also im Sinne Kindlebergers durchaus eine Manie vorliegen. Dies muss jedoch nicht so sein. Die Ermittlung eines »fairen« Goldpreises ist angesichts so schwer fassbarer Einflussfaktoren wie Zentralbankgoldverkäufe und politischer Risiken ein außerordentlich schwieriges Unterfangen. Im Gegensatz zu vielen anderen Rohstoffpreisen bewegt sich der Goldpreis nicht unbedingt entlang seiner Grenzkosten der Produktion, die derzeit bei etwa 400 bis 450 US-Dollar liegen.

Gründe für den
Goldpreisanstieg

Ausblick: Anfang 2008 mussten erstmals fast 1.000 US-Dollar für eine Feinunze aufgebracht werden. Nimmt man die Preisspitze von 871 US-Dollar aus dem Jahr 1979 zum Maßstab, müsste der Goldpreis unter Berücksichtigung der seitdem erfolgten Geldentwertung inzwischen bei über 2.000 US-Dollar liegen. Es gibt also durchaus noch Platz nach oben. Folgende Argumente sprechen weiterhin für einen Goldpreisanstieg:

- Die Preissteigerungen der letzten Jahre haben keine Angebotsausweitung bewirkt. Zwar ist die Recycling-Menge deutlich angestiegen. Dies wurde aber weitgehend kompensiert durch einen Rückgang der Goldförderung.
- Verglichen mit anderen Rohstoffen besitzt Gold in der Preisentwicklung noch Nachholbedarf.

- Ein Rückgang geopolitischer Risiken (Terrorismus, Verbreitung von Atomwaffen usw) erscheint für die kommenden Jahre unwahrscheinlich. Die Nachfrage nach sicheren Anlagen dürfte damit fortbestehen.
- Die Geldpolitik hat in den letzten Jahren insbesondere in den USA und Japan eine leichte Schlagseite zur Inflation bekommen. Die damit verbundenen Probleme werden von den Währungshütern inzwischen als weniger gravierend angesehen als noch in den neunziger Jahren.

3 Volkswirtschaft in der Praxis: ausgewählte Fallbeispiele

3.1 Kann mit der Geldpolitik die Arbeitslosigkeit bekämpft werden? Der nicht ausgestandene Phillips-Kurven-Konflikt

Mit jeder Konjunkturschwäche und den dadurch verursachten Problemen am Arbeitsmarkt flammt die Diskussion über die Wirksamkeit der Geldpolitik von neuem auf. Im Kern handelt es sich um die Frage, ob durch Zinssenkungen und eine Ausweitung der Geldmenge die Arbeitslosigkeit vermindert werden kann (was eingefleischte Keynesianer zumindest für die kurze Frist bejahen) oder ob dadurch lediglich die Inflation erhöht wird (wovon die Monetaristen ausgehen). Der sogenannte Phillips-Kurven-Konflikt spiegelt damit die grundlegende Kontroverse zwischen einer nachfrageorientierten (keynesianischen) und einer angebotsorientierten (monetaristischen) Wirtschaftspolitik wider.

3.1.1 Das Konzept der Phillips-Kurve

1958 veröffentlichte der britische Ökonom *A.W. Phillips* einen Aufsatz, in dem er auf der Grundlage statistischer Daten für Großbritannien im Zeitraum von 1861 bis 1957 einen negativen Zusammenhang zwischen Arbeitslosigkeit und nominaler Lohnentwicklung nachwies. In einer günstigen Konjunkturlage mit niedriger Arbeitslosigkeit werden die Arbeitnehmer höhere Löhne

Zusammenhang Arbeitslosigkeit und Nominallohnentwicklung

Ursprüngliche
Phillips-Kurve

durchsetzen, in Phasen abnehmender Beschäftigung werden die Lohnsteigerungen niedriger ausfallen. Die grafische Darstellung dieses Zusammenhangs wird als ursprüngliche Phillips-Kurve bezeichnet.

Die beiden amerikanischen Wirtschaftswissenschaftler *Paul Samuelson* und *Robert M. Solow* entwickelten diesen Ansatz weiter und stellten einen vergleichbaren Zusammenhang zwischen der Arbeitslosenquote und der Inflationsrate fest. In Hochkonjunkturphasen kommt es demnach aufgrund des hohen Nachfrageniveaus zu Preissteigerungen. Die Nachfrage entwickelt in diesem Zusammenhang eine Sogwirkung auf Löhne und Preise. In rezessiven Phasen mit wachsender Arbeitslosigkeit nimmt die gesamtwirtschaftliche Nachfrage ab und die Teuerungsrate geht wieder zurück. Die grafische Darstellung der kurzfristigen Beziehung von Arbeitslosigkeit und Inflation wird als modifizierte Phillips-Kurve bezeichnet. Sie beschreibt die verschiedenen Kombinationen von Arbeitslosenquote und Inflationsrate.

Modifizierte Phillips-
Kurve

Abbildung:
Modizifierte
Phillips-Kurve

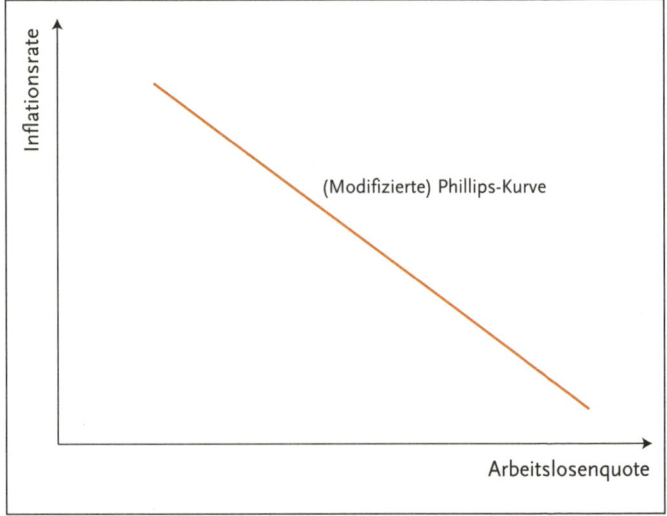

Geringe Inflation → hohe AL-Quote
→ Preise sind wenig, wachsende Arbeitslosigkeit nimmt die Nachfrage ab.

3.1.2 Wirtschaftspolitik à la carte?

Das Konzept der (modifizierten) Phillips-Kurve legt nahe, dass es ein Austauschverhältnis (Trade-off) zwischen beiden »Übeln« der Wirtschaftspolitik gibt. Eine Erhöhung der Beschäftigung und des Wachstums müsse zwangsläufig mit höherer Inflation, eine Zunahme der Preisniveaustabilität mit höherer Arbeitslosigkeit »bezahlt« werden. Durch eine Variation der Geld- und Fiskalpolitik, so die Meinung der zu dieser Zeit meist keynesianisch orientierten Ökonomen, könne demnach auf einer Art »Speisekarte« ein Menü aus Arbeitslosigkeit und Inflation zusammengestellt werden. Eine restriktivere Wirtschaftspolitik würde zu niedrigerer Inflation (bei gleichzeitig höherer Arbeitslosigkeit), eine expansivere Wirtschaftspolitik zu niedrigerer Arbeitslosigkeit (bei gleichzeitig höherer Inflation) führen. Mit anderen Worten, die Beschäftigung in einer Volkswirtschaft könne unter Inkaufnahme von Inflation wirkungsvoll bekämpft werden. Bei dem früheren Bundeskanzler Helmut Schmidt (1974–1982) klang dies so: »Fünf Prozent Inflation sind mir lieber als fünf Prozent Arbeitslosigkeit.« Diese Schlussfolgerung setzte indes stillschweigend voraus, dass die Phillips-Kurve im Zeitablauf stabil ist, sprich dass sich die Kombinationsmöglichkeiten aus beiden wirtschaftspolitischen Zielverfehlungen nicht veränderten.

An der These einer stabilen Philipps-Kurve entzündete sich auch die Hauptkritik an diesem Konzept. Gestützt auf empirische Untersuchungen formulierten insbesondere *Milton Friedman* und *Edmund Phelps* gewichtige Einwände. Eine Bekämpfung der Arbeitslosigkeit durch »Erzeugung« höherer Inflationsraten könne bestenfalls kurzfristig erfolgreich sein. Wenn etwa durch eine expansive Geldpolitik das Preisniveau in die Höhe getrieben wird, werden bei konstanten, durch Tarifvertrag festgelegten Nominallöhnen die Reallöhne zunächst sinken und die Arbeitskräftenachfrage der Unternehmen steigen – die Beschäftigung nimmt zu (Bewegung von Punkt A nach Punkt B in nachfolgender Abbildung).

> Reallohn = Nominallohn/Preisänderungen

Dem liegt die Annahme zugrunde, Arbeitnehmer unterlägen einer

Trade-off

Hauptkritik

Geldillusion

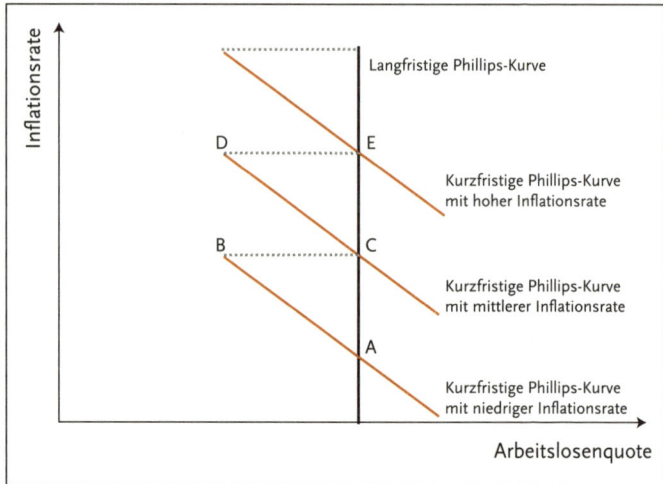

Abbildung:
Langfristige
Phillips-Kurve

Geldillusion, die sich darin äußert, dass sie von der vorher gegebenen Preisstabilität ausgehen und den Nominallohnanstieg mit einem Reallohnanstieg gleichsetzen. Sobald die Arbeitnehmer ihren »Irrtum« bemerken, werden sie einen Inflationsausgleich fordern, sodass die Reallöhne wieder die ursprüngliche Höhe erreichen (Bewegung von Punkt B nach Punkt C) – die Beschäftigung nimmt dann wieder auf das ursprüngliche Niveau ab.

3.1.3 Inflation: auf Dauer kein Rezept gegen Arbeitslosigkeit

Die Beschäftigung lässt sich kurzfristig also nur dann steigern, wenn die tatsächliche Inflation höher ist als die den Tarifabschlüssen zugrunde liegende erwartete Inflation. Um in der Zukunft positive Arbeitsmarkteffekte zu erreichen, muss die »Dosis« an Inflation demnach immer mehr erhöht werden. Damit ist die (kurzfristige) Phillips-Kurve nicht mehr stabil, sondern sie verschiebt sich immer weiter nach oben. Auf Dauer, wenn die Wirtschaftssubjekte das »Spiel« perfekt durchschauen, sind keine realen Effekte am Arbeitsmarkt mehr zu erreichen. *Langfristig* verläuft die Phillips-

Inflationsdosis erhöhen

Kurve damit senkrecht. Eine expansive Geldpolitik kann die Arbeitslosigkeit nicht verringern, sie verbleibt auf ihrem *natürlichen* Niveau, der sogenannten NAIRU (Non Accelerating Inflation Rate of Unemployment). Gleichzeitig sorgt zu billiges Geld jedoch für steigende Inflationsraten. Im Extremfall führt dies zu Stagflation, also dem gemeinsamen Auftreten von **stag**nierender Wirtschaft (mit steigender Arbeitslosigkeit) und zunehmender Inflation – einer Erfahrung, die viele Industrieländer in den 1970er-Jahren machen mussten.

NAIRU

Arbeitslosigkeit kann durch steigende Inflationsraten zumindest nicht dauerhaft bekämpft werden. Selbst kurzfristige Effekte sind inzwischen umstritten, wenn man die Annahmen der *Theorie rationaler Erwartungen* zugrunde legt. Deren Begründer *R. E. Lucas* ging davon aus, dass sich die Wirtschaftsakteure nicht einmal kurzfristig von wirtschaftspolitischen Maßnahmen täuschen ließen. Unter ungünstigen Umständen, wenn Arbeitnehmer (-vertreter) eine beschleunigte Inflation zur Grundlage ihrer Lohnforderungen machen, wird sogar die berühmt-berüchtigte Lohn-Preis-Spirale in Gang gesetzt.

Rationale Erwartungen

Zeitweise schien die Phillips-Kurven-Logik jedoch außer Kraft getreten zu sein. In den 1990er-Jahren nahm in vielen Ländern die Beschäftigung zu, ohne dass es gleichzeitig zu einem nennenswerten Anstieg der Inflation gekommen ist. Allerdings kamen zu dieser Phase, die bis etwa 2006 andauerte, einige Sonderfaktoren zum Tragen, die die Inflation im weltweiten Maßstab nach unten drückten:

Sonderfaktoren

- Die restriktive Geldpolitik in den 1980er- und 1990er-Jahren mit teilweise außergewöhnlich hohen Zinsen löste einen Disinflationsprozess aus.
- Die Globalisierung sorgte weltweit für sinkende Preise, vor allem bei Industriegütern.
- Deregulierung und Privatisierung führten zu mehr Wettbewerb in Schlüsselbranchen (z. B. Telekommunikation, Energieversorgung).
- Überdurchschnittliches Produktivitätswachstum durch neue Technologien ließ die Arbeitskosten sinken.
- Die Verhandlungsmacht der Arbeitnehmer hat vielerorts nachgelassen.

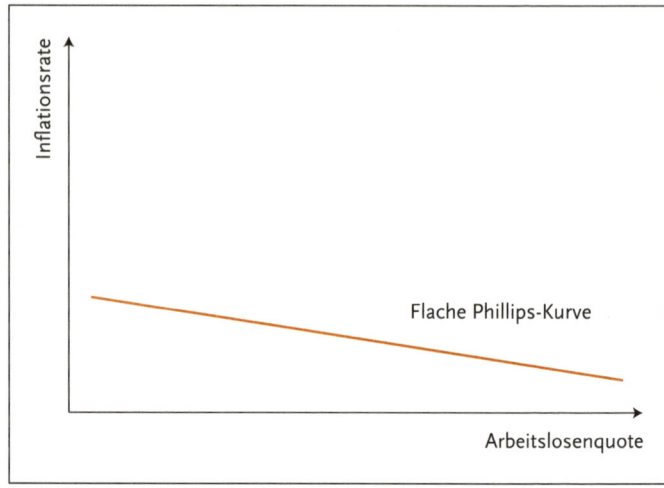

Abbildung:
Flache
Phillips-Kurve

Nicht nur die Geldpolitik ist mit Beginn des neuen Jahrtausends in den Industrieländern expansiver geworden. Auch die inflationsdämpfenden Faktoren Globalisierung, Deregulierung und Produktivitätswachstum sind im Begriff, an Bedeutung zu verlieren.

Was bedeutet dies für die Phillips-Kurven in den entwickelten Ländern?

Steigung der Phillips-Kurve

Verglichen mit den vorgehenden Jahrzehnten verlaufen die Kurven heute deutlich flacher und näher beim Ursprung (siehe Grafik). Was auf den ersten Blick aus wirtschaftspolitischer Sicht durchaus apart erscheint – bei einem Rückgang der Arbeitslosigkeit steigt die Inflation aufgrund des flachen Verlaufs nur moderat an –, birgt bei genauerem Hinsehen aber auch erhebliche Probleme. Hat die Inflation(-serwartung) nämlich ein bestimmtes, nicht mehr tolerierbares Niveau erreicht, kann sie nur um den Preis eines deutlichen Beschäftigungsrückgangs wieder reduziert werden, was die politische Akzeptanz dieser Maßnahmen in der Gesellschaft erschweren dürfte. Dies ist auch einer der Gründe dafür, dass die EZB so stark darauf achtet, gleich von vornherein einer Verfestigung der Inflationserwartungen entgegenzuwirken.

3.2 Tobin Tax: Protektionismus in neuem Gewande

Wirtschaftskrisen (z. B. Asienkrise 1997) gehen häufig mit starken Turbulenzen an den Devisenmärkten einher. Regelmäßig werden dann Forderungen nach Eindämmung spekulativer Währungsbewegungen erhoben. Insbesondere der bereits vor 30 Jahren entwickelte Vorschlag zur Einführung einer internationalen Devisenumsatzsteuer – der sogenannten Tobin Tax – wird dann immer wieder aus der Schublade geholt. Große Beliebtheit hat das Konzept unter den Globalisierungskritikern erlangt. Mit Attac (»Vereinigung für eine Besteuerung von Finanztransaktionen zum Wohle der Bürger«) trägt eine ihrer wichtigsten Organisationen die Steuer sogar im Namen. Grund genug, einen genaueren Blick auf die Ausgestaltung, Umsetzungsmöglichkeiten und möglichen Folgen einer Tobin-Steuer zu werfen.

Die große Bedeutung der Devisenmärkte für die Wechselkursentwicklung lässt sich daran ablesen, dass das Volumen des täglichen Devisenhandels die Marke von drei Billionen US-Dollar mittlerweile überschritten hat. Demgegenüber beläuft sich das jährliche Welthandelsvolumen auf etwa 12 Billionen US-Dollar. Die Tatsache, dass der Wert des gesamten Welthandels in nur vier Tagen an den Devisenmärkten umgesetzt wird, verdeutlicht auf eindrucksvolle Weise die inzwischen vorherrschende Dominanz des Kapitalverkehrs gegenüber dem Handelsverkehr. — *Devisenmärkte*

Der wohl bekannteste Vorschlag zur Verringerung kurzfristiger Kapitalbewegungen und damit zur Dämpfung von Wechselkursschwankungen sieht die Besteuerung von Devisenumsätzen vor. Vor 30 Jahren entwickelte der amerikanische Ökonomie-Nobelpreisträger *James Tobin* das Konzept für eine weltweite Devisenumsatzsteuer. Mit ihrer Einführung solle »etwas Sand in das Getriebe des internationalen Finanzsystems gestreut werden«. Tobin macht den spekulativen kurzfristigen Kapitalverkehr – Hot Money im heutigen Sprachgebrauch – für die starken Wechselkursausschläge und vor allem für die Abweichungen von den fundamentalen Wirtschaftsdaten verantwortlich. Eine geringe Steuer — *Hot Money* auf den grenzüberschreitenden Kapitalverkehr solle nach Tobins Plan kurzfristige internationale Kapitaltransaktionen unattraktiver machen und auf diese Weise große Wechselkursschwankungen unterbinden.

Trotz teilweiser massiver Kritik vonseiten der wirtschaftswissenschaftlichen Zunft erfreut sich die Tobin-Steuer unter Politikern, Gewerkschaftern, Globalisierungskritikern, Kirchenvertretern und Dritte-Welt-Lobbyisten nach wie vor einer gewissen Popularität. Frankreich und Kanada stellten bereits auf dem G7-Gipfel des Jahres 1995 die Einführung einer internationalen Spekulationsteuer zur Diskussion. Zwar sind alle Ansätze zur Verwirklichung des Konzeptes bislang im Sande verlaufen, mit jedem Auftreten größerer Währungskrisen kommt sie jedoch von neuem auf die Agenda nationaler Parlamente wie internationaler Organisationen.

3.2.1 Die Grundidee: Eindämmung spekulativer Kapitalbewegungen

Die Tobin-Steuer soll dabei an jedem Devisentausch anknüpfen. Damit würden Zahlungen für Exportlieferungen oder Direktinvestitionen genauso der Besteuerung unterworfen wie Zinszahlungen oder der Devisenhandel der Banken. Die Steuer wäre proportional zum Nominalwert der zugrunde liegenden Transaktion. Zentraler Bestandteil der Tobin-Steuer ist ihre Differenzierung nach der

Fristigkeit: Kurzfristige Devisentransaktionen werden demnach stärker besteuert als ihre langfristigen Gegenstücke. Im Falle einer Devisenumsatzsteuer von 0,5 Prozent – den Steuersatz, den James Tobin selbst vorgeschlagen hat – muss der ausländische Zins auf 30-Tage-Geld um mindestens 12 Prozentpunkte höher liegen als im Inland, um inländische Anleger zu Auslandsanlagen zu bewegen. Nur dann kann in einem Monat ein Zinsgewinn erzielt werden, der höher ist als die beim Kapitalexport und -import zu entrichtende Steuer.

Zu den Steuerpflichtigen einer Tobin-Steuer gehörten alle an den Kassa- und Terminmärkten engagierten Wirtschaftssubjekte. Ausgenommen wären lediglich Zentralbanken, nationale Regierungen und internationale Organisationen wie die Vereinten Nationen oder die Weltbank. Die Erhebung der Tobin Tax in den einzelnen Ländern obläge dabei bereits bestehenden Steuerbehörden; die Beaufsichtigung dieser nationalen Behörden und die Verwaltung der Einnahmen sollte vom Internationalen Währungsfonds (IWF) oder der Bank für Internationalen Zahlungsausgleich (BIZ) vorgenommen werden.

Mit der Einführung einer Devisenumsatzsteuer würde nach Ansicht der Befürworter destabilisierenden Zahlungsbilanzkrisen vorgebeugt werden, da die Transaktionskosten internationaler Kapitalanlagen deutlich zunähmen. Interpretiert man kurzfristige grenzüberschreitende Geldbewegungen als unerwünschte Spekulationsgeschäfte und fasst man langfristige Kapitalströme sowie Zahlungen im Zusammenhang mit dem internationalen Warenhandel als Ausdruck weltwirtschaftlich effizienter Faktor- und Güterallokation auf, so scheint die Tobin-Steuer die ihr gestellte Aufgabe zu erfüllen.

Folgen der Tobin-Steuer

Darüber hinaus würden die Staaten in die Lage versetzt, unterschiedliche Zinspolitiken zu verfolgen, ohne kurzfristige Reaktionen auf den Kapitalmärkten fürchten zu müssen. Langfristige Anlageentscheidungen, die auf grundlegende Produktivitätsunterschiede zwischen den Ländern zurückgeführt werden können, wären jedoch wegen der zeitlich progressiven Struktur der Tobin-Steuer – kurzfristigen Devisentransaktionen wird eine höhere Steuerlast auferlegt als langfristigen – kaum berührt. Damit würden die Volkswirtschaften nicht von disziplinierenden außenwirtschaftlichen Einflüssen abgeschirmt. Eine solide Wirtschafts- und Standortpolitik würde weiterhin durch Kapitalzuflüsse belohnt, eine unsolide Politik durch Kapitalabflüsse sanktioniert.

Die Anhänger weisen neben der Behinderung spekulativer Kapitalbewegungen – dem sogenannten Lenkungseffekt – auf einen weiteren Vorzug einer solchen Steuer hin. Auf der Grundlage des gegenwärtigen Devisenhandels erbrächte eine 0,5-prozentige Tobin-Steuer ein Aufkommen von mehreren hundert Milliarden US-Dollar pro Jahr. In Anbetracht der chronischen Finanzschwäche internationaler Organisationen könnten mithilfe einer so kräftig sprudelnden Einnahmequelle zusätzliche Mittel für Entwicklungshilfe oder Umweltschutzmaßnahmen bereitgestellt werden. Auf

Hohes Steueraufkommen

internationalen Konferenzen wird deshalb regelmäßig die Einführung einer Devisenumsatzsteuer als Finanzierungsinstrument zur Diskussion gestellt.

3.2.2 Voraussetzung für Wirksamkeit: globale Einführung

Der erfolgreichen Einführung einer Devisenumsatzsteuer steht allerdings eine Reihe von Problemen gegenüber. Wesentliche Voraussetzung für die Wirksamkeit der Tobin-Steuer ist zunächst ihre weltweite Einführung. Sollte dies nicht der Fall sein, würde das Geldkapital vermutlich auf Offshore-Finanzmärkte ausweichen. Eine Abwanderung des Devisenhandels in Steueroasen und damit ein Austrocknen der Bemessungsgrundlage der Steuer wäre die Folge. Offshore-Finanzzentren ihrerseits hätten wenig Anreiz, ebenfalls eine Devisenumsatzsteuer einzuführen. Gerade als kleine Volkswirtschaften hängt ihr Wohlstand ganz wesentlich von einem funktionierenden und deregulierten Finanzsektor ab.

Probleme der Tobin-Steuer

Als Instanz zur Garantie und Überwachung einer global gültigen Tobin-Steuer wird deshalb häufig der Internationale Währungsfonds (IWF) vorgeschlagen. Ihm würde das Recht eingeräumt, den Steuersatz auf Devisentransaktionen zu bestimmen und Sanktionen gegen ausscherende Nationen zu verhängen. Gleichwohl darf man skeptisch sein, was eine freiwillige Übertragung dieser Rechte auf den IWF betrifft. Wenig überzeugend ist zum Beispiel der Hinweis darauf, die Wahrscheinlichkeit des Ausscherens einzelner Regierungen werde dadurch verringert, dass der Verzicht auf die Tobin-Steuer gleichbedeutend mit dem Verlust einer zusätzlichen Einnahmenquelle sei. Wird das erzielbare Steueraufkommen dem IWF oder der Weltbank zugewiesen, wie von Tobin vorgeschlagen, reduziert sich zweifelsohne der Anreiz zur Etablierung der Tobin-Steuer. Daneben mag das zähe Ringen um die einheitliche Zinsbesteuerung innerhalb der Europäischen Union ein Vorgeschmack darauf sein, mit welch ungleich größeren Schwierigkeiten das weltweite Unterfangen einer Devisenumsatzsteuer zu kämpfen hätte.

Internationaler Währungsfonds (IWF)

3.2.3 Das Grundproblem: viele Umgehungsmöglichkeiten

Doch selbst wenn es gelänge, eine globale Tobin-Steuer durchzusetzen, könnte ihre Funktionsfähigkeit durch legale Ausweichmöglichkeiten unterminiert werden. Anleger, die beabsichtigen, ihr Portfolio zugunsten kurzfristiger ausländischer Anlagen umzuschichten, könnten auf den Handel mit Finanzderivaten ausweichen, denen in der Regel eine erhebliche Hebelwirkung auf die kurzfristige Wechselkursentwicklung attestiert wird. Um die Wechselkursvolatilität in Grenzen zu halten, müsste eine Tobin-Steuer demnach sämtliche Devisenmarktgeschäfte umfassend besteuern. Ob dies gelingt, erscheint indes zweifelhaft, wenn man den Erfindungsreichtum der »Finanzalchemisten« in den Investmentbanken berücksichtigt.

Finanzderivate

Ferner betonen Gegner der Tobin-Steuer die Möglichkeit einer »Spekulation durch die Hintertür«. Ohne spezifische Kontrollmaßnahmen würde eine Besteuerung der Transaktionen auf den offiziellen Devisenmärkten zur Herausbildung von Devisenschwarzmärkten führen. Bedenklich wäre dabei nicht nur die Tatsache, dass die Tobin-Steuer auf diesem Wege umgangen werden könnte. Durch die Verbundenheit von Schwarzmarkt und offiziellen Devisenmarkt würden zudem Spekulationswellen über den Letzteren hereinbrechen. Gegen die Errichtung rigider Kontrollmechanismen sprechen freilich zwei Gründe: Zum einen laufen Kapitalverkehrskontrollen offensichtlich der Forderung nach freiem Welthandel zuwider. Zum anderen dürften Kontrollmaßnahmen einen immensen administrativen Aufwand nach sich ziehen.

Devisenschwarzmärkte

Darüber hinaus ergeben sich fundamentale Zweifel an der Tobin-Steuer, wenn man unterstellt, dass die genannten Durchsetzungsprobleme zu bewältigen seien, die Tobin-Steuer mithin effizient funktioniert. Im Rahmen eines solchen Gedankenexperiments sind im Wesentlichen vier Punkte zu erwähnen:

Contra-Argument

- Die Tobin-Steuer reduziert die Effizienz der Devisenmärkte. Indem sie einen Keil zwischen die nationalen Kapitalmärkte treibt, verzerrt sie die Informationen über Marktauffassungen, nationale Geld- und Finanzpolitiken sowie andere Fundamentaldaten. Der Wechselkurs als Ausgleichsmechanismus auf dem Devisenmarkt ist daher nur noch eingeschränkt in der Lage, den Marktteilnehmern verlässliche Informationen zu liefern.

- Der Tobin-Steuer wird vorgeworfen, sie würde wie eine Außenhandelsteuer wirken und damit den internationalen Handel behindern. Dies rühre daher, dass alle devisenmarktrelevanten Transaktionen besteuert würden, also auch Güterexporte und -importe. Befürworter der Tobin-Steuer weisen allerdings zu Recht darauf hin, dass Exporteure und Importeure aus der zu erwartenden Wechselkursstabilisierung Vorteile ziehen könnten. Zudem würden der langfristige Kapitalverkehr und damit auch der Güterhandel durch die progressive Ausgestaltung der Tobin-Steuer nicht beeinträchtigt.

- Es ist erklärtes Ziel der Befürworter einer Tobin-Steuer, den geldpolitischen Spielraum der nationalen Zentralbanken zur Durchsetzung wirtschaftspolitischer Ziele zu vergrößern. Allgemein muss aber eine Isolierung der nationalen Geldpolitiken von der disziplinierenden Wirkung des internationalen Kapitalmarktes als gefährlich erachtet werden. So ist es eben nur eine Seite der Medaille, in flexiblen Wechselkursen eine wesentliche Ursache von Wechselkursinstabilitäten zu sehen. Häufig waren es gerade nationale Alleingänge in der Geldpolitik, die hierfür mitverantwortlich waren.

- Schließlich ist es zumindest fraglich, inwieweit die Devisenumsätze auf den Devisenmärkten tatsächlich spekulativer Natur sind. Der Zahlungsverkehr im Außenhandel oder komplizierte Sicherungsgeschäfte zählen gewiss nicht dazu. Ebenso wenig ist aber ein Großteil des Interbankenhandels, der wesentlich durch die zunehmende internationale Ausrichtung von Versicherungs- und Pensionsfonds bedingt ist, spekulativer Art. Ursache der hohen Devisenumsätze ist vielmehr die institutionelle Struktur des Interbankenhandels, bei der eine Kundenorder bis zu sechs oder mehr Transaktionen auslöst.

3.2.4 Fazit: Große Skepsis bleibt angebracht

Insgesamt ist dem Vorschlag einer Tobin-Steuer also eine gehörige Portion Skepsis entgegenzubringen. Abgesehen von allen politischen Durchsetzungsproblemen dürfte sie höchstens einen Bruchteil der in sie gesetzten Hoffnungen erfüllen. Aus finanzwissenschaftlicher Perspektive kommt man allerdings nicht umhin, abschließend zwei weitere Bedenken zu formulieren. Die Tobin-Steuer gewinnt in letzter Zeit vor allem in entwicklungs- und umweltpolitischen Kreisen als Einnahmequelle internationaler Organisationen an Bedeutung. Es ist hinlänglich bekannt, dass die gleichzeitige Verfolgung von Lenkungs- und Fiskalzielen Probleme aufwirft. Erfüllt die Tobin-Steuer ihre Lenkungsfunktion und reduziert das Devisenumsatzvolumen, führt dies unweigerlich zu einem Rückgang des Steueraufkommens. Zur Finanzierung internationaler Organisationen ist deshalb ein Beitragssystem weitaus besser geeignet.

Lenkungsziele versus Fiskalziele

Daneben ist in der politischen Diskussion in jüngster Zeit zunehmend eine gewisse Furcht vor den Marktkräften festzustellen. Es häufen sich in jüngster Zeit Forderungen, ähnlich dem Tobin-Steuerkonzept, den Markt in seine Schranken zu verweisen (Beschränkung ausländischer Staatsfonds, Förderung nationaler Champions etc.). Zweifelsohne ist es eine originäre Aufgabe der Staaten, Rahmenbedingungen festzulegen, um auf diese Weise Marktkräfte in effiziente Bahnen zu lenken. Dies sollte allerdings nicht dazu führen, überkommene Strukturen zu konservieren oder sich anstehenden Reformen zu verschließen. Die Mobilität der Produktionsfaktoren ist Grundvoraussetzung dafür, dass der Standortwettbewerb zwischen den Volkswirtschaften funktioniert. Kapitalmobilität führt eben nicht zwangsläufig zu einem ruinösen Steuerwettbewerb, wie es häufig im Zusammenhang mit der Europäischen Union von Befürwortern einer Harmonisierung der nationalen Steuerpolitiken behauptet wird. Kapital wandert nur dann ab, wenn ein Standort keine adäquaten Gegenleistungen bietet, wenn also die Standortbedingungen überholt sind. Es ist also politisch kurzsichtig, die Kanäle der Standortkonkurrenz verschließen zu wollen, ohne die zugrunde liegenden Rahmenbedingungen zu

Kapitalmobilität ist Voraussetzung für den Standortwettbewerb

verändern. Es drängt sich mithin der Verdacht auf, dass die Befürworter der Tobin Tax vor allem die Einschränkung des Standortwettbewerbs im Sinn haben und damit eine moderne Form des Protektionismus propagieren.

Nachtrag

Der Erfinder und Namensgeber der Devisenumsatzsteuer, James Tobin, distanzierte sich im Jahr 2001 ausdrücklich von den Zielen der Globalisierungsgegner von Attac. In einem Spiegel-Interview (Nr. 36/2001) sagte er: »Die missbrauchen meinen Namen.« Tobin bemängelte insbesondere, dass Attac die Steuer vornehmlich als Einnahmequelle betrachte und nicht als Lenkungsinstrument, wofür sie ursprünglich konzipiert wurde. Vom Grundkonzept einer allgemeinen Devisenumsatzbesteuerung wollte er nicht Abstand nehmen, gleichwohl bekannte er sich ausdrücklich zum freien Welthandel.

Literatur

Dirk Effenberger (2001): Die Tobin-Steuer, Deutsche Bank Research.

Oliver Letzgus/Günther Schmid (1998): Mit einer Spekulationssteuer gefeit gegen Finanzkrisen?, in: Orientierungen zur Wirtschafts- und Finanzpolitik, Nr. 3, S. 16–20.

James Tobin (1978): A Proposal for International Monetary Reform, in: Eastern Economic Journal 4/1978, S. 153–159.

3.3 Etatprobleme Berlins und Italiens: Welche Risiken sind für Anleihebesitzer damit verbunden?

Das Bundesland Berlin und das EWU-Mitglied Italien erhielten 2006 Denkzettel zur Lage ihrer Haushalte. Berlin wurde vom Bundesverfassungsgericht dazu angehalten, seine Etatprobleme aus eigener Kraft zu lösen, statt auf Bundeshilfe zu setzen. Italien erfuhr wegen anhaltender Haushaltsengpässe und mangelndem Reformwillen eine weitere Bonitätsherabstufung. Es drängt sich aus Investorensicht die Frage auf, welche längerfristigen Folgen für die Zahlungsfähigkeit daraus resultieren könnten.

Am 20. Oktober 2006 wies das Bundesverfassungsgericht die Finanzklage Berlins zurück. Der Stadtstaat wollte mit Verweis auf eine angebliche Haushaltsnotlage eine verstärkte finanzielle Unterstützung des Bundes einfordern. Am selben Tag wurde das EWU-Mitglied Italien von den renommierten Rating-Agenturen Standard & Poor's (S&P) und Fitch aufgrund seiner ungelösten Haushaltsprobleme mit einer Bonitätsherabstufung bedacht. Bei S&P genießt Italien jetzt nur noch ein »A + «-Rating, bei Fitch ein »AA-«. Die Bonitätseinstufung Italiens liegt damit unterhalb derjenigen Berlins, die trotz der abgelehnten Klage unverändert blieb. Berlin wird von Moody's weiterhin mit Aa3 klassifiziert.

Haushaltsprobleme

Über beide Nachrichten gingen die Finanzmärkte mit einem Achselzucken hinweg. Die ohnehin geringen Risikoaufschläge blieben praktisch unverändert. Kurz- bis mittelfristig kann ein mögliches Ausfallrisiko in beiden Fällen damit nach Ansicht der Marktteilnehmer nahezu komplett ausgeschlossen werden. Allerdings lohnt sich – gerade aus Sicht von Rentenmarktinvestoren mit langem Anlagehorizont – durchaus ein Blick auf langfristige Risiken, die mit Anlagen in Italien und Berlin-Anleihen möglicherweise verbunden sind. Dabei soll im Rahmen der folgenden Betrachtung insbesondere der Form der Staatlichkeit – hier ein Bundesland in einem föderalistischen Staat, dort ein Mitgliedstaat

Reaktion der Finanzmärkte

	S&P	Moody's	Fitch
Belgien	AA+	Aa1	AA+
Deutschland	AAA	Aaa	AAA
Finnland	AAA	Aaa	AAA
Frankreich	AAA	Aaa	AAA
Griechenland	A	A1	A
Irland	AAA	Aaa	AAA
Italien	A+	Aa2	AA-
Luxemburg	AAA	Aaa	AAA
Niederlande	AAA	Aaa	AAA
Österreich	AAA	Aaa	AAA
Portugal	AA-	Aa2	AA
Spanien	AAA	Aaa	AAA

Abbildung:
Rating der EWU-Staaten (Quelle: Bloomberg, Stand: 31.12.2007)

der Europäischen Währungsunion – besondere Aufmerksamkeit geschenkt werden.

3.3.1 Der »Fall Berlin«: Kann der Bund seine Hauptstadt im Regen stehen lassen?

Die Bundesländer in Deutschland haben formal Staatscharakter. Sie verfügen im Sinne des Föderalismusprinzips grundsätzlich über Budgetautonomie. Die Eigenständigkeit in der Haushaltspolitik soll ihnen die Möglichkeit eröffnen, Höhe und Struktur ihrer Einnahmen und Ausgaben den jeweiligen Präferenzen der Bevölkerung anzupassen. Zudem soll der Wettbewerb zwischen den einzelnen Gliedstaaten für mehr Effizienz im öffentlichen Sektor sorgen (»Wettbewerbsföderalismus«).

Wettbewerbs-föderalismus

In der Verfassungspraxis wurde der Grundsatz der Budgetautonomie vor allem auf der Einnahmenseite vielfach durchbrochen. Durch ein ausgeprägtes Geflecht von Finanzbeziehungen sind die Bundesländer untereinander sowie mit dem Bund eng verwoben, was zulasten ihrer fiskalischen Unabhängigkeit geht. Gemeinschaftssteuern, Länderfinanzausgleich und Solidarpakt sind die wichtigsten Instrumente und Regelwerke, die hier zum Einsatz kommen. Auf den Punkt gebracht: In Bezug auf die regelmäßigen staatlichen Einnahmen besteht bei den Bundesländern wenig Entscheidungs- und Handlungsspielraum. Auf der anderen Seite sind die ausgabeseitigen Restriktionen vergleichsweise gering. Die Fantasie der politischen Entscheidungträger auf subzentraler Ebene – etwa im Hinblick auf die Verteilung »wiederwahlorientierter Wohltaten« – richtet sich erfahrungsgemäß fast ausschließlich auf die staatlichen Ausgaben. Auch der Wettbewerb zwischen den Bundesländern findet quasi allein auf der Ausgabenseite statt. Angesichts dieser Rahmenbedingungen überrascht es nicht, dass den Ländern die regulären Einnahmen in vielen Fällen nicht zur Ausgabendeckung reichen und ihren Etats deshalb eine Tendenz zur Defizitfinanzierung innewohnt – zumal deren negative Folgen über die verschiedenen Finanzausgleichsmechanismen über den gesamten Bundesstaat verteilt werden.

Begünstigt wird ein unseriöses Haushaltsgebaren durch die Tatsache, dass das Schwert der Finanzmärkte in diesen Fällen weitgehend stumpf bleibt. Ein hoch verschuldetes Bundesland musste zumindest bislang nicht befürchten, an Kreditwürdigkeit einzubüßen und entsprechende Zinsaufschläge bei Anleiheemissionen zu bieten. Am Rentenmarkt wird stillschweigend davon ausgegangen, dass in Deutschland ein Haftungsverbund besteht, der im Falle von Finanzkrisen dem betroffenen Land unter die Arme greift. Ein klares Indiz hierfür: Selbst nach dem für die Bundeshauptstadt ungünstigen Verfassungsgerichtsurteil erhöhte sich die Risikoprämie von Berlin-Anleihen gegenüber Bundesanleihen nur unwesentlich. Angst vor der Zahlungsunfähigkeit des Stadtstaates kann aus den am Markt gehandelten Risikoprämien jedenfalls nicht herausgelesen werden.

Unseriöses Haushaltsgebaren

3.3.2 Bundesländer mit Top-Ratings

Diesem Denken entspringt auch die Einstufungspraxis der Ratingagenturen. Besonders deutlich wird dies bei Fitch, welche allen deutschen Ländern das AAA-Rating des Bundes, mithin die höchs-

Lender of last resort

te Stufe, zugesteht. Klarer kann kaum zum Ausdruck gebracht werden, dass dem Bund in Finanzkrisen die Rolle eines Ausfallbürgen zugewiesen wird – quasi eines Kreditgebers der letzten Instanz (»lender of last resort«), an dem sich Gläubiger notfalls schadlos halten können. Dagegen wird von Standard & Poor´s und Moody´s ein Mindestmaß an Differenzierung vorgenommen. Sie erkennen zwar auch das Prinzip der Bundestreue grundsätzlich an. Eine unverbrüchliche Garantie für die fristgerechte Bedienung der Schulden wollen sie gleichwohl nicht geben. Trotz Abstufungen wird den Schuldverschreibungen aller gerateten Bundesländer mindestens eine hohe Qualität zugesprochen. In das Rating fließen neben der Pro-Kopf-Verschuldung auch die Einkommenshöhe, das Wachstumspotenzial, die Wirtschaftsstruktur sowie demografische Faktoren mit ein.

Bundesland	S&P	Moody's	Fitch
Baden-Württemberg	AA+	Aaa	AAA
Bayern	AAA	–	AAA
Berlin	–	Aa3	AAA
Brandenburg	AA-	Aa2	AAA
Hamburg	AA-	–	AAA
Hessen	AA	–	AAA
Niedersachsen	–	–	AAA
Nordrhein-Westfalen	AA-	Aa2	AAA
Sachsen	–	–	AAA
Sachsen-Anhalt	AA-	Aa3	AAA
Schleswig-Holstein			AAA
Thüringen			AAA

Abbildung:
Rating der bewerteten Bundesländer (Quelle: Bloomberg, Stand: 31.12.2007)

Ist die stillschweigende Annahme der Finanzmärkte und Ratingagenturen, ein Bundesland könne nicht insolvent werden, weil der Bund im Bedarfsfall einspringe, gerechtfertigt? Und hat der jüngste Spruch der Verfassungshüter daran etwas geändert?

Außer Frage steht, dass in unverschuldeten Haushaltsnotlagen – beispielsweise infolge asymmetrischer wirtschaftlicher Schocks oder von Naturkatastrophen –, aus denen sich ein Gliedstaat aus eigener Kraft nicht befreien kann, der Bund und die anderen Länder einspringen werden. Als Beispiel kann hier die Hochwasserkatastrophe in Ostdeutschland im Jahr 2002 herangezogen werden. Die bundesstaatliche Hilfe kann hier als eine Form des Risk Pooling interpretiert werden. Eine solche Versicherung gegen Haushaltskrisen ist bei entsprechender Ausgestaltung – vor allem wenn sie, um keine falschen Anreize zu setzen, auf »unverschuldete« Fälle beschränkt ist – ökonomisch durchaus zweckmäßig im Sinne einer verbesserten Verteilung und Zuordnung von Risiken.

Ein weiteres Argument für Hilfen der bundesstaatlichen Gemeinschaft liegt in der Abwendung möglicher Spillovers. Führen massive Etatprobleme eines Gliedstaates zu negativen externen Effekten jenseits der eigenen Landesgrenzen (beispielsweise im Hinblick auf die Aufrechterhaltung der öffentlichen Infrastruktur oder der inneren Sicherheit), wird/werden die Zentralregierung und/oder die übrigen Bundesländer schon aus purem Eigeninteresse dem betreffenden Land Hilfe leisten.

Risk Pooling

Spillover-Vermeidung

3.3.3 Negative Anreizwirkungen

Abgesehen von der »Notfallhilfe« und der »Spillover-Vermeidung« gibt es aus ökonomischer Perspektive aber keine überzeugenden Argumente für die bislang in Deutschland praktizierte Alimentierung unsoliden Haushaltsgebarens subzentraler Einheiten durch den Bund sowie durch horizontale Finanzausgleichsmechanismen. Insbesondere aus Sicht der politischen Entscheidungsträger auf Landesebene besitzt das Finanzverbundsystem jedoch einen erheblichen Charme, wird der Wettbewerb zwischen den einzelnen Bundesländern dadurch doch stark eingegrenzt. Die Bürger eines Bundeslandes bekommen die Folgen einer unseriösen Haushaltspolitik höchstens in homöopathischen Dosen verabreicht, da der gesamte Finanzverbund letztendlich dafür in Haftung genommen wird. Umgekehrt wird etwa das verstärkte Ausschöpfen heimischer Steuerquellen dadurch bestraft, dass die zusätzlich gewonnenen Mittel größtenteils via Finanzausgleich der gesamten Gemeinschaft zugutekommen. Anreize für eine nachhaltige Haushaltspolitik sehen gewiss anders aus. Wachsende Schuldenberge auf Länderebene sind eine fast zwangsläufige Folge. Die in den

Keine überzeugenden Argumente

meisten Länderverfassungen festgelegten Verschuldungsobergrenzen stellen dabei keine wirksamen Ausgabenbremsen dar.

Der Richterspruch aus Karlsruhe dürfte den langfristigen Trend zu höheren Schulden auf Länderebene kaum stoppen. Nach dem Verfassungsgerichtsurteil hat Berlin gegenwärtig zwar keinen Anspruch auf Finanzhilfen. Der Stadtstaat solle sich stattdessen am eigenen Schopfe aus dem Verschuldungssumpf ziehen. Sanktionen gegen unsolides Haushaltsgebaren wurden von den Verfassungshütern gleichwohl nicht ausgesprochen, sodass Berlin weiter am Tropf der Kapitalgeber hängen wird. Zudem wurden zukünftige Finanzhilfen des Bundes nicht kategorisch ausgeschlossen, worauf sich Berlin, aber auch andere finanzschwache Länder im Bedarfsfall berufen werden.

Wettbewerbsföderalismus

Die Schaffung eines echten Wettbewerbsföderalismus, bei dem solide haushaltende Länder belohnt, unsolide wirtschaftende Länder dagegen bestraft würden, böte wohl den einzig sinnvollen Ausweg aus dem gegenwärtigen Dilemma. Doch selbst wenn die wirtschaftlich starken Bundesländer einen Kurs zu mehr finanzieller Selbstständigkeit gehen wollten, ständen sie einer Mehrheit ökonomisch schwächerer Gliedstaaten gegenüber, die alle Reformbemühungen in diese Richtung zu verhindern wüssten.

3.3.4 Risiko bei Berlin-Anleihen gering

Horizontaler Haftungsverbund

Der heute bestehende vertikale (zwischen Bund und Ländern) und horizontale (zwischen den Ländern) Haftungsverbund dürfte damit weiter Bestand haben. Extreme Ausreißer beim Schuldenmachen können gegebenenfalls durch die Einführung eines nationalen Stabilitätspaktes mit definierten Defizitobergrenzen im Zaum gehalten werden. Eine Begründung für stark voneinander abweichende Bonitätseinstufungen und entsprechende Risikoaufschläge am Kapitalmarkt ist damit wohl noch für einen längeren Zeitraum nicht gegeben. Auch Besitzer lang laufender Berlin-Anleihen müssen deshalb keine stärkeren Kursverluste infolge einer Haushaltsschieflage befürchten. Auf Dauer entscheidend bleibt damit die Bonität des Bundes.

3.3.5 Il »Caso Italia«: Kann Italien auf die unverbrüchliche Solidarität seiner EWU-Partnerländer zählen?

Italien ist, verglichen mit anderen EWU-Ländern, bereits einen Schritt weiter auf dem Weg zur fiskalischen Handlungsunfähigkeit. Die Staatsverschuldung beläuft sich auf 1,5 Billionen Euro, was etwa 100 Prozent der jährlichen Wirtschaftsleistung entspricht. Die Pro-Kopf-Verschuldung liegt mit 26.000 Euro um ein Drittel höher als in Deutschland. Wiederholt hat Italien in den letzten Jahren das Drei-Prozent-Defizitkriterium des Europäischen Stabilitätspaktes gebrochen. Die 2006 neu ins Amt gekommene Regierung hat jedoch nur halbherzige Maßnahmen zur Haushaltskonsolidierung angekündigt. Ihr Ziel war es zwar, die Nettoneuverschuldung auf unter drei Prozent des Bruttoinlandsprodukts zu drücken. Die angestrebte Verringerung der Kreditaufnahme soll dabei jedoch in erster Linie über Einnahmesteigerungen und nur zu einem kleineren Teil über Ausgabenkürzungen bewerkstelligt werden. Da aus Sicht von S&P und Fitch dieser Maßnahmenmix für eine nachhaltige Haushaltssanierung nicht ausreicht, revidierten sie die Bewertung der langfristigen Verbindlichkeiten des italienischen Staates.

Halbherzige Haushaltskonsolidierung

Das tiefer liegende Problem Italiens ist indes eine gravierende Wachstumsschwäche. Seit über 10 Jahren nimmt die Wirtschaftsleistung im Mittel deutlich langsamer zu als in den übrigen Ländern des Euroraums. Neben einer schwachen Binnennachfrage ist hierfür insbesondere der Verlust an internationaler Wettbewerbsfähigkeit verantwortlich. Überdurchschnittlich steigende Lohnkosten bei verminderter Produktivität ließen die Weltmarktanteile Italiens deutlich schrumpfen. Betroffen sind hiervon für Italien besonders wichtige Wirtschaftszweige wie die Textil- oder Lederindustrie, die sich einer verstärkten Konkurrenz aus Asien ausgesetzt sehen.

Wachstumsschwäche

Mangelnde Lohndisziplin ist für Italien dabei keine neue Erscheinung, sondern war auch in der Vergangenheit häufig anzutreffen. In Vor-Euro-Zeiten behalfen sich die Regierungen Italiens in vergleichbaren Situationen gerne mit Lira-Abwertungen. Dadurch stiegen zwar auf der einen Seite die Inflationsraten im Inland, auf der anderen verbesserte sich aber die preisliche Wettbewerbsfähigkeit italienischer Waren auf den internationalen Gütermärkten. Doch damit ist seit dem Beitritt zum Euro-Währungsverbund Schluss. Geld- und Wechselkurspolitik gehören in den Mitgliedsländern inzwischen nicht mehr zum Instrumentenkasten der nationalen Wirtschaftspolitik. Als Stellschrauben verbleiben damit im Wesentlichen Strukturreformen in der Steuer- und Finanzpolitik sowie am Arbeitsmarkt.

Keine Veränderung der Politik

Angesichts traditionell instabiler Regierungen und knapper Mehrheitsverhältnisse im Parlament sind in absehbarer Zeit keine einschneidenden Veränderungen auf diesen Politikfeldern zu erwarten. Damit setzt sich eine Entwicklung fort, die schon relativ lange andauert. Und mit jedem Jahr des Zuwartens wird ein Gegensteuern schwieriger. Deutlich höhere Wachstumsraten und damit die Aussicht auf eine durchgreifende Verbesserung der maroden Haushaltssituation rücken damit in immer weitere Ferne. Umso mehr überrascht es, dass das Urteil der Rating-Agenturen bislang noch gnädig ausfällt. Auch an den Finanzmärkten sieht man die Lage Italiens bislang eher entspannt. Verglichen mit zehnjährigen Bundesanleihen bieten italienische Staatsanleihen mit gleicher Laufzeit Ende 2007 lediglich einen Renditeaufschlag von etwa 40 Basispunkten.

3.3.6 Wie glaubwürdig ist die No-bailout-Klausel?

Haftungsverbund

Dies legt die Vermutung nahe, dass am Rentenmarkt stillschweigend davon ausgegangen wird, die übrigen Euro-Mitgliedsländer sprängen Italien im Falle einer ernsten Haushaltskrise schon bei. Es existiere demnach ein Haftungsverbund, wie wir ihn etwa in Deutschland mit Blick auf mögliche Zahlungsschwierigkeiten einzelner Bundesländer kennen – trotz der in Art. 103 EGV getroffenen Festlegung, dass die Gemeinschaft für Verbindlichkeiten einzelner EWU-Länder nicht hafte (sog. No-bailout-Klausel).

Mitgliedstaaten, denen es möglicherweise an der notwendigen fiskalischen Solidität ermangele, sollten durch diese Bestimmung von vornherein vom Schuldenmachen abgebracht werden, da über ihnen das Damoklesschwert der Finanzmärkte schwebt. Die No-bailout-Klausel sollte damit neben dem Stabilitätspakt das wichtigste Disziplinierungsinstrument für die nationale Finanzpolitik darstellen. Doch seine Wirkung scheint in der Praxis sehr begrenzt zu sein.

Damit lautet die zentrale Fragestellung: Wie glaubwürdig ist der vereinbarte Haftungsausschluss? Oder haben vielleicht doch die Finanzmärkte Recht, wenn sie eine Art »Euro-Schicksalsgemeinschaft« unterstellen, in der notfalls die fiskalisch Stärkeren den Schwächeren beistehen und Risikozuschläge für Staatspapiere damit weitgehend überflüssig sind?

Glaubwürdiger Haftungsausschluss

In eng definierten Grenzen ist von einer hohen Solidarität der EU-Länder untereinander auszugehen, etwa wenn ein Mitgliedstaat von einer Naturkatastrophe, kriegerischen Handlungen, Terrorismus oder anderen, nicht vorhersehbaren und unverschuldeten Entwicklungen heimgesucht wird. In einer solchen Lage können Gläubiger des betreffenden Landes darauf vertrauen, dass die Gemeinschaft als Ausfallbürge eintreten wird. Dies entspringt dem Geiste der Europäischen Verträge, die für derartige Situationen auch ein Außerkraftsetzen des Stabilitätspaktes vorsehen.

Auf alle anderen möglichen Fälle lohnt sich jedoch ein genauerer Blick. Insbesondere bei asymmetrischen wirtschaftlichen Schocks oder strukturellen Problemen einzelner Länder ist ein Eingreifen der Gemeinschaft grundsätzlich nicht vorgesehen. Auf Italien gemünzt heißt dies: Die Regierung in Rom muss selbst geeignete Maßnahmen ergreifen, um die Wettbewerbsfähigkeit der italienischen Wirtschaft und somit auf Dauer auch die finanzielle Leistungsfähigkeit des Staates wieder herzustellen. Politisch schmerzhafte Anpassungsprozesse und Strukturreformen sind dabei unumgänglich. Im Kern handelt es sich hierbei um eine erzwungene Kostendeflation. Dies entspräche in etwa dem Weg, den Deutschland einschlagen musste, nachdem es mit einer überbewerteten D-Mark dem Euro-Währungsverbund beitrat.

Kostendeflation

Ist die Bevölkerung hierzu jedoch nicht bereit, taucht früher oder später unweigerlich das Gespenst eines möglichen Austritts aus der Währungsunion auf. Italien würde in diesem Szenario den Euro gegen eine »Neue Lira« eintauschen und über eine Abwertung seine preisliche Wettbewerbsfähigkeit wieder herzustellen versuchen. Seine Staatsschulden müssten jedoch weiter in Euro beglichen werden, was kaum zu schultern wäre. In diesem Fall entstünde ein echtes Ausfallrisiko. Davon will an den Finanzmärkten bislang jedoch niemand etwas wissen. Zum einen könnte dies damit zusammenhängen, dass dieses Szenario – analog etwa zu geopolitischen Risiken – quantitativ nicht fassbar ist. Trotzdem könnte es aber in einem solch unsicheren Umfeld irgendwann zu einem plötzlichen Umschlagen der Risikoeinschätzung kommen – mit entsprechenden Kursverlusten bei italienischen Staatsanleihen. Zum anderen könnten die Marktteilnehmer aber auch darauf spekulieren, dass ein EWU-Austritt Italiens so gravierende Folgen für die EU als Ganzes hätte, dass die No-bailout-Klausel außer Kraft gesetzt würde und die anderen Länder Italien zu Hilfe eilten, sei es in Form fiskalischer Unterstützung oder einer Lockerung der Geldpolitik. Eine »sichere« Wette sieht jedoch anders aus, zumal hier die Einstimmigkeitsregel eine hohe Hürde darstellt.

3.3.7 Italien ist nicht Berlin

Auf absehbare Zeit bleiben Italien-Bonds zwar noch ein weitgehend risikoloses Investment, zumal die vorübergehend verbesserten Konjunkturbedingungen zunächst für etwas Entspannung sorgen. Der Renditeaufschlag gegenüber Bundesanleihen verleiht ihnen sogar eine gewisse Attraktivität. Der eigentliche Lackmustest steht jedoch noch aus. Kommt es etwa wieder zu einer signifikanten Verschlechterung des konjunkturellen Umfelds, muss mit einer weiteren Verschärfung der Etatprobleme gerechnet werden. Die Ratingagenturen dürften dann trotz des gegenwärtig »stabilen Ausblicks« nicht zögern, ihre Bonitätseinstufungen anzupassen. Spätestens dann, wenn die Repo-Fähigkeit italienischer Staatspapiere in Gefahr gerät – die EZB verlangt mindestens ein A- bei ihren Offenmarktgeschäften – dürften auch die Finanzmärkte mit stärkeren Spreadausweitungen reagieren. Dieses Risiko wird der-

Repo-Fähigkeit

zeit in den Kursen nicht ausreichend berücksichtigt. Bei langfristigen Anlageentscheidungen ist Vorsicht geboten.

Fazit: Aus Investorensicht ist mit Berlin-Anleihen selbst nach dem Verfassungsgerichtsurteil kein größeres Risiko verbunden, da eine faktische Absicherung durch den Bund fortbesteht. Der Anspruch auf eine höhere Prämie kann deshalb derzeit auch nicht abgeleitet werden. Anders sieht es im Falle Italiens aus, welches keinen vergleichbaren Ausfallbürgen besitzt. Anleger sollten dies – in der längerfristigen Perspektive – jedenfalls mit einkalkulieren.

Literatur

Wissenschaftlicher Beirat beim Bundesministerium der Finanzen (2005): Haushaltskrisen im Bundesstaat.

Mayer, Thomas (2006): Euroland: Südeuropäische Länder und die ›EWU-Falle‹, in: Deutsche Bank: Ausblick Konjunktur und Märkte (23. Juni 2006).

Stichwortverzeichnis